U0917732

感谢江苏省教育厅高校“青蓝工程”科研基金的资助

边际文化影响下的海州叙事文学

李传江◎著

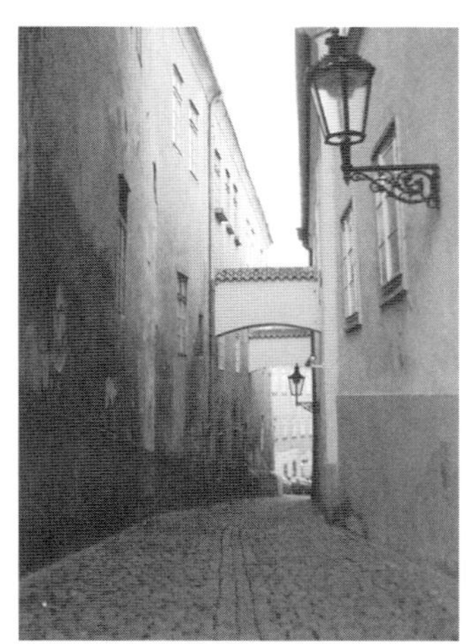

中国社会科学出版社

图书在版编目(CIP)数据

边际文化影响下的海州叙事文学／李传江著．—北京：
中国社会科学出版社，2014.8
ISBN 978－7－5161－4630－9

Ⅰ.①边… Ⅱ.①李… Ⅲ.①古典文学－叙事文学－文学研究－中国②区（城市）－地方文化－文化研究－连云港市 Ⅳ.①I206.2②K295.33

中国版本图书馆 CIP 数据核字(2014)第 177287 号

出 版 人　赵剑英
责任编辑　曲弘梅
责任校对　李　楠
责任印制　李　建

出　　版　中国社会科学出版社
社　　址　北京鼓楼西大街甲 158 号（邮编 100720）
网　　址　http：//www.csspw.cn
　　　　　中文域名：中国社科网　　010－64070619
发 行 部　010－84083685
门 市 部　010－84029450
经　　销　新华书店及其他书店

印刷装订　北京市兴怀印刷厂
版　　次　2014 年 8 月第 1 版
印　　次　2014 年 8 月第 1 次印刷

开　　本　710×1000　1/16
印　　张　16.25
插　　页　2
字　　数　255 千字
定　　价　49.00 元

凡购买中国社会科学出版社图书，如有质量问题请与本社联系调换
电话：010－64009791

序言

传江的博士论文《边际文化影响下的海州叙事文学》马上就要出版了。作为导师，见证了此篇论文从选题、酝酿、构思、写作、反复修改直至定稿的整个过程，最了解传江在此过程投入的精力与付出的心血。我至今还清楚地记得，我们俩在茶舍外面头碰头地、字斟句酌地讨论论文的场景；也清楚地记得，论文预答辩后，传江向我汇报会上老师们提出的质疑，我俩一起商讨这些质疑是否成立、是否应该在论文中坚持自己的观点，那时他正发着烧，人显得分外憔悴。因此，当传江在电话中告知论文出版这一消息时，不禁为他感到欣慰：当初的付出终于有了回报。

传江对宗教、神话、志怪等具有神秘性的事物始终保持着强烈的兴趣。写作硕士论文时，他选择的题目是《魏晋南北朝志怪小说中的蛇文化》，在这篇论文中，初步显示出他思维敏锐、知识面较广这一特点。在我看来，海州的文化传统中有着很浓郁的神秘性的气质，同时又有对神圣性的强烈追求，这种文化基因一方面反映在自古以来海州地区高度活跃的宗教活动中，另一方面则体现在当地的民间故事里。传江是海州本地人，对海州有着很深的感情，也有着深入的了解。因此，当他选择海州古代的叙事文学作为其研究对象时，我是非常赞成的。我觉得，传江的知识、兴趣、气质、能力最适合做这样一个选题。

不过，即便是对海州非常熟悉的本地人，要对海州文化的特点作准确的提炼和定位，依然是颇费思量的。在此之前，学术界的前辈们对海州文化的归属曾经有过大量的论述，但意见并不统一，有的视其为齐鲁文化的一部分，有的认为属于海岱文化，有的则认为属于东夷文化。传江对相关的论述曾一一仔细阅读并认真思考，他觉得上述这些观点都无法归纳出海州文化的特点与地位。

大概是在论文写作进入到第二稿的时候，传江开始引入一个重要的概念——边际文化区——来阐释海州文化。所谓边际文化区，亦即两种或两种以上文化的交界区。海州文化的边际性特征可以概括为：北部，它位于齐鲁文化和楚、吴越文化的交界；西部，它是海洋文化和内陆文化的交界；而东部，则是本土文化与外来文化的交界。这种多缘交界的边际特点非常罕见，由此形成了南方文化与北方文化、内陆文化与海洋文化、外来文化与本土文化的碰撞与交融，由此造成了海州文化丰富多彩的内涵。

除了多种文化的碰撞、交融之外，边际文化区的另一个重要特征就是其边缘性。所谓边缘，亦即远离中心。远离中心的结果，从政治上看，是弱势的、无权的；从经济上看，是落后的、不发达的；在思想领域为“一般知识和思想”占主导；而在文化领域则是俗文化居主要地位。传江认为：由于边远的地理区域位置及弱势的政治、经济、文化特点，海州文化有着边缘性特征，因此，考察海州文化，必须将重点放在“一般知识和思想”指导下的俗文化上。

我至今还能记得看到这一稿时的感觉，那就是眼前一亮，舒了一口气，觉得这篇论文能够站得住脚了。当我现在重新阅读这部书稿，我依然觉得，将海州界定为边际文化区，是传江对海州文化研究的一大贡献。

正是基于对海州文化有这样的认知与定位，传江将研究的重点放在了海州地区的宗教活动与民间故事上。从传江的研究中，我们可以看到在不同文化的影响下，海州地区盛行着各种不同的宗教，从原始崇拜到方仙道再到佛教信仰；流传着诸多的充满神奇色彩的民间故事，比如东海孝妇、虎皮井和舀海故事，这些故事流播各地，发生着全国性的影响；而海州那神秘的文化氛围、独特的地理位置、神奇壮美的山海景观则触发了文人的丰富想象，从而创作出流传千古的文学名著，比如《西游记》、《镜花缘》。

在做相关研究时，传江对材料做了穷尽式的查找，追根溯源，条贯梳理，补充、丰富了前人的研究，有的甚至填补了前人研究的空白。比如，东海孝妇是元杂剧《窦娥冤》的故事原型，前人对这一故事有过较为充分的研究，传江则详尽地搜集了海州地方文献中的相关记载，指出东海孝妇所发的三个誓愿实与海州地区曾经出现过的灾异气候与奇特天象有关，而当地普遍盛行的对孝妇的祭祀其目的之一在于祈雨，希望孝妇能够保佑百姓使风调雨顺。又比如，舀海故事渊源于佛教文献中的“抒海”寓言，由于元杂剧《张生煮海》而广为人知。但海州地区的“高姑舀海”故事却具有鲜明的地域性，它是和孝女故事结合而产生的一种新的类型。以上这些观点，都是在充分详尽地考察地方文献的基础上得出的结论，我觉得很有说服力。

传江做学问有很多优点，头脑灵活，笔头很快，写作非常勤奋。但就这篇论文而言，我觉得尚有不足的地方。可能是由于师承的关系，传江比较注重文献材料，而对田野调查、民间流传的口头材料重视不够，这使得他作为本土研究者的优势未能得到充分发挥。不过，现在这本专著只是传江学术生涯中的阶段性成果，如果持之以恒，假以时日，相信一定会有更大的成就。

王　青

2013 年 9 月 10 日于仙林茶苑

目　录

绪论 …………………………………………………………………（1）

第一章　海州地域文化特征及原始宗教信仰 ……………………（6）

第一节　文化特征 ………………………………………………（6）

一　多元文化交界——边际性特征 ……………………………（7）

二　一般知识占主导——边缘性特征 …………………………（9）

第二节　原始宗教信仰 …………………………………………（11）

一　大地母神崇拜…………………………………………………（12）

二　天体崇拜………………………………………………………（14）

三　灵魂崇拜………………………………………………………（17）

第二章　民间道教与海州 ………………………………………（20）

第一节　方仙道信仰在海州的盛行及《太平经》的产生 ………（21）

一　战国以前"长生不死"观念对方仙道思想形成的影响…………………………………………………………（21）

二　战国时期方仙道形成的背景 ………………………………（22）

三　秦汉时期方仙道的兴盛 ……………………………………（25）

四　《太平经》在海州的产生 …………………………………（26）

第二节　海州地域的道教活动 …………………………………（29）

一　秦汉以来的道教活动 ………………………………………（29）

二　明清时期的道教活动 ………………………………………（48）

第三节　海州地域的仙道类故事 ………………………………（54）

一　长生类故事……………………………………………………（54）

二　方术类故事……………………………………………………（68）

第三章　民俗佛教与海州 ………………………………………（77）

第一节　佛教传入海州 …………………………………………（77）

一 佛教从海路传入 ……………………………………………… (78)
二 海州佛教特点 ………………………………………………… (81)
第二节 海州地域的佛教活动 ………………………………… (85)
一 东汉时期的佛教活动 ………………………………………… (85)
二 南北朝时期的佛教活动 ……………………………………… (93)
三 唐宋以来的佛教活动 ………………………………………… (94)
第三节 海州地域的佛教故事 ………………………………… (103)
一 因果报应类故事 …………………………………………… (103)
二 轮回转世类故事 …………………………………………… (111)
三 方术类故事 ………………………………………………… (115)
四 其他普通宣佛类故事 ……………………………………… (120)
第四章 海州民间传说 …………………………………………… (129)
第一节 东海孝妇故事在海州的流传演变 ……………………… (130)
一 海州“孝妇”事的相关记载 ……………………………… (130)
二 从“庶女叫天”到“东海孝妇” ………………………… (134)
三 从汉至元的有关记载看“东海孝妇”故事的流播 …… (136)
四 海州孝妇冢祠与郯城孝妇冢祠辨 ………………………… (141)
五 孝妇故事中天之异象与海州民间传说 …………………… (144)
第二节 虎皮井故事考 ……………………………………………… (149)
一 关于海州地域人虎互化故事出现的时间问题 …………… (151)
二 虎皮井故事的形成基础 …………………………………… (153)
三 唐代虎皮井故事的兴盛 …………………………………… (155)
四 虎皮井故事的类型学价值 ………………………………… (158)
五 海州虎皮井故事的民俗学价值 …………………………… (162)
第三节 舀海故事考 ………………………………………………… (166)
一 舀海故事的产生 …………………………………………… (167)
二 舀海故事对佛教“抒海求宝”故事的情节继承 ……… (170)
三 高姑舀海与张生煮海的比较 ……………………………… (173)
四 舀海故事的价值 …………………………………………… (176)
第五章 海州文化对明清文人小说创作的影响 ………………… (179)
第一节 《西游记》与海州 ……………………………………… (179)

一　吴承恩与海州 ……………………………………………… (180)
二　唐僧与海州 ………………………………………………… (182)
三　海州云台山与小说《西游记》中的花果山 …………… (187)
四　海州地域娲遗石、无支祁传说与孙悟空形象的塑造…… (189)
五　小说《西游记》中的海州生活习俗……………………… (192)
六　海州地域宗教特点与《西游记》的宗教观 …………… (194)
第二节　《镜花缘》与海州 …………………………………… (196)
一　李汝珍的海州情结 ………………………………………… (196)
二　海州独特的山海环境与小说中的海外仙境…………… (198)
三　海州板浦的盐业生产生活方式与儒商文化…………… (202)
四　海州社会俗弊与小说揭示的社会不良风气…………… (207)
结束语 ……………………………………………………………… (212)
附录　海上丝绸之路及佛教传入说疏证 ……………………… (214)
附表 ………………………………………………………………… (230)
参考文献 …………………………………………………………… (235)
后记 ………………………………………………………………… (250)

绪论

海州是我国古代文明发祥地之一，有着数万年前的原始文化活动遗址，大量有关早期人类的创世神话、自然神话、英雄神话等在这里广泛流传。并且，作为秦东门的海州地域，还受到秦始皇求仙活动的影响，方仙道活动频繁，而曲阳乡又是《太平经》的发源地，早期太平道活动在这里依稀可见。此外，海州地域还保留着比敦煌石窟早200多年的孔望山佛教石刻艺术，这是我国佛教通过海上丝绸之路传入内地的实物证据之一。

自《尚书》、《山海经》至明清小说如《西游记》、《镜花缘》，甚至诸如《史记》、《汉书》等史传著作对海州地域的宗教、神话传说多有涉及。究其原因，这与海州地域独特的地理位置是分不开的。它地处中国版图的脐部，位于长江、黄河两大三角洲的结合处，又是北海、东海的交汇点，春秋战国时期曾先后属鲁、齐、吴、越、楚等国。因而海州地域文化在融合了中国北部、南部、中部以及东部沿海地区文化共性的同时，也接受了许多外来文明，形成了具有海州地方特色的文化个性：即长期以来在渔猎经济、农耕经济以及盐业经济的影响下，巫风盛行，民间道教、民俗佛教普遍，俗文化居主要地位。

就学术界的研究现状而言，对含有多个文化区域的江苏区域文化尤其是宗教文化的研究偏重于苏南地区，对苏北地区尤其是像海州这样一个有着悠久历史的地方文化研究此前多有忽略，除了考古学发掘研究报告等单篇论文以外，在一些专著中大多学者仅把海州地域文化纳入“齐鲁文化”或“淮楚文化”范畴加以简单陈述，稍显单薄，不够深入。而此前的一些地方文化学者在研究海州文化的时候也往往着眼于近古时期，对中古及之前即已在民众中广为盛行的宗教活动及志怪故事、神话传说等关注不够，而这些正是后来海州文学的创作之源。要理解明清以来海州文学创作的文化背景，就必须从远古、中古时期这一地区的宗教活动与志怪故事、神话传说等入手。笔者选择这一课题，就是致力于挖掘海州这个独特地理区域的文化内涵，希望能作为苏北地区文化研究的引玉之石，为苏北传统历史文化的保护做出贡献。

对于海州地域文化的研究，此前主要是山东、江苏等区域文化的研究学者在相关著作中少有提及，且对其文化归属问题观点不一。持“齐鲁文化”观点的有：高广仁《海岱文化与齐鲁文明》、王赛时《山东海疆文化研究》、曲金良《海洋文化与社会》、逄振镐《山东古国与姓氏》等，另外彭年、方牧、陈智勇等人在有关海洋文化研究的论文中也曾提到过海州①。北京师范大学张紫晨教授在《海州民俗志》序言中说：“连云港实为吴楚齐鲁文化的集聚区，同时又保有齐鲁文化的根基，属于北方南端的文化圈……海州有其传统文化特色，表现出我国北方民俗文化的典型性，而且对齐鲁以北的广大地区产生极其广泛的影响，河北、东北以及河南东部，可以说大体上都属于这个民俗文化圈的范畴，在沿海一线，直到长江以北的地区，在民俗文化特征上也不能完全与它分开。”② 也有学者认为海州文化应该叫“海岱文化”较为合适③，更多的江苏文化学者将其纳入“淮楚文化”范畴，如陈书禄主编的《江苏

① 参见彭年《南越族是中国古代海洋文化的先驱》，《中华文化论坛》2004 年第 4 期；方牧《〈山海经〉与海洋文化》，《浙江海洋学院学报》（人文社会科学版）2003 年第2 期；陈智勇《试论夏商时期的海洋文化》，《殷都学刊》2002 年第 4 期。关于滨海地区的宗教神话研究更是少之又少，陈寅恪曾有过《天师道与滨海地域之关系》（收录《金明馆丛稿初编》，三联书店 2001 年版）一文，从滨海地区一些世代大家族对道教的传播作用角度来谈地域对天师道的影响。

② 张紫晨：《海州民俗志·序》，载刘兆元《海州民俗志》，江苏文艺出版社 1991 年版。

③ 见栾丰实《东夷考古》：“从对高广仁、邵望平《中华文明发祥地之一——海岱历史文化区》（《史前研究》1984 年第 1 期）的理解来看，海岱文化区‘系指运河以东的山东和江苏北部地区……’但其范围在不同时期是有所变化的。具体地说，时代越早，范围越窄。北辛文化时期，主要分布在泰沂山南北两侧；大汶口文化早期，扩至山东全省和苏北地区；大汶口文化中晚期……扩展到皖北和豫东。”山东大学出版社 1996 年版，第 9 页。

文化概观》①、王长俊主编的《江苏文化史论》、蔡葵主编的《楚汉文化概观》、朱存明等著的《淮海文化研究》等。而以海州为主要文化背景的地方文化学者则将其模糊为"东夷文化"，并且认为海州是东夷文化的发源地：如刘兆元主编的《海州民俗志》②，李洪甫的《太平洋岩画——人类最古老的文化遗迹》、《连云港地方史稿》，李洪甫、武可荣的《海州石刻——将军崖岩画与孔望山摩崖造像》，李洪甫、刘洪石的《连云港山海奇观》，连云港市委员会文史资料研究委员会编的《连云港市文史资料》，苏中保主编的《海州石刻》，彭云的《海州乡谭》，朱炳旭的《明海州史小录》，薛鸿迎、刘洪石的《连云港风物志》，张殿臣、张传藻的《连云港市地理》，吴加庆主编的《东渡徐福》、《古朐风流》，魏琪主编的《连云港特色文化》，徐德济主编的《连云港港史》等。对海州地域文化的归属为什么会有如此大的分歧呢？综合而言，这与海州特殊的历史地理环境及其文化特征是分不开的，而这也正是本文选题及论述的一个切入点。

本书主要是立足于近些年区域文化的相关研究，选取海州这个较为特殊的地区作为个案，从这一地区历史地理环境及其文化的特殊性入手，在广泛意义上探讨当地历史上俗文化占主导地位的原因。同时，考虑到文学是一种以语言为载体的具有审美形态的文化，是文化诸多因素

---

① 陈书禄教授将海州文化分为楚汉文化和苏东海洋文化两个部分，并指出苏东海洋文化迥异于楚汉文化的特点——眼界开阔、思维敏捷、富有活力、心理开放。可参见陈书禄《江苏文化概观》，南京大学出版社1998年版，第9—19页；王长俊《江苏文化史论》，南京师范大学出版社1999年版，第8—12页。

② 刘兆元认为："原始自然崇拜时期，居住在这里的先民们以虎为崇拜的图腾，这就是甲骨文中记载的'虎方'和《左传》中说的'虎夷'。约在夏商时代，这支虎族经济文化相对发达，实力很强，对其周围吴楚齐鲁乃至中原产生过很大的影响。后因参与纣王之子武庚的'东国五侯叛周'，成为周公东征的主要攻击对象，结果一部分降为周的臣民滞留当地，一部分南逃直至云贵高原。春秋战国时，海州地处吴楚齐鲁之交，一直是各方争夺的焦点，朝吴夕楚又齐鲁之况，屡见不鲜。秦始皇在这里设朐县，并立石为秦之东门。在整个一百六十多年的南北朝期间，是水陆两路南北之间人、物往来的中转站……这种古老的历史渊源和特殊的地理位置，相应地在传统文化上也形成了特殊情形；就中国的风俗而言，这里有一定的典型性和代表性。形象地说，这里是中国（尤其是中国北方）的一个'风眼'，或者说是一个'漩涡'，它向四面八方辐射和扩散，四面八方又向这里辐凑，在这里沉淀……"见刘兆元《海州民俗志·后记》，江苏文艺出版社1991年版。

中的主要因素，并且往往在社会文化的发展过程中起着引领的作用。因此，研究中就不能不以海州地域的宗教活动及宗教故事、民间传说等为主要研究对象，从古籍中相关的地方记载及历史遗迹、考古发掘等角度来选取研究材料。鉴于海州地理位置和交通环境的特殊性，研究过程中又不能不涉及周边与其有历史文化渊源的其他滨海地区。故而本书所论述的海州地域概念，是以今天连云港所辖行政区域为大致范围，兼及周边滨海地区。

海州地域神话传说、原始巫教、民间道教、民俗佛教等盛行，但从历史的角度考察，主要还是受齐方仙道以及早期传入的印度佛教思想影响较多。因此，笔者在总结并强调了海州文化边际性特点的基础上，在民间道教一章中依托现存的道教遗迹，考察燕齐方士鼓吹长生观念的影响下，秦始皇等人在海州地域的求仙活动以及这种长生观念为什么能够在当地长期传播的原因，进而探讨早期太平道在海州曲阳发源并向周围流播的社会因素。而在民俗佛教一章中，因为海州地域保留有我国目前最早的佛教摩崖石刻，因此不得不从早期佛教经由海上途径传入的角度入手。海州地域三面环海，具有优良的海上港口，外来文明很容易传入。但早期传入的佛教在海州地域受到当地早期民间道教的影响，上乘教义教理并没有得到广泛传播，而是不断被俗化，以迎合当地人民的民俗信仰。此外，由于海州地域民间宗教团体多，信仰不一，对口头传播为主的民间故事颇有影响。因此研究中笔者还选取典型的民间故事类型作为研究对象，阐述这些故事流传背后的社会背景和文化渊源。在前几章研究的基础上，自然地就谈到这个地区独特的文化背景对后世文人小说创作的影响，而与海州云台山地区民间传说又有密切关系的神魔小说《西游记》和以云台山区自然环境及板浦地区民风民俗为主要背景的仙道小说《镜花缘》即是当地人民受异域文化以及不同的民间信仰影响的社会缩影，体现了滨海区域文学创作的独特风格。

当然，对海州地域文化的研究，并不是为了尽可能全面而完整地展现其文化原貌，而是更多地注意到这一区域的文化个性特色，表明还有这样一些被忽略了的边际文化区的研究，同样对再现历史的真实有着非常重要的作用。我们有理由将目光更多地凝注到其他各文化交界地区的边际文化中，它们是历史文化长河中的重要组成部分。在研究各区域文化的同时，我们不应该忽视这样一些边际文化区域。因为文化是人为的，同时人也并不仅仅是被动地接受文化的载体，而是在文化的传承过程中，不断地交流、选择、改造着文化。要再现各种文化的原貌，就不能忽视它们的任何一个细节。而海州边际文化的研究，能够告诉我们为什么历史上大部分内陆地区由“经典”文化占据统治地位，而如海州这样一些边际文化区域却是“民间”文化为主导。

第一章

海州地域文化特征及原始宗教信仰

海州地处中国最东部的边远海隅，位于东部沿海连接南北、过渡东西的结合部，隔海与日本、朝鲜相望。历史时期的地壳运动又使得当地山脉绵延，除了著名的云台山、羽山、朐山（又称锦屏山）、孔望山、伊山外，还有青龙山、夹山、刘志洲山、后小山、刘顶山、白虎山等。由于七千年前覆盖在亚洲东北部的冰川融化，海州大部分地区淹没于海水中，云台山也成了海中的“仙山”。距今三千年左右，海平面下降，海岸线由羽山地区移至朐山。魏晋时期，由于全球性的海平面下降和陆地抬升，海州板浦地区出现一块滩涂，后不断扩展，逐渐与伊山相连。直到清康熙五十年（1711）前后，云台山才与大陆连接起来①。这种地处偏隅的山海相依环境，使得海州地域文化呈现出鲜明的个性。

第一节　文化特征

海州地域春秋战国时期曾先后属鲁、齐、吴、越、楚等国，在融合了中国北部、南部、中部以及东部沿海地区文化共性的同时，因为海港的便利交通，来自不同国度的异域文化也对海州地域人们的生活习俗、宗教信仰等产生了重要的影响。并且，由于海州地处边远的东部海滨，历史时期远离政治文化中心，受主流文化的影响较小，因此多一些民间

---

① 参见李洪甫、刘洪石《连云港山海奇观》，地质出版社 1986 年版，第 132 页；徐德济主编《连云港港史》（古、近代部分），人民交通出版社 1987 年版，第 6 页。

的、民俗的一般知识与思想。

一　多元文化交界——边际性特征

海州地域的地理位置较为特殊，但总体而言，它处在齐鲁、楚、吴越等几大文化区域的边缘，同时又受海洋文化与异域文化的影响，我们不妨将其称为“边际文化”。

边际文化的概念是在“文化的边际”概念基础上发展而来的。1997 年中国社会科学院民族研究所王晓丽博士提出了“文化的边际”概念，她说：“一种文化除了有它的中心与边缘的区分之外，还存在着另一种现象，这种现象在两种或两种以上不同文化特质相遇时，或者在拥有两种以上不同文化的地区内，极易观察到。本尼迪克特用过‘交界处’这个词来表述文化横断面上两种以上文化不协调的突出状态[①]，我将之称为‘文化的边际’[②]……文化的边际是指在某一地区直接反映出的不同文化之间的差异，它可以确定性地刻画出‘你文化’与‘我文化’的区别，明确地体现着文化的界线，是对文化的质的描写”，文化的“边缘”与文化的“边际”的区别在于：“一个是面，一个是线；一个是单一文化的传播区，一个是两种文化的交界。”[③] 因此，至少存在两种不同文化的相遇或者两种文化并存的地区，才会出现文化的边际，不论这种并存是相容还是冲突。

什么是边际文化呢？笔者以为河北师范大学郭小丽博士分析得非常有道理。她在谈到俄罗斯文化与中国文化的区别时认为，中国文化是原生文化，俄罗斯文化是边际文化，中国文化是“我—我”

---

① ［美］露丝·本尼迪克特：《文化模式》，王炜译，三联书店 1988 年版，第 208 页。

② 郭伟民提出的“文化区域边缘”概念与王晓丽的“文化的边际”概念很相似，他说楚文化以江汉地区为中心，“而在其中心以外的地区，那种与外文化相邻的地区，都属于广泛意义上的楚文化区域边缘，这种区域边缘随着时间的变化而变化”，并且，“春秋晚期，江苏境内并非为楚人领有，而已属于楚文化的区域边缘”（参见郭伟民《楚区域边缘文化浅议》，《江汉考古》1992 年第 4 期）。俞伟超先生也认为“属于楚国土里的文化并不一定就都属于楚文化，而有的楚疆域外的文化，却可以归入楚文化范畴”（参见俞伟超《关于当前楚文化的考古学研究问题》，《湖南考古辑刊》第一辑，岳麓书社 1987 年版，第 40—41 页）。

③ 王晓丽：《试论边缘文化——现代文化的平面研究》，《世界民族》1997 年第 4 期。

对话形式，俄罗斯文化是“我—他”对话形式，“我—我”的对话模式伴随的是“稳定和连续”，同时带来“保守和停滞”，“我—他”的对话模式伴随的是“分裂和离散”，同时带来“发展和创新”，她还借鉴了俄罗斯学者巴格诺的观点：“处在多种文化边界上的文化类型属于边际文化……边际文化很容易受到来自外部的影响，与此同时又极度珍惜自己的特性。”① 由此来看，边际文化是多样性和断裂性的统一。多样性主要表现为各种文化的离散或相融，而断裂性主要表现为不成系统。郭博士谈到的是大文化概念，是以国家文化为前提来探讨中国文化的原生性和俄罗斯文化的边际性。而笔者在这里要谈的是小文化概念，是从中国内部各区域文化的角度出发来探讨海州文化的边际性。

王健教授认为徐州即属于边际性文化区域：“由于地处齐鲁、宋、楚文化的接触地带，徐州一带长期受到多元地域文化的渗透、整合与涵化，并且逐渐形成具有相对独立面貌的边际性文化区域。”② 但从历史时期的徐州来看，主要受楚文化因素的影响较多，因此大多数学者也将其纳入楚文化范畴，其边际性特点并不是很明显。而海州则不同，春秋战国时期曾先后隶属于鲁、齐、吴、越、楚等国，不同侯国在政权占领的不同时间里，由于海州特殊的地理位置，人口流动量也非常大，来自不同侯国的文化习俗在这里不断地碰撞、融合，再加上汉末佛教沿海上丝绸之路的传入，形成了南北文化、内陆文化与海洋文化、外来文化与本土文化交融的独特文化区域。

总体而言，海州文化的边际性特征可以概括为：北部，它位于齐鲁文化和楚、吴越文化的交界；西部，它是海洋文化和内陆文化的交界；而东部，则是本土文化与外来文化的交界。这种多缘交界的边际特点非常罕见，由此造成了海州文化丰富多彩的内涵。我们在研究区域文化的时候，很容易忽略或淡化边际文化，它代表的是几种文化交界线上的文化，因此出现了海州文化界定上的争议。而如果从边际文

① 郭小丽：《原生型文化与边际文化——从发生学视角对比中俄文化的发展特性》，《俄罗斯中亚东欧研究》2007 年第 2 期。

② 王健：《儒道传播与文化地缘——以古代徐州区域为中心》，《中国历史地理论丛》2002 年第 1 期。

化的角度界定，就显得清楚无疑。为了不破坏区域文化研究的完整性，我们还是应该站在保护文化遗产的角度，从更广泛的意义上对其作深入研究。

二　一般知识占主导——边缘性特征

相对于历史时期的其他主流文化而言，由于边远的地理区域位置及弱势的政治经济文化特点，海州文化又有着边缘性。“边缘是指沿边的部分，即边缘地区，而且靠着两方或多方边界线。‘边缘’从政治上看，是弱势的、无权的；从经济上看，是落后的、不发达的；从文化上看是少数的，可以忽略的。”① 正是由于这种边缘性特点，海州文化总体上呈现出小传统②的特征，表现在思想领域为“一般知识和思想”③

① 方浩范：《对文化全球化与边缘文化的思考》，《长白学刊》2005 年第 4 期。

② 关于中国传统文化的分类，顾颉刚认为可分为“民众文化”和“圣贤文化”（见顾颉刚《圣贤文化与民众文化》，载苑利主编《二十世纪民俗学经典·民俗理论卷》，社会科学文献出版社 2002 年版，第 10—14 页）；李亦园非常赞同美国芝加哥大学人类学家雷德菲尔德的小传统与大传统二分法（李亦园：《人类的视野》，上海文艺出版社 1996 年版，第 141 页）；葛兆光针对中国古代思想史提出了“一般知识与思想”和“精英与经典思想”的概念（葛兆光：《中国思想史》，复旦大学出版社 2001 年版，第 129—130 页）；王齐洲将其分为大众文化与典籍文化（王齐洲：《论文学与文化——兼析对中国古代文学进行文化分析的必要性》，《湖北大学学报》（哲学社会科学版）1997 年第 6 期）；美国汉学家史华兹将中国文化一分为三，在统治阶级的文化与民间文化之间划出一种“高层文化”（［美］史华兹（Benjamin I. Schwartz）：《古代中国的思想世界·跋》，程钢译，江苏人民出版社 2004 年版，第 420 页）；钟敬文先生将文化分为上层文化、中层文化（城市文化）和下层文化（民间文化、农村文化）（参见钟敬文《谣俗蠡测》，巴莫曲布嫫、康丽编，21 篇“丰富的下层文化”、23 篇“传统文化随想”、24 篇“谈民族下层文化”、41 篇“民众生活模式和民众教育”，上海文艺出版社 2001 年版，第 144—146 页、第 154—163 页、第 164—169 页、第 249—251 页）；现代民俗学家张道一认为中国文化可划分为四个文化圈：以宫廷为代表的贵族文化；以文人士大夫为主的文人文化；以宣扬宗教为目的的宗教文化；以农民为主的民间文化（《张道一文集·中国民间文化论》下卷，安徽教育出版社 1999 年版，第 471—493 页）。实际上，这些概念的内涵并无本质区别，它们所代表的无非是传统意义上的“俗文化”和“雅文化”。

③ 葛兆光：《中国思想史》第一卷“七世纪前中国的知识、思想与信仰世界”之第二编第六节“战国时代的精英思想和一般知识：方术及其思想史意味”，复旦大学出版社 2001 年版，第 129—130 页。

占主导，表现在文化领域则为俗文化居主要地位。郑萍认为“以农民和小传统为核心的文化不易接受新观念，是保守的，与‘过去’联系，也被称为‘草根力量’”①。笔者以为“草根力量”在面对其他文化强制进入的时候有时也表现出其作为传统文化重要组成部分的包容性，尤其是像海州这样一个位于多元文化交界处的边际文化区。余英时强调，“依人类学家的观察，大传统一旦落到下层人民的手上便必然会发生意想不到的变化，因而失去其原意”②。表现在偏隅的多鬼、神、仙、怪等信仰，多占卜、祭祀、命相、风水等活动的海州地域时，在精英阶层文化介入后，当地民间的俗文化不但没有排斥和消失，并且以开放的态度对其进行改造，渐渐融合，并最终形成了多神教合一的民俗信仰。在海州当地村落生活结构中，百姓们的日常生活行为主要表现在：大部分人家藏有家谱；节日、忌日等焚香拜神；每逢老人去世，都要举行隆重的葬礼；几乎每一个乡镇集市都有自己的庙会，等等。他们不善于精神层面的表达与哲理思维，而是把精英阶层文化中的抽象概念人格化，从日常社会生活所需出发，非常在乎哪一些神祇最能保佑平安、赐福降祉，以及如何尊奉神祇的教谕来确保这些福祉能够延续等。这种信仰直接而质朴，功利性强。

海州地域的文化活动与文学创作呈现出鲜明的地域特色。1993 年 2 月在江苏省东海县温泉镇尹湾村，共发掘了 6 座汉墓。根据后来对墓中出土竹简的整理来看，这些墓葬应该属于西汉中晚期至新莽或东汉初年。竹简内容除了东海郡政府六种文书档案、四种私人文书外，尚有术数历谱《神龟占》、《六甲占雨》、《博局占》、《刑德行时》、《行道吉凶》、元延元年历谱和元延三年日书等③。而其中能够称得上“正统”的赋体文学《神乌赋》也同样具有神话色彩，可以说是一篇俗赋，也是我们目前所知较早的俗赋篇目。这篇俗赋史书上并没有过记载，如果不是墓葬的发掘，我们对俗赋的认识上限应该还是敦煌遗书中的唐代

① 郑萍：《村落视野中的大传统与小传统》，《读书》2005 年第 7 期。

② 余英时：《士与中国文化》，上海人民出版社 1987 年版，第 143 页。

③ 参见刘洪石《尹湾汉简》，载魏琪主编《连云港特色文化》，苏州大学出版社 2006 年版，第 78 页。

《韩朋赋》[①]、《燕子赋》和《晏子赋》等。总体考察海州相关文献中的艺文记载，自唐至清海州地方子类著作有：唐朝成玄英（陕州人，隐居东海。贞观五年，召至京师。永徽中，徙郁洲为道士）《老子道德经注》二卷、《开题序诀义疏》七卷、《庄子注》三十卷、《疏》十二卷、《易流演》五卷；宋朝黄岩《伏羲范围图传》二卷；明代王鸣鹤《登坛必究》四十卷、《帷间问答》、《教操说》、《训兵说》、《行兵图》，徐可久《树滋堂杂编》、《固庵漫录》，李春煦《闲中古今》，王克靖《海角经注》，王捷《诒谋编》、《省心录》；清胡简敬《太极图说》、《朱陆异同辨》，孙斯位《篑山观物记》一卷，许兆升《位卑言高录》一卷，等等[②]。其间多杂谈、谶纬[③]、神怪、道家等俗文化的内容。

由此来看，海州文化可以定义为：就思想层面而言，主要反映的是一般知识与思想；就文化层面而言，主要是一种俗文化。而海州的传统文学，主要是反映一般知识与思想、属于俗文化的审美的语言艺术。

第二节 原始宗教信仰

海州地域悠久的历史留下了许多史前人类的足迹，而考古发掘也证明了早期人民在这里生活繁衍，并形成了自己的原始宗教信仰，主要是

---

① 容肇祖认为："是否宣帝时，民间已有这样叙说故事的体裁为王褒所采用，或者那时民间用口讲述故事，而带有韵语以使人动听易记，有如王褒的《僮约》，现在都没可考。或者在汉魏间，贵族盛行以赋作为文学的玩意儿时，民间却自有说故事的白话赋?"容肇祖：《敦煌本〈韩朋赋〉考》，载周绍良、白化文编《敦煌变文论文录》，上海古籍出版社1982年版，第680页。

② 可参见南京师范大学古文献整理研究所编著《江苏艺文志》（徐州·连云港卷），江苏人民出版社1995年版，第195—282页；仲其臻等整理《嘉庆海州直隶州志》卷27《艺文录》，南京大学出版社1993年版，第1091—1092页。

③ 近代谶纬研究学者陈槃在《谶纬溯原》一文中曾提出一个观点，即谶纬"当溯原于邹衍及其燕齐海上之方士"，见《历史语言研究所集刊》第11本，中华书局1987年版，第317页；何新认为邹衍"是战国后期流行于东方滨海地区的一种民间宗教——'方仙道'的一位巫师"。见何新《诸神的起源：中国远古神话与历史》附录"邹衍考"篇，三联书店1986年版，第320页。

自然崇拜和神灵信仰，而这些对当地后世的民间信仰有极为重要的影响。自然崇拜的对象主要包括土地、日月星辰、河海山川、动植物类等，当然还有象征生殖器的石祖崇拜；神灵崇拜主要包括祖先崇拜、灵物崇拜等。其中最能反映这些原始信仰的古迹主要有将军崖岩画、东磊太阳石以及灌云大伊山墓葬等。

一　大地母神崇拜

1979 年，海州桃花涧地区发现了我国迄今所见最早的原始社会岩画——将军崖岩画。我国著名考古学家、中国社会科学院考古研究所苏秉琦先生认为，将军崖岩画“是一件非常重要的文物，是一项难得的重大发现，是我国最早的一部天书”。如今，将军崖岩画被列为全国重点文物保护单位①。

将军崖岩画位于海州锦屏山南麓北侧断崖上，长约 22 米、宽约 15 米，共 3 组，主要内容为人面、农作物、鸟兽、星相图及各种符号。岩画西部一组长约 4 米，宽约 2. 8 米，有人面、兽面、农作物图案及各种符号。人面头像均向东偏北 2 度左右，与二涧村遗址新石器时代墓葬中人骨头向较为一致。

在这组岩画中，最大的人面高 0. 9 米，宽 1. 1 米，面部刻有许多与五官无关的杂纹，使人想到古代东方民族的“断发文身”习俗，应该是原始部落的女性首领②。而最令人深思的是所有的 11 个人面均用一根线条与下面的农作物图案相连。陶阳、牟中秀认为“连云港将军崖石刻

---

① 主要参见李洪甫《将军崖岩画遗迹的初步探索》、《连云港将军崖岩画遗迹调查》，同载于《文物》1981 年第 7 期；盖山林《连云港将军崖岩画题材刍议》，《徐州师范大学学报》1983 年第 4 期；李洪甫《江苏连云港将军崖石刻与原始农业》，《农业考古》1983 年第 1 期；萧兵《将军崖岩画的民俗神话学研究》，《淮阴师范学院学报》1983 年第 3 期；李洪甫《连云港将军崖岩画与女娲的古史传说》，《东南文化》1988 年第 2 期；翟学伟《东方天书探析——将军崖岩画的文化人类学研究》，《东南文化》1993 年第 2 期；高伟《将军崖岩画与女阴崇拜》，《东南文化》1998 年第 4 期；房迎三《江苏连云港将军崖旧石器晚期遗址的考古发掘与收获》，《东南文化》2008 年第 1 期；汤惠生《将军崖史前岩画遗址的断代及相关问题的讨论》，《东南文化》2008 年第 2 期。

② 李洪甫：《海州石刻》，文物出版社 1990 年版，第 14 页。本书摘选图片无特别说明皆出《海州石刻》。

将军崖岩画人面纹

岩画，底部是草，生出一根长茎，茎上是一朵花，在花朵中心花蕊部分是画有眉眼、鼻嘴的人面。……‘花生人’的解释似乎更为合理。这幅画的花朵即是人面，但也有未成形的人面，有的只有眼睛和鼻子”①，而“花卉代表女性生殖器”②。李洪甫先生认为这一组人面图案是女娲引绳造人传说③。实际上，无论是“花生人”还是“女娲造人”，都至少可以说明这是母系氏族关于人类起源神话的实物证据。也有人认为这是一幅“谷灵崇拜图：大地上生长着各种农作物，且各自都与人面图像之间用抽象的线条相连接，人面恰如农作物的果实，证明了人对农作物的依赖”④。农作物图案在新石器时代的陶器上有过发现，但原始社会农业部落的作物图案，将军崖岩画上的图案为首见。实际上，谷物——作为原始农业的主要农作物，在我国长江中下游一带，至迟在六七千年前就已经开始为人类所栽培了⑤。二涧村新石器时代遗址下层的红烧土中发现了稻壳，证明七千年前的这里是稻作农业的起源地之一⑥。

以上诸种解释都有合理之处。笔者认为将军崖岩画中的这组人面及农作物图像反映了原始农业部落中人们对农作物的依赖及对土地的崇拜意识，是一种对大地母神的崇拜。人面都无躯干、四肢的描绘，农作物

---

① 陶阳、牟中秀：《中国创世神话》，上海人民出版社2006年版，第162页。

② ［奥］弗洛伊德：《精神分析引论》，高觉敷译，商务印书馆1986年版，第119页。

③ 李洪甫：《连云港将军崖岩画与女娲的古史传说》，《东南文化》1988年第2期。

④ 陶阳、牟中秀：《中国创世神话》，上海人民出版社2006年版，第208页。

⑤ 同上。

⑥ 李洪甫、姚芝庆：《连云港市经济史料》，连云港经济联合开发公司、连云港市经济学会编印1985年版，第22页。

分两类：一类是由下向上的辐射状线条，中间杂以表示谷粒的圆点，似禾苗；另一类是在这些线条下部有一个三角形，似乎表示植物的根部，当时的先民已经开始注意到不同植物的果实有种子和根部两种。不管怎样，这幅图案至少反映出先民们把大地当作生命之根本，无论是人还是人类赖以生存的农作物，都源于土地，土地才是万物之本。当看到农作物从土地中长出的时候，先民们意识到生命对土地的依赖，产生了“大地母神崇拜”，并加以祭祀①。

二　天体崇拜

《尚书·尧典》中“羲仲祭日于旸谷”是我国较早的天体崇拜活动记载。而在海州地域，却发现了早期的天体崇拜实物遗迹，如太阳石、将军崖岩画中的星象图等，这也是海州地域古老历史的明证。

（一）太阳石的发现

渔湾和东磊接壤的山头，俗称“摸忽山”，山顶正中有一块面向东方斜卧的巨石，长约7.5米，宽2—4米，前窄后宽，略呈“A”字形，称太阳石。具体年代已经难以确定，据推断，应该是四千年以前的原始艺术遗存②。石面右上方，镌刻着一个直径为25厘米的圆圈，内刻曲线状的简单图案，组成一小动物状，使人想起传说中太阳里的金乌。由于图案线条粗糙，周围又没有光芒线，又使人想到月亮中的玉兔或蟾蜍。圆圈左下方刻有太阳图案，直径约18厘米，有21根光芒线条，与将军崖岩画中的太阳图案几乎一致。太阳图案下方刻有七个鸡蛋大的圆坑，位置的安排好像北斗七星。在整个石面上，还刻有几个好像棋盘的图案以及许多含义不明的符号。大石附近还散布着一些搬来的大石，形状略同于将军崖岩画中间的“社神足”。考古学者推断，石头上圆圈图案，是太阳，中间三足鸟为金乌鸟。清代《海州文献录》记载肖山王良士探求旸谷的经过：“吾尝航海自碣石、登、莱，穷沙门数十岛，登成山之罘，憩息琅琊，遵海而南，求所谓嵎夷旸谷者不可得……而云台在海

① 参看李洪甫、刘洪石《连云港山海奇观》，地质出版社1986年版，第93—94页。

② 东磊石海的形成被认为是更新世初期古冰川遗迹（见赵松龄、徐兴永《江苏省连云港市东磊石海的成因》，《社会科学》2005年第4期），但太阳石上的图案年代没有考证。

中，周二百里，为嵎夷无疑。东磊面东为谷，四时旭日所照，奇峰怪壑，异草仙花，必羲和所居之旸谷也。”后来师亮采、许乔林等人也都进一步确认这一论断。而离太阳石比较近的朝阳乡张庄水库，就是新石器时代的遗址，并曾出土过5000年前的陶器①。

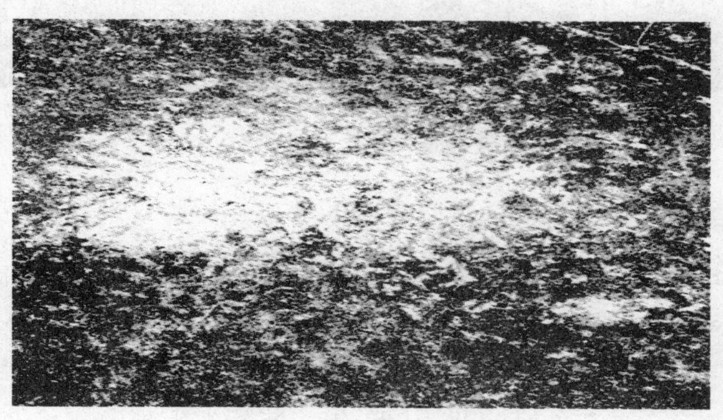

东磊太阳石

太阳石的发现得到了国内学术界的重视，刘夫德、宋宝忠、李洪甫等都曾撰文论述过②。虽然观点略有分歧，但都同意这是一幅对太阳的崇拜石刻图。笔者对此也较为赞同，因为无论从地理位置还是早期史籍记载来看，作为最东部滨海地区的海州产生日崇拜是非常有可能的。

（二）将军崖岩画中类似日、月、星象的图案③

将军崖岩画中的天体崇拜图拓片作为史前时期的祀天遗迹，陈列在北京古观象台，岩画的形象图模型，更是代表古代中国在天文观测方面所取得的卓越成就而远赴比利时、韩国等国家展出。

---

①　此部分内容参见彭云《海州乡谭》，江苏人民出版社1988年版，第107页。

②　可参见刘夫德《“扶桑”考》，《社会科学战线》1985年第3期；宋宝忠、王大有《阿斯特克太阳石（历）及其文明》，《社会科学战线》1985年第3期；李洪甫《连云港地方史稿》，上海社会科学出版社1990年版，第26页。

③　可参见陆思贤《将军崖岩画里的太阳神像和天文图》，《淮阴师范学院学报》（哲学社会科学版）1983年第3期；王洪金《将军崖大石星图考》，《东南文化》1993年第5期；王玉民《将军崖岩画古天象图新探——兼论岳阳君山的星象意义》，《自然科学史研究》2007年第1期。

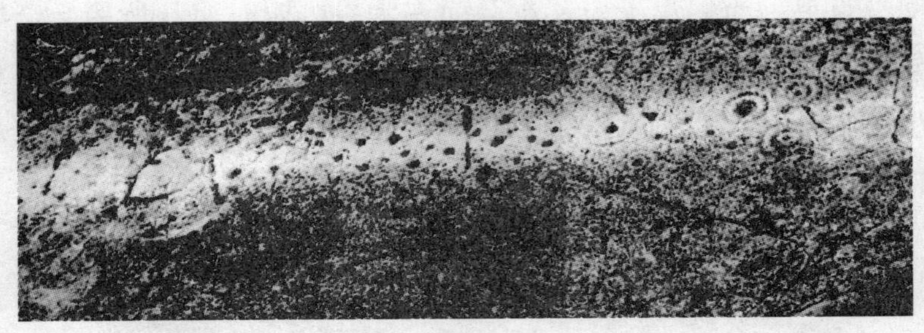

将军崖岩画中的星象图

这幅岩画图案依山坡自然形势上下分布，长约6米，有三根短线将其分作四个部分，好像是记录太空星云，以表示周期的含义。而三个光芒四射的太阳，分别刻画了23、20、14条光芒线，可能表示氏族部落的分支多少。三个太阳图案的圆心排成直角三角形，是为了根据太阳的位置测出冬至、夏至的时间①。1983年，何新先生到海州桃花涧对将军崖岩画进行实地考察，并推测为龙山文化时期的遗迹，凿刻时间距今5000—7000年左右。他指出将军崖岩画“题材多种多样，但完全围绕着一个主题——太阳与星宿的崇拜。在岩画中，许多图案都是对太阳与星的模写”②。而盖山林则认为有光芒的头像是太阳神的象征，他说：“将军崖这列太阳神岩画，南北排作一列，看去颇如太阳从海面升起的样子，面部采用变态的人面形，是对太阳人格化的表示。在这列太阳神之间，有一个个圆型凹窝，这显然是一个个星座，表示太阳神高居于布满星座的太空之中。”③“值得注意的是，这些太阳神的形象，与古金文中的‘皇’字和‘昊’字极为相像，而皇和昊二字，在中国古代正是用于太阳神的两个尊贵的称号。”④文字学家张舜徽说：“皇，煌也，谓日出土上光芒四射也。皇之本义为日，犹帝之本义为日，日为君象，故古代用为帝王之称。”⑤在所有学者的论述中，其共同点是认为这幅岩画描述的是对天体的崇拜。

---

① 李洪甫、刘洪石：《连云港山海奇观》，地质出版社1986年版，第92—93页。

② 何新：《诸神的起源：中国远古神话与历史》，三联书店1986年版，第12页。

③ 盖山林：《连云港将军崖岩画题材刍议》，《徐州师范学院学报》1983年第4期。

④ 何新：《诸神的起源：中国远古神话与历史》，三联书店1986年版，第13页。

⑤ 张舜徽：《郑学丛著》，齐鲁书社1984年版，第429页。

此外，将军崖岩画中天体崇拜图镌刻于动物头骨图案之间，反映了人类对于天体的祭祀，可以说这幅图案是原始天体崇拜意识的实物证据。除海州外，太阳图岩画主要发现在如甘肃、青海、内蒙古、新疆、云南、广西等内陆的边远山区。这就说明古代生活在山区的人们对朝升晚落的太阳能够带来温暖已经有了初步的认识，并把它形象化，摹刻在祭祀社的岩石上，早晚膜拜。

三　灵魂崇拜

海州地域发掘了几处原始社会墓葬遗址，其中二涧村遗址、大伊山遗址（传说夏末商初著名人物伊尹隐居于此，因此得名。汉时称伊庐乡，项羽名将钟离昧的故里在山下）、万北遗址等较为典型。

二涧村遗址，从上至下为汉代、龙山文化、新石器时代早期文化。7 座墓穴为新石器时代早期，皆长方形土坑竖穴，其中 5 座墓主是用红陶钵覆盖头部，也见于大村、大伊山和万北遗址，而其他地区罕见①。

大伊山墓葬在几处墓葬中保存得最完整，1981 年 11 月首次发现，1985 年 2 月第一次发掘，1986 年 2 月第二次发掘。共 62 座墓葬，其中 61 座为石棺墓，四壁镶以石板，底部没有，有石板盖顶，石棺口大底小，头宽脚窄，皆为单棺，墓向均朝东 75—80 度，单人仰身直肢，头东脚西。另外，共有 17 座墓主用陶钵覆盖头部，并且陶钵底部有小洞。在所有的墓葬中，随葬品有陶器、石器、骨器、玉器、猪牙等，多数墓葬有 1—3 件随葬品，最多为 8 件，16 座墓无随葬品。大伊山遗址从总体上看，与北辛文化相同，但也有一部分南方文化因素，也有时间跨度，有的可能是大汶口文化早期②。

沭阳万北遗址从上到下依次为商朝、岳石、大汶口、新石器时代早期文化层，墓葬为长方形土坑竖穴，单人仰身直肢，头向东，用陶钵覆

---

① 江苏省文物工作队：《江苏连云港市二涧村遗址第二次发掘》，《考古》1962 年第 3 期；栾丰实：《东夷考古》，山东大学出版社 1996 年版，第 97 页。

② 主要参见纪达凯《江苏灌云大伊山新石器时代遗址的第一次发掘报告》，《东南文化》1988 年第 2 期；吴荣清《江苏灌云大伊山遗址 1986 年的发掘》，《文物》1991 年第 7 期；栾丰实《东夷考古》，山东大学出版社 1996 年版，第 99—100 页。

盖头部，但随葬品少。墓葬周围主要遗物有：石、骨、角、陶①。

从几处墓葬的共同点来看，死者多用红陶钵或红陶盆覆盖面部，墓内死者皆为仰身直肢葬法。丁义珍、刘凤桂曾在《江苏沿海原始墓地红陶钵盖头葬俗初探——兼谈头向东的仰身直肢葬的含义》② 一文中专门论述，在原始人们的思想中，人的头即是天，用红陶钵罩头，表明初民对头的特别重视和对天的崇拜。红陶钵盖头葬俗还反映了原始人对灵魂所在人体部位的认识，是人头崇拜的反映，原始人相信头骨是“灵魂的座位”，所以要加以保护，因为只要头骨得到了保护，灵魂的安全也就有了保证。而关于头向朝东葬俗，可能与死者生前的图腾信仰有关，当地是日图腾部落，太阳总是从东方升起，死者头向朝东有向太阳图腾顶礼膜拜之意。也有学者指出：红陶盖脸的葬俗与中原一带原始墓葬中的死者身上布放赤铁矿粉粒的葬俗相似，可能具有相同的含义，原始人“认为红色代表鲜血，是生命的来源和灵魂的寄生处”③，而头向东是相信死后人的灵魂要进入另一世界的原始宗教的反映，头向所指，就是那理想中的世界或人们诞生的来处④。

笔者以为海州地域原始墓葬大体相同的葬法应该是祖先崇拜的体现，以陶覆面主要是因为害怕用土掩盖的时候泥土落入耳、眼、鼻、嘴中，对亲人不尊重⑤。而头向东也是因为他们认为祖先死后，灵魂飞向太阳所在的东方，并随着太阳的朝升晚落，指引着活着人的一天生活。

---

① 谷建祥、尹增淮：《江苏沭阳万北遗址试掘的初步收获》，《东南文化》1988 年第 2 期；李民昌：《江苏沭阳万北遗址新石器时代遗存动物骨骼鉴定报告》，《东南文化》1991 年增刊；南京博物院：《江苏沭阳万北遗址新石器时代遗存发掘简报》，《东南文化》1992 年第 1 期；栾丰实：《东夷考古》，山东大学出版社 1996 年版，第 102 页。

② 丁义珍：《江苏沿海原始墓地红陶钵盖头葬俗初探——兼谈头向东的仰身直肢葬的含义》，《东南文化》1988 年第 2 期。

③ 郭沫若主编：《中国史稿》，人民出版社 1976 年版，第 31 页。

④ 李洪甫：《连云港地方史稿》，上海社会科学院出版社 1990 年版，第 9 页。

⑤ 陈龙山曾引用丁义珍的观点，认为用陶钵覆盖面部是先民对天、对祖先的崇拜，并且战国时期的冥目、汉代的玉面罩以至今天苏北民间死人面部遮蒙羞纸等都是陶钵盖面的延续。先民们怕直接用土盖死去亲人的面部，沾污了亲人的口、耳、目，是对亲人的不尊。至于陶钵底部打小洞纯属原始宗教的表现，即“灵魂出入观”。参见魏琪主编《连云港特色文化》，苏州大学出版社 2006 年版，第 27—28 页。

灌云大伊山新石器时代墓葬遗址

海州地域除以上所述大地母神崇拜、天体崇拜以及灵魂崇拜外，还有图腾崇拜如将军崖岩画中的鸟头型图案，二涧村、朝阳、大村、白鸽涧遗址中的鸟头形鼎足等，与龙山文化遗址中出土的典型器物鸟头形鼎足上的纹饰极其相似，且造型和构图都比较原始，应该是当时鸟图腾部落的遗迹。

总体而言，海州地域的原始社会遗迹较多，表现出的原始信仰也各有不同。但无论是大地母神崇拜、天体崇拜还是灵魂崇拜，都影响着后世的民间宗教信仰，进而影响了当地的叙事文学创作。

第二章

民间道教与海州

道教是我国土生土长的宗教，它的产生流播对中国古代文化有着相当大的影响。道教文化源自民间，它与华夏民族早期的天文历法、星占卜算、祭祀祛禳等巫术信仰有着千丝万缕的关系，同时又接纳了先秦时期流行于滨海地区的方仙道信仰以及流行于南方而渐布于中原的黄老思想，是多种信仰、方术与思想综合与提升的产物，是早期中华文明的结晶，也是中华文化的“根柢”所在①。道教是以“道”为最高信仰而得名，相信人们经过一定修炼可以长生不死，得道成仙，它最初的宗教团体是太平道和五斗米道，志在天下太平，解救百姓疾苦②。

关于道教与滨海地域的关系，陈寅恪先生在《天师道与滨海地域之关系》一文中指出，道教信仰之缘起往往与滨海地域有关，宫崇、干吉、张道陵都是滨海地域人士，因此太平道与五斗米道的起源都与滨海地域有关，太平道和五斗米道在中原和巴蜀地域的兴起，都与道教思想由滨海向内地传播有关③。

从海州地域的道教信仰来看，战国至秦汉时期，方仙道已经开始流

---

① 《鲁迅全集》第9卷，人民文学出版社1958年版，第285页。

② 主要参见任继愈主编《中国道教史》，上海人民出版社1990年版；许地山《中国道教史》，上海古籍出版社1999年版；卿希泰主编《中国道教史》，四川人民出版社1996年版；卿希泰主编《道教与中国传统文化》，福建人民出版社1990年版；傅勤家《中国道教史》，商务印书馆1998年版；南怀瑾《中国道教发展史略》，复旦大学出版社1996年版；葛兆光《屈服史及其他——六朝隋唐道教的思想史研究》，三联书店2003年版；王家祐、冯广宏《道教之源》，巴蜀书社2005年版；柳存仁《道教史探源》，北京大学出版社2000年版，等等。

③ 参见陈寅恪《天师道与滨海地域之关系》，载《金明馆丛稿初编》，三联书店2001年版，第1—46页。

行，体现了初级形态的道教活动，羽化登仙、变幻之术、炼丹技巧、长寿之计、气功妙用等修炼方法也常见于史册、杂记中。东汉以后，随着社会政治的动乱，人民生活的不稳定因素逐渐增加，以奉黄帝、老子为教主的《太平经》于曲阳神泉上发现，海州地域逐渐形成了综合多神信仰的民间道教。

第一节　方仙道信仰在海州的盛行及《太平经》的产生

方仙道信仰是中国东部滨海地区的文化特色之一。春秋晚期已经出现了长生不死的观念，战国中后期大量的方士、方术及仙人形象出现，秦皇汉武的寻访长生之方，更是激发了滨海地区方仙道的蓬勃发展，出现了前所未有的兴盛局面。而西汉晚期原始道经《包元太平经》的问世与祭祀西王母活动在民间的兴起，标志着神仙救世思想的产生①，方仙道信仰渐渐纳入到了有体系的宗教信仰之中。

一　战国以前“长生不死”观念对方仙道思想形成的影响

古人对于神的崇拜并没有反映出“不死”的观念，比如共工、蚩尤、尧舜等，这些氏族首领同氏族的其他成员一样，都是有死有生的。弗洛伊德曾指出：“‘自然死亡’对于原始人是一个极其陌生的观念”②，而“人类一旦认识到个体生命的存在与消失，生命意识也就产生了”③。面对死亡，人们表现出恐惧和担心，但又无法解决这种心理和现实的矛盾，于是祈求他们膜拜的神能够永远保护他们。马林诺夫斯基曾经指出：“不死的信仰，乃是深切的情感启示的结果而为宗教所具体化者；根本在情感，而不在原始人的哲学。人类对于生命继续的坚确信念，乃

① 姚圣良：《先秦两汉神仙思想与文学》，博士学位论文，山东大学，2006年，第131—139页。

② ［奥］弗洛伊德：《弗洛伊德后期著作选》，林尘等译，上海译文出版社1986年版，第48页。

③ 詹福瑞：《生命意识的觉醒与儒、道生命观》，《中国文化研究》2003年第3期。

是宗教的无上赐予之一；因为有了这种信念，遇到生命继续的希望与生命消灭的恐惧彼此冲突的时候，自存自保的使命才选择了较好一端，才选择了生命的继续。”① 是的，当人类开始注意到生命的极易消失后，便开始了延长寿命的强烈渴望，在渐趋渐久的社会进程中，最终产生了长生不死的幻想，并逐渐有了“仙”的概念。“‘仙’的出现与不死之神的观念是相一致的。至迟在春秋时期，在不死之神的启发下，已产生了‘仙’的观念，并出现了一批亦神亦仙的神话人物，如黄帝、赤松子、彭祖等”②。卿希泰也认为：“道教的神与仙继承了中国原始宗教、古代神话、古代宗教所崇拜的诸神，又容纳了民间信奉众神，吸收并发展了得道成仙之思想，构筑了道教神与仙的崇拜体系。”③ 实际上，这里的前一个“神与仙”即是早期传说中的“神”，而后一个“神与仙”才指的是长生不死的“仙”。日本学者窪德忠先生曾经指出：“神仙说的观点就是在地球上无限延长自己的生命。似乎可以认为现实的人使具有天生肉体的生命无限延长，并永享快乐的欲望导致了产生神仙说这一特异思想，这种思想在其他国家是没有的。”④ 相对来说，由于海市蜃楼等景观的影响，中国东部滨海地区的长生观念更加强烈，这也成为战国时期方仙道思想形成的基础。

二　战国时期方仙道形成的背景

许地山在论述“秦汉的道家”时指出，战国时代道家有“养生”、“贵生”、“卫生”等名词，他们将自己的生活分出两种不同的道路：尊生和纵性。尊生的思想是不主张放纵性情的，相反，它“对于既得底生命加意调护，使得尽其天年”，“尊生底意义，简单地说便是长生主义”，“由于尊生底理想，进而求生命在身体里所托底根本”⑤。这种尊生的思想，到了方士活跃于历史舞台的战国时期，进一步成为神仙信仰，并

① ［英］马林诺夫斯基：《巫术、科学、宗教与神话》，李安宅编译，上海文艺出版社1987年版，第47页。

② 商庆夫、陈虎：《天师道的文化渊源及宗教特征》，《文史哲》1996年第5期。

③ 卿希泰主编：《道教与中国传统文化》，福建人民出版社1990年版，第47页。

④ ［日］窪德忠著：《道教史》，萧坤华译，上海译文出版社1987年版，第56页。

⑤ 许地山：《中国道教史》，上海古籍出版社1999年版，第88—90页。

“产出所谓的神仙家，于是求不死药、求神仙底便盛起来”，而“求神仙底最初步骤是先找到神仙所住底地方”，战国末期人们“依所知底地理以寻求仙人住处。方士及文学之士又增益许多怪异的说法，仙人与不死药底信仰因此大大地流行”①。而“随着神仙信仰的广泛流传，一些方术之士为增强其长生之术的说服力，又和邹衍的阴阳五行、五德终始说糅合起来。于是，一种‘形解消化，依于鬼神’的方仙道正式形成了”②。有学者归纳了方仙道产生于战国时期的背景和契机，大致有以下四点：其一，人性的解放，巫术难以继续大行其道；其二，阴阳五行学说浸盛；其三，海上交通日趋发达，邹衍大九州学说的启发；其四，海市蜃楼的奇观胜景附会③。应该说，到了这样一个思想开放、交通地理知识愈益丰富的时代，方仙道信仰在滨海地区的形成并广泛传播是必然的结果。

方仙道信仰最大的一个特点即是对海上蓬莱、方丈、瀛洲等仙山的想象。战国末年，人们对于海洋的认识渐广，但不明白深海之中为什么忽然出现高山或城市随波上下、漂浮不定、忽而又不见的海市蜃楼现象。活动于滨海一带的方士们于是开始想象人世之外还有一个神仙世界，这个神仙世界在苍苍茫茫大海中的神山之上，那里住着逍遥快乐、长生不死的神仙，他们有不死药，他们能够度脱世人成仙。“三神山”信仰得以迅速蔓延，不仅与方士们的鼓吹宣传有关，与统治阶级的思想行为也是分不开的，载于史籍的最典型事例是齐威王、齐宣王以及燕昭王的入海求三神山④。顾颉刚先生指出：“中国古代流传下来的神话中，有两个很重要的大系统：一个是昆仑神话系统；一个是蓬莱神话系统。昆仑的神话发源于西部高原地区，它那神奇瑰丽的故事，流传到东方以后，又跟苍茫窈冥的大海这一自然条件结合起来，在燕、吴、齐、越沿海地区形成了蓬莱神话系统。”⑤ 顾颉刚先生在这里所指的“蓬莱神

---

① 许地山：《中国道教史》，上海古籍出版社 1999 年版，第 108—110 页。

② 商庆夫、陈虎：《天师道的文化渊源及宗教特征》，《文史哲》1996 年第 5 期。

③ 张华松：《月神崇拜与方仙信仰——方仙说产生于古黄县新证》，《齐鲁学刊》2004 年第 2 期。

④ （汉）司马迁：《史记》，中华书局 1959 年版，第 1369—1370 页。

⑤ 顾颉刚：《〈庄子〉和〈楚辞〉中昆仑和蓬莱两个神话系统的融合》，载朱东润、李俊民、罗竹风主编《中华文史论丛》，1979 年第 2 辑，上海古籍出版社 1979 年版，第 31 页。

话”，即我们所说的“蓬莱仙话”，虽然他并没有指出从神话到仙话的演变过程，但交代了蓬莱仙话实际上是昆仑神话流传到东方滨海地区以后，结合“苍茫窈冥的大海这一自然条件”在沿海地区形成的。也就是说仙话的形成是方士们以早期的西方神话主体，加上东方海洋周围缥缈的幻境等外衣创造出来的。“如果说昆仑神话发源于西部内陆地区的人们对于山岳的崇拜，那么蓬莱仙话的产生则与东部海滨地区所出现的海上幻景——海市蜃楼现象有着十分密切的关系。以昆仑神话为中心的早期神话是以神话传说为主，而后起的蓬莱仙话则是以仙话传说为主。早期神话中已经出现了长生不死与自由飞升的幻想，而蓬莱仙话的产生则标志着先秦神仙思想的正式形成。”①

由此来看，从神话到仙话的过程只有到战国中后期这个特定的历史背景下才能完成。“因为滨海地区非理性思维发展流布，外来思潮往往挟宗教因子进入陆地，以海的无穷奥秘为核心的风物景观又极易于引起古人神秘朦胧的畅想，于是海外世界也随之显得新奇莫测。”② 钱锺书先生指出，“释典以贾客漂入鬼国为常谈……”③“这之中透露了以海外异邦为鬼国，以异国人为鬼兽的传统认知模式，其决定了将此类传说进行定向误读的传播接受规律”④。当神秘朦胧的异域风物进入滨海人们视野的时候，必定会带来无限遐想。人类学家列维·斯特劳斯指出：“人们不无理由地说原始社会把它们的部落集团的界限当成是人类的边界，而把它们之外的一切人都看成是外人，即肮脏粗鄙的低等人，甚至是非常危险的野兽或鬼怪，这种情况往往属实”⑤。同样，先秦时期活跃于滨海地区的方士们正是利用人们对眼前不能合理解释的风物或现象

---

① 姚圣良：《先秦两汉神仙思想与文学》，博士学位论文，山东大学，2006 年，第 33 页。

② 王立：《宗教民俗与古代小说若干母题的文化省察》，博士学位论文，上海师范大学，2005 年，第 130 页。

③ 钱锺书：《管锥编》，中华书局 1979 年版，第 790 页。

④ 王立：《宗教民俗与古代小说若干母题的文化省察》，博士学位论文，上海师范大学，2005 年，第 140 页。

⑤ ［法］列维·斯特劳斯：《野性的思维》，李幼蒸译，商务印书馆 1987 年版，第 188 页。

的误读，进而对这些风物或现象加以神仙化的想象，刻意地“合理化”，以达到宣扬神仙实有、神仙可致的目的。

三　秦汉时期方仙道的兴盛

秦始皇统一六国，结束了中原地区长期的诸侯割据局面，完成了内陆地区社会的大一统。但是他的雄心壮志并没有被暂时的胜利所迷惑，而是继续他长久以来的开疆扩土政策，并“立石东海上朐界中，以为秦东门”①，开始了他向海洋不断探索的新时代。在秦始皇不断向海洋探索的过程中，由于方士们宣扬的仙人及不死药的信息投合了他贪婪的心理，因此很快接受了滨海地域的方仙道长生思想，并开始了长期求取长生不老药的活动，“始皇既平六国，凡平生志欲无不遂者。所不可必得志者，寿耳。于是信方士之言，遣徐市入海求三神山，访神仙，觅不死药”②。秦始皇统一天下后共在位 12 年，5 次出巡中 4 次巡海，其中 3 次到过朐或琅琊③。虽然一再被方士欺骗，但他并没有因此而彻底醒悟，至死也没有放弃对神仙、对长生的追求。不死药虽然没有得到，但方士们在利欲心的驱使之下，求仙活动并未停止，而是继续对统治阶级施加影响，特别是汉武帝，更是为求长生不老药而不惜一切代价。围绕在汉武帝周围并得到重用的方士主要有李少君、少翁、栾大、公孙卿等，且多为齐人④。

无论结果怎样，秦皇汉武的求仙活动从侧面推动了秦汉时期滨海地域方仙道思想的迅速膨胀，各层人士的求仙活动也在秦汉时期得以兴盛。清人钱泳《履园丛话》引王仲瞿语云：“始皇使徐福入海求神仙，终无有验。而汉武亦蹈前辙，真不可解。此二君者，皆聪明绝世之人，胡乃为此捕风捉影疑鬼疑神之事耶？后游山东莱州，见海市，始恍然曰：‘秦皇、汉武俱为所惑者，乃此耳。”⑤《史记·天官书》云：“海

① （汉）司马迁：《史记》，中华书局 1959 年版，第 256 页。

② 袁了凡、王凤洲：《纲鉴合编》，中国书店 1985 年版，第 195 页。

③ （汉）司马迁：《史记》，中华书局 1959 年版，第 223—294 页。

④ 同上书，第 1403—1404 页。

⑤ （清）钱泳：《履园丛话》，中华书局 1979 年版，第 71 页。

旁蜃气象楼台，广野气成宫阙然。”[①] 方士们正是抓住了秦皇汉武确已见到过海市蜃楼中所谓仙境形象的心理，一次次骗取钱财、爵位，最后倒霉者被杀头，而侥幸者却能带着钱财逃走海外。对神仙家们在这一时期登上历史舞台的原因，杨英总结道：“神仙家是将长生不死的期望付诸实施的学术流派。它在战国、秦汉之际登上历史舞台不是偶然的，而是此前民间原有的不死思想遭遇战国、秦汉知识下移、社会变动的历史背景终于浮出水面的结果。”[②]

总体来说，方仙道是在中国古代各种民间信仰的基础上发展而来的。方士们主要通过宣扬使人永葆青春的仙药、逍遥自在的仙人以及美妙幽胜的仙境来鼓动更多人的追寻，并发展自己的学说。战国、秦汉年间，已经有许多方士受到最高统治者的重用，并举行了大规模的诸如封禅、巡游、寻药等活动。但是汉初以来流行的黄老道已经渐渐深入人心，方仙道的一部分方士们转而开始投靠并依附于黄老道，最终出现了道教最早的经典《太平清领书》。

四 《太平经》在海州的产生

道教的第一部经典著作《太平经》最早得于海州曲阳神泉上，共170卷。《后汉书·襄楷列传》曰：

> 初，顺帝时，琅邪宫崇诣阙，上其师干吉于曲阳泉水上所得神书百七十卷，皆缥白素朱介青首朱目，号《太平清领书》（注曰：干吉、宫崇并琅邪人，盖东海曲阳是也）。其言以阴阳五行为家，而多巫觋杂语。有司奏崇所上妖妄不经，乃收臧之。后张角颇有其书焉[③]。

关于这部神书，李贤注曰：“神书（《太平清领书》），即今道家《太平经》也”[④]，而据杨宽、卿希泰等的考证和研究，《道藏》中所载《太平

① （汉）司马迁：《史记》，中华书局1959年版，第1338页。

② 杨英：《神仙家渊源考》，《宗教学研究》2004年第2期。

③ （南朝·宋）范晔：《后汉书》，中华书局1965年版，第1084—1085页。

④ （南朝·宋）范晔：《后汉书》，中华书局1965年版，第1080页。

经》就是“太平道”的经典《太平清领书》[①]。从《后汉书》的记载来看，至少在汉顺帝时（125—144）《太平经》已经由琅琊人宫崇献给皇帝，因为被认为是“妖妄不经”之书而被束之高阁，并没有得到足够重视[②]。但官方的态度并未能阻止其以民间信仰的方式在海州及周边区域的广泛传播。

《太平经》为什么会在边远的滨海地区海州产生呢？

1. 海州滨海地区长久以来的神仙观念积淀深厚。《太平经》总体来说还是以神仙信仰为基础的，虽然对于此前的方仙道信仰又出现了一些新特点，但它尝试建立的一套较为完整的神仙谱系以及提出的各种相关修炼方术，仍未脱离长期以来在滨海地区盛行的方仙道信仰。它不仅只能在滨海地区产生，而且最容易在滨海地区得到广泛普及。

2. 西汉以来黄老思想在海州地域的盛行。除了传统的神仙思想以外，《太平经》主要吸收了源于南方楚地的黄老思想。战国后期，随着楚国疆域的不断扩张，本来即有飞升观念的黄老思想也在渐渐向东北方向的滨海地区渗透，秦始皇统一中国更是打通了许多学术思想的地理界限。汉初黄老思想很快与方仙道信仰融合，并开始在东部滨海地区广泛盛行。关于此点宋仁桃博士总结得颇有道理：“黄老思想起源于南方楚地，江淮本属楚地，受黄老思想影响自不待言。燕齐毗邻江淮，深受黄老思想影响，特别是齐地，汉初即已成为黄老思想的中心。这是太平道产生于燕齐江淮之间的重要前提。”[③]

3. 佛教传入海州以后对当地方仙道信仰的刺激。海州位于中国东部海域的中部，佛教很早就通过海上丝绸之路传入。但这时候传统的方仙道信仰并没有一个完整的体系，他们那种“粗浅庸俗的世界观已经无法抵御佛教那种精致的唯心主义世界观，而且佛教的方技术数，由于其来自异域，因此也比本地方术多了几分新奇感，更何况很多佛教徒还很

---

① 参见杨宽《论〈太平经〉——我国第一部农民革命的理论著作》，《学术月刊》1959年第9期；卿希泰主编《中国道教史》，四川人民出版社1988年版，第88页。

② （南朝·宋）范晔：《后汉书》，中华书局1965年版，第1080—1081页。

③ 宋仁桃：《汉晋时期的道教传播》，博士学位论文，北京师范大学，2006年，第9页。

快掌握了中国的传统方术”[1]。在这种情况下，毫无组织可言的早期仙道信仰就很难有与佛教竞争的空间。但他们又不甘落后，于是方士中的精英人士便开始创造属于自己的经典。从西汉成帝时产生的原始道经甘忠可的《包元太平经》开始，后人不断加入新的内容，至东汉顺帝时，《包元太平经》已经由最初的12卷增至170卷——《太平清领书》[2]。

《太平经》在海州曲阳神泉上出现不是偶然的，而是滨海地区长期流行的方仙道、黄老道以及民俗佛教等多种思想综合影响的结果。此外，因避秦乱而迁居琅琊的王氏家族为代表的调和阴阳等方面的思想也是《太平经》思想内容的来源之一[3]。

总体来说，海州既是道经的发源地，又是后来民间道教最为盛行的地域之一。《太平经》主要继承传统的神仙信仰和黄老思想，并融合了阴阳五行、谶纬、鬼神及巫术等思想，“运用神道设教的方式，宣扬天人合一及善恶报应思想，宣扬帝王统治艺术和封建道德观念，以实现封建的‘太平世道’为理想目标”[4]，在维护统治阶级利益的同时，也体现了下层百姓的生活理想，可以说是一部比较庞杂的神学唯心主义理论体系。它主要的目的是“用一种新的道教理论，去治乱世，治太平”[5]。怎样的世界才是“太平”的呢？“太平到矣，太平气来矣，颂声作矣，万物长安矣，百姓无言矣，邪文悉自去矣，天病除矣，地病亡矣，帝王游矣，阴阳悦矣，邪气藏矣，盗贼断绝矣，中国兴盛矣，称上三皇矣，夷狄却矣，万物茂盛矣，天下幸甚矣，皆称万岁矣”[6]。后来《太平经》为张鲁所得，在北方地区创立了太平道。太平道虽然不是一个完整意义上的宗教派别[7]，但随着统治阶级的日益腐败，加上连年的天灾人祸，

---

① 王青：《道教成立初期老子神话的演变与发展》，载王青《先唐神话、宗教与文学论考》，中华书局2007年版，第161页。

② 参见姚圣良《先秦两汉神仙思想与文学》，博士学位论文，山东大学，2006年，第145页。

③ 陈寅恪：《天师道与滨海地域之关系》，载《金明馆丛稿初编》，三联书店2001年版，第33页。

④ 卿希泰主编：《中国道教史》，四川人民出版社1988年版，第93页。

⑤ 任继愈主编：《中国道教史》，上海人民出版社1990年版，第19页。

⑥ 王明：《太平经合校》，中华书局1960年版，第192页。

⑦ 商庆夫、陈虎：《天师道的文化渊源及宗教特征》，《文史哲》1996年第5期。

终于爆发了历史上著名的黄巾大起义。尽管黄巾军被镇压，但太平道的太平思想却依然在滨海一带民间流传。

第二节　海州地域的道教活动

海州地域山海相连，不仅自然风光优美，也常有海市蜃楼景观出现，山上还多草药，自古以来一直是道教徒们追寻长生的重要地区之一。正如苏轼诗歌中所说："郁郁苍梧海上山，蓬莱方丈有无间。旧闻草木皆仙药，欲弃妻孥守市阛。"[①] 也正由于山高海阔的地理环境恰如传说中的仙境，道教徒们在海州地域或隐居，或集会；或闭关，或授徒；或遍访深山，或驾船出海；或寻访仙人，或炼制丹药。海边山腰的许多海蚀洞也成了教徒们的修炼场所或住所。至今在海州地域还依稀可见许多道教徒的活动遗迹，让人不禁浮想起早期道教活动的场景。

一　秦汉以来的道教活动

秦汉以来，方仙道信仰已经在海州地域盛行。秦始皇等人的来此寻访仙药，更加刺激了海州当地的道教活动，道教徒们常常在此流连驻足，不愿离去。他们为了寻找传说中的长生不老药，往往遍求于滨海地区的名山大川，甚至将"郁洲山"当作传说中的蓬莱仙山。从目前所发现的道教遗迹来看，海州地域的道教求仙活动包容了社会各个阶层，其中秦东门、秦山岛和神路、孔望山杯盘刻石等与统治阶级的求仙祭祀活动有关，而孔望山承露盘刻石、龙洞等则是个别道教徒的活动遗迹，下面我们逐一来考察。

（一）秦东门

秦始皇统一天下后共到过朐或琅琊 3 次，并"立石东海上朐界中，以为秦东门"[②]。"秦东门"今已然不存，至于在朐界的哪一个地方，则众

① （宋）苏轼：《苏轼诗集合注》，（清）冯应榴辑注，黄任轲、朱怀春校点，上海古籍出版社 2001 年版，第 568 页。

② （汉）司马迁：《史记》，中华书局 1959 年版，第 256 页。

说纷纭：明朝张峰《海州志》认为在云台山的马耳峰；清朝《光绪赣榆县志》认为“立石”应该是秦山岛上的将军石，因此东门应该在秦山岛；已故学者丁义珍则认为孔望山上的象石便是残存的秦东门植石雕凿而成，所以秦东门在今孔望山①。而彭云根据东汉时期崔季珪渡海登郁洲见到秦东门后的抒怀“倚高舻以周眄兮，观秦东门之将将”② 的记述认为，秦东门应该是类似于法国凯旋门式的雄伟建筑③。笔者认为这种说法颇有道理。在秦始皇好大喜功心理的驱使下，仅仅立一块大石头作为漫长海岸线上的门户是不够的。况且史书中记载的秦朝除了北方的长城以外，只有东方的“秦东门”，而西方、南方都没有什么雄伟的建筑，秦始皇立“秦东门”应该是为了拓展疆域、向海洋不断探索做准备。

秦东门（新中国成立后雕，今位于海州古城）

刘洪石先生认为，秦东门应该在东海庙附近，找到了东海庙，就找到了秦东门④。根据《隶释》中《东海庙碑》的记载，东海庙始建于东汉元嘉元年（151），由时任东海国东海相满君所创⑤。而东海庙刚建好不久，朐山地区就发生了一次大地震，《后汉书·五行志》记载：汉桓帝“永兴二年六月，东海朐山崩”⑥，这次地震之前，很有可能“秦东

① 参见刘洪石《秦始皇立石东门》，载魏琪主编《连云港特色文化》，苏州大学出版社2006年版，第50—51页。

② （北魏）郦道元：《水经注校》，王国维校，上海古籍出版社1984年版，第979页。

③ 彭云：《海州乡谭》，江苏人民出版社1988年版，第3页。

④ 参见刘洪石《秦始皇立石东门》，载魏琪主编《连云港特色文化》，苏州大学出版社2006年版，第51页。

⑤ （宋）洪适：《隶释·东海庙碑》，中华书局1986年版，第31页。

⑥ （南朝·宋）范晔：《后汉书》，中华书局1965年版，第3334页。

门”已经倒塌。东汉永寿元年（155）继任东海相予以修缮，并为其刻碑。熹平元年（172）三任东海相任恭又重修东海庙，并在“东海庙碑”之碑阴补刻17字“阙者秦始皇所立名之秦东门阙事在史记”[①]。到北宋时，门石犹在。宋乐史在《太平寰宇记》中也有记载：“今石门犹存，倾倒为数段，在庙北百许步。”[②] 只是其中一段滚到山下，被加工成了东海庙碑的碑座，中间一段雕成大象，另一段留在原地。现在孔望山上的东汉象雕和东海庙碑的碑座都是孔望山名胜区中的国家级文物。而根据2001年中国历史博物馆在孔望山考古发掘证明，东海庙址就在今孔望山摩崖造像南100米外。因此，秦东门应该在孔望山摩崖造像附近[③]。《嘉庆海州直隶州志》对“秦东门”的记载比较全面，认为在朐山上：

> 《汉书·地理志》“东海郡·朐”（班固自注）：“秦始皇立石海上，以为东门阙。”《续汉书·郡国志》“朐”（刘昭注）：“《博物记》，县东北海边植石，秦所立之东门。”郑樵《通志·金石略》“海州有始皇朐山碑”，【案】始皇朐山立石与秦山刻石，昔人多混为一，考刘昭注《续汉书·郡国志》于“朐”下引《博物记》[④]，于“赣榆”下引《地道记》，其文甚明；杜佑《通典》于“朐山”

① （宋）洪适：《隶释·东海庙碑》，中华书局1986年版，第31页。

② （宋）乐史：《太平寰宇记》，王文楚等点校，中华书局2007年版，第459页。

③ 参见刘洪石《秦始皇立石东门》，载魏琪主编《连云港特色文化》，苏州大学出版社2006年版，第51页。

④ 书中注释曰：“晋张华有《博物志》传世，多数意见认为《博物记》是另外一种书，刘昭注《汉书》与裴松之注《三国志》均曾引用。有人认为《博物记》著者为唐蒙，实有附会之嫌”（仲其臻等整理《嘉庆海州直隶州志》卷28《金石录》，南京大学出版社，1993年版，第1104页）。笔者认为此条注释应该参看了《四库全书总目》卷142“子部52”“小说家3”“博物志十卷”条记：“刘昭续汉志注：律历志引《博物记》一条，舆服志引《博物记》一条，五行志引《博物记》二条，郡国志引《博物记》二十九条，《齐东野语》引其中曰南野女一条，谓《博物记》当是秦汉间古书，张华取其名而为志，杨慎《丹铅录》亦称据《后汉书》注《博物记》乃唐蒙所作。今观裴松之《三国志》注引《博物志》四条，又于《魏志·凉茂传》中引《博物记》一条，灼然二书更无疑义。”而关于此两本书是否为一的争议依然有很多，笔者的观点是张华摘引《博物记》中的一些故事，再充实其他，成《博物志》。

下云："汉朐县，故城在今县西南，秦立石为东门，即此地。"【又案】《太平寰宇记》云："植石庙在朐山县西北四里，始皇立石朐界中，以为秦东门，今门石犹有，倾倒为数段，在庙北百许步，今尚可识。其文曰：汉桓帝永寿元年，东海相任恭修理此庙。"《天下碑录》云："东海相任恭修海庙，于始皇碑背刻文，在朐山。"其文有"阙"、"依倾"语，即谓始皇所立之东门阙也，是又立石在朐山之显证①。

同卷"东海庙碑"又记：

赵明诚《金石录》："汉东海相桓君《海庙碑》云：'惟永寿元年春正月，又旱，东海相桓君'；又云：'熹平元年夏四月，东海相山阳满君'。其余文字完者尚多，大略记修饰祠宇事。而其铭有云：'浩浩沧海，百川之宗'，为《海庙碑》也。"郑樵《通志·金石略》"东海祠碑"："汉永寿元年立。"洪适《隶释》："予官京口日，将士往来朐山者云，海庙一椽不存，不复见此刻矣。"顾蔼吉《隶辨》【案】："碑，永寿元年东海相桓君修饰殿宇，部掾何俊等欲为镌石，桓君止之。熹平元年后相满君惜其功绩不著，乃为作颂立碑。"②

查宋洪适《隶释》卷二"东海庙碑碑阴"条云：

阙者，秦始皇所立，名之秦东门，阙事在《史记》。右东海庙碑，灵帝熹平元年立，在海州。永寿元年，东海相南阳君崇饰殿宇，起三楼，作两传，其掾属何俊、左荣欲为镌石，而南阳君止之，厥后山阳满君踵其武，嘉叹勋绩，为作碑颂，而二君名皆沦灭矣，别有数句载秦东门事，乃颂"所谓倚倾之，阙者"，碑录，朐山有秦始皇碑云。汉东海相任恭修祠，刻于碑阴，似是此也。任君

① 仲其臻等整理：《嘉庆海州直隶州志》卷28《金石录》，南京大学出版社1993年版，第1097页。

② 同上书，第1099页。

当又在满君之后，南阳之役更十八年后，人犹颂其美，则模抚决非苟然者。予官京口日，将士往来朐山者，云海庙一椽不存，自今非四十年前旧物，不复见此刻矣。欧阳公时，天下一家，汉碑虽在遐陬穷谷，无胫而可至，《集古录》中已屡言难得，况今乎（碑中以陁为阤）。①

清顾蔼吉《隶辨》卷七“东海庙碑”及“碑阴”曰：

《金石录》云“在海州”，今属淮安府，即汉东海郡朐县也。《隶释》云：“予官京口日，将士往来朐山者云，海庙一椽不存，不复见此刻矣。”【案】碑，永寿元年东海相桓君修饬殿宇，部掾何俊等欲为镌石，桓君止之。熹平元年，后相满君惜其功绩不著，乃为作颂立碑，《金石录》作东海相桓君海庙碑。

一行十七字，其文曰：“阙者，秦始皇所立，名之秦东门，阙事在《史记》。”【案】：碑有云“□阙依倾”，即此阙也。《天下碑录》云：“秦始皇碑，东海相任恭修理祠，于碑背刻文，在朐山”，此阴是也。碑缺任君之名，赵氏、洪氏皆以为惜，乃于此得之②。

综上引文献，《太平寰宇记》、《隶释》、《隶辨》皆认为东海庙和“秦东门”应该相离很近，但是东海庙是不是就在孔望山上呢？《嘉庆直隶海州志》认为在朐山上。实际上，古时候朐山有很多山头，其中也包括了今天的孔望山，所以应该也不冲突。从历史时期来看，秦朝时孔望山是“朐”界的最东边，临海，现在孔望山上还能发现许多海蚀洞。而秦始皇所立东门应该也是在最东边，所以在今孔望山应该没有错。但“秦东门”肯定不是一两块大石的简单累集，正如《述初赋》中所言，必然是一个“将将”的雄伟建筑，只是因过早的倒塌，所以后世记载颇有争议。现录宋朝夏竦的《秦东门铭》如下，或许可以作为明证，铭曰：

---

①（宋）洪适：《隶释·隶续》合订本之《隶释》，中华书局1986年版，第30—31页。

②（清）顾蔼吉编撰：《隶辨》，中华书局1986年版，第20页。

夫夏之亡也，汤得之以仁，故卜年四百；商之亡也，周得之以义，故卜世三十；周之亡也，秦得之以力，故败不旋踵。盖嬴政以区区之秦，窥觎关东，暴师二十有六年。而削平区夏，分为郡县，为武之力，亦其至矣，奈何取之不以道，守之不以德，信任胸臆，慕于权势，峻文酷法，乐于夸大。尝经东海上朐县界中，立石为秦东门，以表其功业，一旦宫车晏出，神器失守，匹夫大呼，社稷线绝，为国之弊，一至于此。孟子有言曰：域民不以封疆之界，固国不以山溪之险，威天下不以兵革之利，诚为天下之道哉！后有人经其地而为铭，以识其事，铭曰：六王伏剑，秦道益昏，丁男北戍，云罕东巡，经于上朐，薄于海滨，立石峨峨，为秦东门。刑政不残，鬼神不扰，秦无东门，秦不为小；兵革既丧，礼乐既坏，秦有东门，秦不为大。天厌秦荒，祸起萧墙，函谷不守，岂暇四方。东门之中，天设扃镐，纳汉以兴，闭秦以灭，我经其所，块然遗址，刻此坚石，以识秦罪①。

（二）秦山：神路、授珠台、秦始皇碑

除秦东门外，海州地域与秦始皇求仙活动有关的遗迹还有秦山神路、授珠台及秦始皇碑，并流传着许多美丽的传说。

神路

秦山岛全貌

秦山距今墟沟西北约20里，在赣榆县东北的青口镇东海域内，长

① （宋）夏竦撰：《文庄集》卷25《秦东门铭》，载文渊阁《四库全书》1087册“集部”26，“别集类”，上海古籍出版社1987年影印本，第259页。

约5里，宽约1里，自西向东遥视，形似双乳，俗名奶奶山，又称神山。相传秦始皇曾到这里登山祭海，感动了海神，派龙女向他敬献宝珠，至今尚有授珠台遗址。每年春夏之交，海雾迷蒙，常会出现海市蜃楼，这些神话更加令人向往。秦山岛西部的山脚下，有一条鹅卵石堆成的道路，一直伸向大陆，长约8里，几乎与大陆相连。涨潮时，淹没于海水之中，落潮时，清晰可见，任凭风吹浪打，千余年来不曾消失过。传说中秦始皇看海岛距陆地太远，便挥动马鞭，驱赶巨石，铺垫成路，所以叫秦桥或秦山神路。神路非常奇特，路中间的石头与两边的石头迥然不同：中间的石头又高又大呈白色，而两旁的石头又矮又小呈黑色。但是不论高矮、大小、黑白，几乎都像筛选的一样整齐、圆滑、排列有序，虽潮涌浪激却不能搬走一石①。清许乔林《海州文献录》曰：

> 秦山，一名琴山，以山形似琴也，俗名奶奶山，顾志（即明顾乾《云台山志》）“去墟沟西北二十里，上有碧霞宫，有僧守之，今按山名秦山。后因春融，屡现楼台人物之状，与登莱海市无异，又名神山”。每潮落，山根露石道，横展东西，虽惊涛不啮，《江南通志》所谓“神路”是也。舟行经此者，须俟潮满，否则损舟。今庙祀关圣帝君及寇莱公、海忠介公，不知始于何时，而香火之盛，以碧霞元君为主。山多紫竹，冬十一月，山茶花盛开。有石笋二，各高二三十尺。谢元淮（清道光年间江苏无锡知县）《游秦山》诗：“翔阴逸析木，云绵翻晴澜。挂席出青口，舣棹登秦山。苍岩渍卤气，白玉堆荒湾。两峰仰并峙，一径容孤攀。终古罕人迹，来往蓬壶仙。楼阁疑幻境，蛟蜃蟠重渊。异哉秦皇帝，刻石扶桑边。珠台既泯沫，神路空蜿蜒（注曰：今出水者三四里，阔四五尺，土人以此山为龙，北有龙头石、龙爪沙，此为龙尾）。琳宫久倾圮（注曰：山有庙，祀女神，土人呼奶奶庙），鸡鸣丛竹间。山茶饱含萼，花木余秋妍。焉知长生草，不产巉岩巅……”②

① 参见李洪甫、刘洪石《连云港山海奇观》，地质出版社1986年版，第112—114页。

② （清）许乔林：《海州文献录》，连云港市银联电脑印刷厂1990年影印，第15—16页。

这里描述了秦山岛上的海市蜃楼、秦始皇刻石以及神话传说中的“授珠台”、“神路”等，并作了详细的注解。有关秦山、秦始皇碑，多有志书记载。《后汉书·郡国志》云：

> 赣榆本属琅邪，建初五年复。注：《地道记》：“海中去岸百九十步，有秦始皇碑，长一丈八尺，广五尺，厚八尺三寸，一行十三字。潮水至加其上三丈，去则三尺见也。”①

《水经注》曰：

> 游水又东经赣榆县北，东侧巨海，有秦始皇碑在山上，去海一百五十步，潮水至，加其上三丈，去则三尺所见，东北倾。石长一丈八尺，广五尺，厚三尺八寸，一行十二字②。

---

① （南朝·宋）范晔：《后汉书》，中华书局1965年版，第3458—3459页。

② （北魏）郦道元：《水经注校》，王国维校，上海古籍出版社1984年版，第981页。施蛰存：《水经注碑录》（天津古籍出版社1986年版，第350—351页）云：“……然则此一行文字，（东海相）盖任恭所刻，又在满君之后矣。文有‘秦始皇’字，后人遂称之为《秦始皇碑》，实乃《东海庙碑》阴耳。任恭所刻字，一行，十七字，郦氏所见东北倾之石，一行，十二字。似未可断言郦氏所见即任恭所刻之一行，或别有一石，或郦氏记录字数有误，或郦注原文本十七字，后人传写致误，皆未可知也。此碑自宋以后，便即亡佚。清末，吴平斋得残碑旧拓本，凡正碑存九字，碑阴一行十七字犹全，合得二十六字，钩抚勒石，置于焦山，今碑估所售《东海庙残碑》，皆此本也。”笔者以为，秦始皇碑并非东海庙碑，秦始皇碑即赣榆琅琊台上之刻石（事在《史记》），而东海庙位于今孔望山附近，相差十几公里。《太平寰宇记》曰：“（秦始皇）作琅琊台，立石刻，颂秦德。台基三层，层高三丈，在琅琊城东南十里。台下种众果树，上有始皇碑，碑上有六百字可识，余多剥落，李斯书。台上有神泉，至灵，人污之，立竭。汉武亦尝登之。”［（宋）乐史：《太平寰宇记》，王文楚等点校，中华书局2007年版，第494页。］施蛰存注曰：“六百疑是六十之误，此刻全文不足六百字也”，又言：“此刻自郦道元后，历隋、唐入宋，三朝舆地志，并有著录……唐未有传拓也……宋苏轼观此碑，惜其残缺，访得旧拓本，使庐江人文勋摹刻一石，置于超然台上……赵明诚《金石录》作‘文同泰山刻石，但字差小耳。’……此碑为秦始皇刻石之仅存者，其历史文物价值，惟次于石鼓，闻今已移藏于北京历史博物馆”（施蛰存：《水经注碑录》，天津古籍出版社1986年版，第289—294页）。

《赣榆县志》记：

在县东海中五十余里者独一秦山。山东北有石屹立，半在水下，迫视如碑，籀文约略可辨。《地道记》云："海中去岸百九十步，有秦始皇碑……"①

而关于"授珠台"、"神路"等神话故事古籍中也有描述，《殷芸小说》云：

始皇作石桥，欲过海观日出处。时有神人能驱石下海，石去不速，神人辄鞭之，皆流血，至今悉赤。城阳一山石尽起东倾，如相随状，至今犹尔。

秦皇于海中作石桥，或云：非人功所建，海神为之竖柱。始皇感其惠，乃通敬于神，求与相见。神云："我形丑，约莫图我形，当与帝会。"始皇乃从石桥入海三十里，与神人相见。左右巧者潜以脚画神形。神怒曰："速去。"即转马，前脚犹立，后脚随崩，仅得登岸②。

《述异记》曰：

秦始皇筑石桥于海上，欲过海观日出。有神人能驱石下海，石去不速，辄鞭之，皆流血，今石桥其色犹赤；秦始皇帝至东海，海神捧珠献于帝前，今海畔有秦始皇受珠台；东海上有蒲台，秦始皇至此，台下萦蒲系马，蒲至今萦纡③。

---

① （清）王豫熙等修，张謇等纂：《赣榆县志》卷4《山川》，《中国地方志丛书》据（清）光绪十四年刊本影印，第5页。

② （南朝·梁）殷芸编纂：《殷芸小说》，周楞伽辑注，上海古籍出版社1984年版，第1页。

③ （梁）任昉：《述异记》卷上，载"丛书集成初编"钟轲纂《前定录续录》（及其他十一种）上册，中华书局1991年版，第9页。

相同故事也见于《艺文类聚》卷79“灵异部”下“神”[①]。虽然大多是以传说的形式记述，但“神路”是确实存在的。每逢潮落，露出水面长达三四里，宽四五米，皆乱石堆砌。从地质学角度而言，这应该是特殊地貌下海流的流向造成的，是浪涛的力量把这一带的碎石集中起来，年深日久，形成一条天然的过海桥。除了志怪记载之外，自唐朝开始已经有许多诗人咏写神路：独孤及《观海》“北登渤澥岛，回首秦东门。谁施造物功，凿此天池源。澒洞吞百谷，周流无四垠。廓然混茫际，望见天地根。白日自中吐，扶桑如可扪。超遥蓬莱峰，想像金台存。秦帝昔经此。登临冀飞翻。扬旌百神会，望日群山奔。徐福竟保成，羡门徒空言。唯见石桥足，千年潮水痕”[②]；李商隐《海上》“石桥东望海连天，徐福空来不得仙。直遣麻姑与搔背，可能留命待桑田”[③]。此外，秦山岛上还多野生山茶花，冬夏常青；周边海石旁多生“郎君子”（贝类），可入药；神路中的卵石多五色等[④]。所有这些都是道教徒们炼制丹药时候的掺杂物，因此秦山更令道教徒们神往。

（三）孔望山[⑤]杯盘刻石

上层统治阶级的求仙活动也影响了地方官吏。东汉晚期，海州地方官吏为祈国泰民安或有福有运，凿刻了杯盘石以祭祀天、地、阴、阳、日、月、星辰主、四时等“八方神”。这块杯盘石位于孔望山最高峰，是一块天然大石加工凿刻而成，略成长方形，长约3.2米，宽约2米，厚0.7—1.2米，底部有三块小石头支撑。大石东段凿刻成平面，平面正中有一个直径为0.4米的盘形凹刻，周围刻有8个椭圆形凹刻。对杯盘刻石的来历至今说法不一，有人因其形状如砚台称其为“砚石”，有人称为“墨池”，还有人认为是秦朝时候的“牢盆”（每当祭祀海神时

① （唐）欧阳询：《艺文类聚》，汪绍楹校，中华书局1965年版，第1347页。

② 《全唐诗》第246卷，中华书局编辑部1999点校本，第2765页。

③ 同上书，第540卷，第6199页。

④ 参见彭云《海州乡谭》，江苏人民出版社1988年版，第117页。

⑤ 乐史云：“在县西南一百六十里。春秋□□□□云此山与郯城相近，当是孔子之郯问礼之时，因登此山遂以名之。其山上有嵌石，其下方平，可坐十余人。山前石上有二盆，故老传秦始皇洗头盆，盆发隐隐，并山上马迹犹存。”（宋）乐史：《太平寰宇记》，王文楚等点校，中华书局2007年版，第460页。

孔望山杯盘刻石

候，将处死囚犯的鲜血滴入其中作为血祭）。而李洪甫先生则认为杯盘刻石与海州南门大队出土的东汉晚期墓葬中的陶盘及其周围红陶耳杯的排列基本相似，应该是为祭祀而凿刻的，并且认为祭祀之神是能兴风布雨、保佑航海安全的东海君，而《东海庙碑》也反映了这隆重的祭典场面①：

唯永寿元年（155）春正月，有汉东海相南阳君（下缺）念四时，享祀有常，每饰一切，旋则陁崩，矜闵吏（下缺），费者不永，宁凡尊卢，祗敬鬼神，是为黔黎祈福（下缺）咸慕，义民相帅，四面并集，乃部掾何俊、左荣（下缺）殿作两传，起三楼，经构既立，事业毕成，俊等镌石，欲（下缺）荣非仁也，故遂阙而不著。初，县典祠，虽有法出，附增之。（下缺）绝请求姑息之，源濒海盐（缺）月有贵贱，收债侵侔民多（下缺）限，贫富俱均，下不容奸（缺）仁忧（缺三字）惠康民赖其利。熹平元年夏四月，东海相山阳满君（缺四字）。初，朐令（下缺）进瞻壇（缺）退宴礼堂，嘉羡君功，既而（缺三字）是引退咨（下缺）惜勋绩不著，后世无闻，遂作颂曰：好好沧海，百川之宗，经落八极，潢（缺二字）洪波润（下缺）物，云雨出焉，天渊（缺二字），祯祥所（缺），惜在前代，昭事百（下缺）有司，齐肃致力，四时奉祠，盖亦所以敬恭明神，报功（下缺）阙依倾于铄，桓君是缮是修

① 李洪甫、刘洪石：《连云港山海奇观》，地质出版社1986年版，第87—88页。

（缺二字）慕（缺）不日而成功（下缺）孙。退述爰勒斯铭，芳烈永著，（缺）载垂馨[①]。

由此来看，建造东海庙的目的是“齐肃致力，四时奉祠，盖亦所以敬恭明神”。后来东海相山阳满君于“熹平元年（172）夏四月”，镌勒铭于东海庙碑及碑阴，关于秦始皇立石秦东门以及历代东海相修庙之事，碑文中均有记载。丁义珍先生也认为杯盘刻石是祭祀东海君之物，并认为宋洪适《隶续》中记载的洛阳上清宫中的“五君梧柈文”刻石与此相近[②]。张传藻、刘洪石认为东海庙里供奉的是被视为能呼风唤雨、镇山平海的黄帝和老子，山顶的杯盘刻石更是占卜星辰、祭祀黄老的实物遗迹[③]。

杯盘刻石从形制上来看是祭祀时候所用无疑，至于是祭祀哪一位神君，笔者以为是“八方神”。秦汉以来非常盛行祭祀天地日月等八方之神，以求延年益寿或长治久安。秦皇汉武都曾巡海拜山，祭祀天地鬼神，地方官吏也相沿用。孔望山是依海的最高处，所以杯盘刻石很有可能是当地巫祝官为祭祀八方神而凿刻的。关于八方神，《史记》、《汉书》皆有记载，《史记·孝武本纪》曰：

上遂东巡海上，行礼祠八神。【集解】文颖曰：“武帝登泰山，祭太一，并祭名山于泰坛，西南开除八通鬼道，故言八神地。一曰八方之神。”【索隐】曰：韦昭云：“八神，谓天、地、阴、阳、日、月、星辰主、四时之属。”[④]

---

① （宋）洪适：《隶释·隶续》合订本之《隶释》，中华书局1986年版，第30页。

② 丁义珍：《孔望山杯柈刻石考》，《东南文化》1984年第8期。《五君梧柈文》中记“五君”分别为“大老君、西海君、东海君、真人君、仙人君”，“五君之旁有棬各三径三寸余，其中者圆若碑碣之穿，上下二棬则椭褊不匀，亦有阙其一者。……其上有器物之状，以祀五君，故或谓之梧柈，或谓之石樽”。（宋）洪适：《隶释·隶续》合订本之《隶释》，中华书局1986年版，第302—303页。

③ 参见张传藻、刘洪石《独特的宗教文化》，载俞素娥、张良群主编《古今连云港》，中国文史出版社1998年版，第12—14页。

④ （汉）司马迁：《史记》，中华书局1959年版，第474—475页。

《汉书·郊祀志》云：

> 于是始皇遂东游海上，行礼祠名山川及八神，求人羡门之属。八神将自古而有之；或曰太公以来作之。齐所以为齐，以天齐也。其祀绝，莫知起时。八神，一曰天主，祠天齐。天齐渊水，居临菑南郊山下下者。二曰地主，祠泰山梁父。盖天好阴，祠之必于高山之下畤，命曰"畤"；地贵阳，祭之必于泽中圜丘云。三曰兵主，祠蚩尤。蚩尤在东平陆监乡，齐之西境也。四曰阴主，祠三山。五曰阳主，祠之罘山。六曰月主，祠之莱山：皆在齐北，并勃海。七曰日主，祠盛山。盛山斗入海，最居齐东北阳，以迎日出云。八曰四时主，祠琅邪。琅邪在齐东北，盖岁之所始①。

孔望山杯盘上为什么有一个大凹槽和八个小凹槽呢？笔者以为凹槽是为了盛放"牲祭"时候的动物鲜血。其中最大的凹槽是盛放预先准备好的以备祭祀时用的很多鲜血，而八个小凹槽每一个代表一方神，祭祀时候巫祝用不同的用具将鲜血舀进代表不同神祇的8个小凹槽，供给八方神祇享用。《汉书·郊祀志》言："皆各用牢具祠，而巫祝所损益，圭币杂异焉。师古曰：'言八神牲牢皆同，而圭币各异也'。"②

秦皇汉武为什么祭祀八神呢？《汉书·郊祀志》明确说明是为了"延年"：

> （武帝）自封泰山后，十三岁而周遍于五岳、四渎矣。后五年，复至泰山修封。东幸琅邪，礼日成山，登之罘，浮大海，用事八神延年③。

汉武帝以后，皇帝祭祀八神之风依然盛行，汉宣帝也曾于十三年祭祀八神，事见《汉书·郊祀志》：

① （汉）班固：《汉书》，中华书局1962年版，第1202页。

② 同上书，第1202—1203页。

③ 同上书，第1247页。

> 祠太室山于即墨，三户山于下密，祠天封苑火井于鸿门。又立岁星、辰星、太白、荧惑、南斗祠于长安城旁。又祠参山八神于曲城蓬山石社石鼓于临朐。之罘山于腄，成山于不夜，莱山于黄。成山祠日，莱山祠月。又祠四时于琅邪，蚩尤于寿良①。

皇帝不可能将全国各地的山川全都祭祀完，而天子的巫祝官也不可能每一个郡县都去祭祀，那么其他山川或各郡县又是怎样祭祀的呢？

> 至如他名山川诸鬼及八神之属，上过则祠，去则已。郡县远方神祠者，民各自奉祠，不领于天子之祝官。祝官有秘祝，即有灾祥，辄祝祠移过于下②。

由此，笔者认为孔望山杯盘刻石作为祭祀遗迹的用途可能就是祭祀八方神以求延年益寿或国家长治久安。而早期巫祝官的身份往往又很特别，他们可能既是道教徒，同时又上代表朝廷，下代表百姓。因此祭祀的目的既可能求自己长生、求当朝“长生”，又可能代表百姓们求风调雨顺、求太平盛世。但不管出于何种目的，杯盘上的祭祀神祇为八方神是肯定的。也有学者通过这块“砚石”的东侧下斜面上的一块石头上发现有镌刻而成的“启”字，认为杯盘刻石是夏启所设的祭台，而综合了形、音、义的“启”字的发现，也结束了夏朝无文字的历史，它早于甲骨文700多年，距今有4000多年③。这种说法有待商榷。

（四）孔望山承露盘刻石

“汉朝以前的中国传统方术，大致可分两类，一类为预测之术，如占星、望气、卜筮、相面、占梦等；另一类为长生之术，如呼吸吐纳、辟谷房中、金丹黄白、熊经鸟伸等等。”④ 而到了汉武帝时期，“因为汉

---

① （汉）班固：《汉书》，中华书局1962年版，第1250页。

② （汉）司马迁：《史记》，中华书局1959年版，第1377页。

③ 参见朱明岐、刘心田的两篇文章：《夏代“启”字祭台遗址与图腾组合的发现和初考》，《绵阳师范学院学报》2005年第1期；《孔望山夏祭台文字与图腾考》，《重庆大学学报》（社会科学版）2005年第2期。

④ 王青：《论西域文化对魏晋南北朝道教的影响》，《世界宗教研究》1999年第3期。

武帝毕生热衷于求仙和祀各方鬼神，方士们因此进献了大量的‘方’。这些‘方’可分为长生方、接神方、杂祀方、巫方四类。其中长生方即通过辟谷、服食、炼丹等手段以求改变人的生理，最终达到长生不死的目的，而追求长生也正是后世道教最高的期望”①。

孔望山承露盘刻石

因此，“辟谷”可以说是中国最传统的长生修炼方术之一。什么是辟谷呢?《汉书·郊祀志》记：“武帝时李少君亦以祠灶、谷道、却老方见上”，颜师古注：“如淳曰：‘祠灶可以致福。’李奇曰：‘谷道，辟谷不食之道也。’”② 辟谷实际上是远离五谷杂粮，但同时往往要吸食天地精气，或曰餐风饮露，这样才能达到体轻飞升的地步。因此，收集并餐饮“仙露”就成了古代道教徒们常用的求仙术之一。

海州地域的民间道教求仙活动遗迹中也发现了可采集日月精华的承露盘刻石。这块刻石为东汉至魏晋时期的遗迹，是我国目前发现的为数不多的承露盘之一。它位于孔望山顶峰南侧，距杯盘刻石仅 15 米左右。整个承露盘分露盘和底座两部分，由一块整石雕成，高约 45 厘米，平面成正方形，边长约 80 厘米。盘口有一长宽各 60 厘米、深约 2 厘米的方形盘槽，盘槽东南角有喇叭形流口，承接到的露水通过盘槽流口和沟槽流入集露槽。承露盘虽然与汉武帝以来宫廷中所建的有很大差别，显得更原始、粗犷，但设计得如此精巧，令我们不得不钦佩早期神仙家们

① 杨英：《汉武杂“方”与道教渊源》，《学术月刊》2003 年第 12 期。

② （汉）班固：《汉书》，中华书局 1962 年版，第 1216—1217 页。

的独具匠心。

关于承露盘，汉代史书已经开始记载。《史记·孝武本纪》记载汉武帝诛杀方士齐人少翁后：“则又作柏梁、桐柱、承露仙人掌之属矣。故《张衡赋》曰‘立修茎之仙掌，承云表之清露，屑琼蕊以朝餐，必性命之可度’是也。”① 同事在《史记》卷28“封禅书”、《汉书》卷25上“郊祀志”中也有记载。而《汉旧仪补遗》云：“通天台上有承露，仙人掌擎玉杯，承云表之露。”②

由此来看，承露盘是与仙人联系在一起的。而帝王往往又是求仙活动的最积极者，所以史书记载中承露盘又往往与帝王联系在一起。《三国志》载魏明帝建承露盘，臣下以为是奢侈之物，裴松之注曰：

> 《魏略》载太子舍人张茂上书谏曰：陛下不兢兢业业，念崇节约，思所以安天下者，而及奢靡是务，中尚方纯作玩弄之物，炫耀后园，建承露之盘，斯诚快耳目之观，然亦足以骋寇仇之心矣。……是岁，徙长安诸钟虡、骆驼、铜人、承露盘。盘折，铜人重不可致，留于霸城。……《魏略》载司徒军议掾河东董寻上书谏曰：“……建安以来，野战死亡，或门殚户尽，虽有存者，遗孤老弱。若今宫室狭小，当广大之，犹宜随时，不妨农务。况乃作无益之物，黄龙、凤皇、九龙、承露盘，土山、渊池，此皆圣明之所不兴也”③。

到了女皇武则天时期，为了能求得仙露，女皇从天下征集铜铁，从外商手中聚集钱财，建造高九十尺的“天枢”，上有承露盘，事见《大唐新语》：

---

① 裴骃【集解】：苏林曰，“仙人以手掌擎盘承甘露也”。司马贞【索隐】：《三辅故事》云：“台高二十丈，用香柏为殿梁，香闻十里。中建章宫承露盘高三十丈，丈七围，以铜为之。上有仙人掌承露，和玉屑饮之。”见司马迁《史记》，中华书局1959年版，第458—459页。

② （汉）议郎卫宏：《汉旧仪补遗》卷下，载四部备要《汉官六种》，（清）孙星衍校集，上海书局据平津馆本校刊（桐乡陆费逵总勘，杭县高时显辑校）线装本，第2页。

③ （晋）陈寿：《三国志》，中华书局1959年版，第105页。

> 长寿三年，则天征天下铜五十万余斤，铁三百三十余万，钱二万七千贯，于定鼎门内铸八棱铜柱，高九十尺，径一丈二尺，题曰“大周万国述德天枢”，纪革命之功，贬皇家之德。天枢下置铁山，铜龙负载，狮子、麒麟围绕。上有云盖，盖上施盘龙以托火珠，珠高一丈，围三丈，金彩荧煌，光作日月。武三思为其文，朝士献诗者不可胜纪。惟峤诗冠绝当时，其诗曰：“辙迹光西崦，勋名纪北燕。何如万国会，讽德九门前。灼灼临黄道，迢迢入紫烟。仙盘正下露，高柱欲承天。山类丛云起，珠疑大火悬。声流尘作劫，业固海成田。圣泽倾尧酒，熏风入舜弦。欣逢下生日，还偶上皇年。”后宪司发峤附会韦庶人，左授滁州别驾而终。开元初，诏毁天枢，发卒销烁，弥月不尽。洛阳尉李体烈赋诗以咏之曰：“天门街里倒天枢，火急先须御火珠。计合一条丝线挽，何劳两县索人夫。”先有讹言云：“一条线挽天枢。”言其不经久也。故体烈之诗及之。士庶莫不讽咏①。

由此而言，帝王宫殿中的承露盘大部分用很高很大的金属圆柱支撑，柱子顶端造仙人托盘欲以承仙露。因为是帝王们为求取梦想中的仙药而建造的，因而极尽奢华，早期最普通的民间道家承露盘简直无法与之相比。但海州孔望山峰顶的承露盘因其位置的特殊性，所“承”之“露”表现为高山“神”与海上“仙”的共同赐予，因而极其珍贵，也是许多修炼辟谷术道士的梦想之物。

(五) 龙洞

龙洞又名归云洞，位于孔望山东侧山麓西南的峭壁上，在龙洞庵西侧约15米处，离孔望山摩崖造像群约300米。龙洞是一个天然的海蚀石洞，洞内海浪常年冲刷的痕迹依稀可见。洞门前左侧有一块岩石有利器劈凿的痕迹，可想原应该有一块板状岩石遮挡住洞口。洞门约呈正方形，边长约90厘米，可容一人进出，门内外有人工修整的痕迹，尤其是洞门内周围有一圈人工凿出的凹槽，可插入板状物遮蔽风雨。明张峰《隆庆海州志》“孔望山”条记载：“上有龙洞，东有浴龙池”，同卷“龙洞”条又曰：

---

① （唐）刘肃：《大唐新语》，中华书局1984年版，第126页。

“在孔望山之阳，洞有一门，中空，方圆可二丈。”① 从形制上看，龙洞是一处道教徒修炼的重要场所无疑。洞内石壁上有明代谪贬海州通判的林廷玉刻诗一首《看龙洞偶成》，依然能够感觉到浓浓的仙道气息：“幻化起溟蒙，丹崖一洞空。地灵呼即应，应是讶相逢。”

龙洞被道教徒利用应该在东汉或以前。郦道元《水经注》引东汉崔季珪《述初赋》言：“郁州者，故苍梧之山也，心悦而怪之，闻其上有仙士石室也，乃往观焉，见一道人独处，休休然，不谈不对，顾非己及也”②。唐《封氏闻见记》“二朱山”条记：“汉末崔琰于高密从郑玄学，遇黄巾之乱，泛海而南，作《述初赋》，其序云：‘登州山以望沧海。’据其处所，正相合也。大朱东南海中有句游岛，去岸三十里，俗云句践曾游此岛，故以名焉。《述初赋》又云：‘朝发兮楼台，回盼兮句榆，朝食兮岛山，暮宿兮郁州。’郁州，今海州东海县，在海中。”③ 从赋的内容及“序”来看，崔季珪曾经来过郁州，而他所见过的山上“石室”可能即是现在的“龙洞”。

修道之人常常深居山中，而山中的天然石洞即成了他们的修炼之所。早期神话中的西王母即居住于石室之中。《山海经·大荒西经》云：“……有人，戴胜，虎齿，有豹尾，穴处，名曰西王母。”④ 西王母被道家仙话之后，更是成为他们学习的榜样。《汉书·张良列传》师古注曰：“赤松子，仙人号也。神农时为雨师，服水玉，教神农能入火自烧。至昆山上，常止西王母石室，随风雨上下。炎帝少女追之，亦得仙俱去。”⑤ 在道家求仙的过程中，石室已经成为他们修炼后飞升的重要场所。正因石室在道教神话中的重要地位，海州孔望山上的龙洞也成为了后人游览的名胜古迹。

如今的龙洞周围有很多古人留下的题铭，其中最著名的是宋朝王华曜的题铭：“王华曜守东武，由朐山太守吕望之率王项父、黄天倪观东

① （明）张峰纂修：《隆庆海州志》卷2《山川志》，载《天一阁明代方志选刊》第14册，1962年12月上海古籍书店据宁波天一阁藏（明）隆庆刻本影印，第1—5页。

② （北魏）郦道元：《水经注校》，王国维校，上海古籍出版社1984年版，第980页。

③ （唐）封演撰，赵贞信校注《封氏闻见记校注》，中华书局2005年版，第72页。

④ 袁珂：《山海经校注》，巴蜀书社1996年版，第466页。

⑤ （汉）班固：《汉书》，中华书局1962年版，第2037页。

海于龙兴山之乘槎亭，饮于仰止亭，元祐四年三月四日。”铭中记载了宋时期的孔望山应该称之为龙兴山，龙兴山上有“乘槎亭”可观海，“仰止亭”可于此饮酒。可以想象古代的许多文人雅士在此观海，纵谈东海仙人并举杯畅饮的场面，甚而至于全州学子在此同庆。明嘉靖二十八年（1549）重阳节，海州知州王同与海州地方的贤士文人于孔望山龙洞前举行欢宴，高兴之余，王同即席吟诗一首，并用小篆镌刻于龙洞西侧石壁上：

龙洞良宵月照，黄花满地秋香。
此时此会文彦，一觞一咏情长。
矗矗山岩曲抱，潺潺胸海东流。
明朝分袂城市，琴樽回忆绸缪。
（嘉靖己酉年重阳日海州知州中泉王同题）

关于王华曜的题铭中所述的“乘槎亭”，宋苏东坡来此观游后写下了《次韵陈海州乘槎亭》诗，对山海美景赞叹之余，隐约中带有归隐山林的想法：

人事无涯生有涯，逝将归钓汉江槎。
乘桴我欲从安石，避世谁能识子嗟。
日上红波浮翠峨，潮来白浪卷青沙。
清谈美景双奇绝，不觉归鞍带月华①。

而他的学生淮安人张耒也曾对海州乘槎亭吟咏过，表达出海边浓浓的乡村生活气息，却也透露出对海上仙山的向往：

海上西风八月凉，乘槎亭外水茫茫。
人家日暖樵渔乐，山路秋晴松柏香。

① （宋）苏轼：《苏轼诗集合注》，（清）冯应榴辑注，黄任轲、朱怀春校点，上海古籍出版社 2001 年版，第 569 页。

隔水飞来鸿阵阔，趁潮归去橹声忙。

蓬莱方丈知何处，烟浪参差在斜阳①。

二 明清时期的道教活动

魏晋南北朝时期道教经过葛洪、寇谦之、陆修静、陶弘景等人的改革，逐渐有了明确的教义教理，有自己的行动组织；唐宋时期，由于统治阶级的大力提倡，道教发展较快，流派纷呈，并常常参与上层社会的各种活动。因此这时期的道教活动多在政治经济文化中心及周边地区，而海州由于地处山海偏隅，远离政治文化中心，有组织的道教活动较少。只是到了明代道教走向衰落的时候，海州地域以普通大众为主体的民间道教信仰凸显出来，并形成了以云台山为主要根据地的三元信仰。

“三元”一词自出现以来，始终与道教联系在一起。最早应该见于《太平经》：“长生大主……行年二七，而有金姿玉颜，弃俗离情，拥化救世，精感太素，受教三元，习以三洞。”② 此后“三元”一词也一直见于史籍，但具体概念所指始终不明确：《魏书·释老志》记载汉灵帝时张陵“传天官章本千有二百，弟子相授，其事大行，斋祠跪拜，各成法道，有三元府、百二十官”③；《隋书·经籍志》载道书如《三元九宫立成》二卷，《遁甲叙三元玉历立成》一卷（郭弘远撰），《三元遁甲上图》一卷，《三元遁甲图》三卷，《三元遁甲》六卷（许昉撰），《三元遁甲》六卷（陈员外散骑常侍刘毗撰），《三元遁甲》二卷（梁《太一遁甲》一卷，《遁甲三元》三卷），《三元九宫遁甲》二卷（梁有《遁甲三元》三卷，亡），《遁甲三元九甲立成》一卷等④；《旧唐书·经籍志》记葛洪撰《三元遁甲图》三卷⑤；《全唐诗》更是收录了与三元有关的诗词如崔湜《寄天台司马先生》“闻有三元客，祈仙九转成”，沈

① （宋）张耒：《张耒集（张右史文集）》，李逸安、孙通海、傅信校点，中华书局 1999 年版，第 381 页。

② 王明：《太平经合校》，中华书局 1960 年版，第 2 页。

③ （北齐）魏收：《魏书》，中华书局 1974 年版，第 3048 页。

④ （唐）魏征等：《隋书》，中华书局 1973 年版，第 1029—1031 页。

⑤ （后晋）刘昫：《旧唐书》，中华书局 1975 年版，第 2043 页。

佺期《则天门赦改年》“六甲迎黄气，三元降紫泥”，李白《狱中上崔相涣》“羽翼三元圣，发辉两太阳”，吴筠《游仙二十四首》“三元有真人，与我生道骨，凌晨吸丹景，入夜饮黄月”①。

《云笈七签·道教本始部》对“三元”概念有所阐释：《道教所起》言“道家经诰，起自三元”，《道教三洞宗元》言“三元者，第一混洞太无元，第二赤混太无元，第三冥寂玄通元”，《三宝杂经出化序》言“《三元经》谓之众生真父母者也”②。同书卷八《三洞经教部·释〈三十九章经〉》云：“上元太素三元君曰：太素三元宫中，有三华之气，生于自然也。似芙蓉之晖。晨灯者，乃玉真天中明气之光，洞照于三元之台也。”③ 而《新元史·李冶列传》所载“三元”概念有所不同：“《四元玉鉴》三卷，……天元曰一气混元，天地二元曰两仪象元，天地人三元曰三才运元，天地人物四元曰四象会元。”④《嘉庆海州直隶州志》曾有过详细的三元辨证，但所指依然不明：

> 道书言上元一品九气，赐福天官洞灵元阳紫微大帝；中元二品七气，赦罪地官洞清元虚大帝；下元三品五气，解厄水府洞源元光大帝。是为三官，儒者所不道也。窃谓乾元坤元见于十翼，资生资始，协一函三，以理言不以迹言。三官者，犹蔡墨所谓五行之官为五官，封为上公，祀为贵神云尔。天一生水，地二成之。水于五行居生数之首，故举一以赅四，其理不易，其神自灵，何必侈陈真灵位业哉？赵一琴云，尝读干宝《搜神记》，三元大帝为东海人，父萼字光蕊，一字子春，唐贞观己巳及第，丞相殷开山妻以女，生三子，官天地水，因尊为三元三官三品。所著经三种，曰《宝诰》，曰《女青》，曰《降笔》。《宝诰》所云，驾五色祥云，行九气清风，在云台山上，放大毫光，广大慧力是也。愚谓此皆耳食之说，

① 《全唐诗》第54卷，崔湜《寄天台司马先生》；第96卷，沈佺期《则天门赦改年》；第170卷，李白《狱中上崔相涣》；第853卷，吴筠《游仙二十四首》，等等，中华书局1999年点校本，第664页、第1040页、第1750页、第9641页。

② （宋）张君房：《云笈七签》，书目文献出版社1992年版，第12页。

③ 同上书，第48页。

④ 何绍忞：《新元史》，中国书店1988年影印版，第706页。

不为典要。干宝，晋人，岂能预知唐事？《搜神记》非僻书，无言三官语，贞观纪年无已巳，唐赵傪《进士登科记》无陈光蕊名，《新唐书·宰相世系表》无殷开山名（【案】本传，卒后赠陕东道大行台，右仆射），而廷试贡士，贞观时亦无此制也。【谨案】三官之名，始见《魏志·张鲁传》注。又《集仙录》谓张道陵隐龙虎山，修三元墨朝之道。梁陶弘景《真诰》云，有上圣之德，受三官书，为地下主者，千年乃转三官之五帝。又云，二天官立一官，六天凡立三官，如今刑名之职，皆远在贞观前。又《宋史·方技传》淳化三年，苗守信上言，三元曰上元天官、中元地官、下元水官，各主录人之善恶，不可以断极刑。此三元三官并见于史籍之始，亦未言神生于唐也。道家言三官者，为唐宏、葛雍、周武，仕周厉王，累谏不从，弃职游吴，时谓吴客。三真君已涉傅会，亦未言为陈氏也。陈嗣良谓得道神仙，必由三元保举，故三元为入仙之铨衡。审若所言，则《酉阳杂俎》称齐桓公为三官都禁郎，晋文公为水官司命，不能引为曹属哉。李普元谓三元为尧、舜、禹，此正杜佑所谓诞而不经，偏记杂说者，兹所不取①。

三元信仰源于五斗米道的天、地、水崇拜，但真正以三元或三官形象出现还比较晚，宋代才出现了“三元宫”、《三元经》（即《三官经》）的记载，元代才有“天地人三元”之说。而《三官经》也并未收入《正统道藏》，最早见于明代道士白云霁的《道藏目录详注》②，为《续道藏》之一。可以说三元信仰的真正兴盛是较晚的，并且没有得到统治阶级的认可，依然是民间性的。

虽然今天全国各地有很多三官庙，但海州云台山应该是比较早的传播区域，也可以说是现代三元信仰的发源地。道教经书《三官经》明确指出云台山在三官道教信仰中的地位：“三元天尊即驾五色祥云，行九气清风，至都会府，云台山上。放大毫光，广大慧力。无边法显，济

① 仲其臻等整理：《嘉庆海州直隶州志》卷31《拾遗录》，南京大学出版社1993年版，第1243页。

② （明）白云霁：《道藏目录详注》，载《四库全书》1061册，“子部”14，“道家类”，第745页。

民救苦，福应万灵……"①

云台山上三元宫又是建造于何时呢？

《东海志》：万历间，山阳谢淳入云台山为僧，因三元宫旧基，谋重新之，购木南京上河。贾问之，以实告，惊曰："昨有三秀才以资买木，尽判其木曰，明日谢淳来足价，今果然，其神为之乎？"遂将排木尽施，内有梗楠数十，贾亦不知也。乃由京口入庙湾海口，排忽崩，淳大戚而归。越数日，山麓徐渎场大浦内涌出梗楠无数，皆直流与排数合，悉镌"云台山"字。浦去山巅径最险，五尺之童能负大木，呼邪许，上下如飞，人以为神云。②

《云台山志》：释德政，字无相，淮安山阳人，本姓谢，名淳。幼失母，育于祖母。祖母与其父先后卒。德政素习儒，兼服贾。乃思尽弃其业，有出世之志。东游海上，登青峰顶，慨然叹曰："此岭可造三元官，乃吾酬恩之所也。"遂归，遍诀宗党，毁其家，庀材于瓜、仪，时万木浮江，不日达于海峤。人以为神。德政鸠工营建，随度为僧。不三载，而巉岩荒岛化为洞天福地。慈圣太后赐紫衣及佛经法宝，齐鲁诸藩岁遣使存问焉。时万历十六七年，大饥，德政召集恶夫兴工代役，倍以金钱，活着无虑万亿人。③

《嘉庆海州直隶州志》：宋祖舜《淮安府志》始有青峰顶、云台山之名……《宋志》刻于天启初，则云台山之名始于万历时。是时建三元官，远近祈赛。④

由此我们知道，现代三元宫建筑群的基础应该是明万历十五年（1587）淮安人谢淳破家扩建的。而张传藻、刘洪石先生认为三元宫是

① 《三官宝经·太上三元赐福赦罪解厄消灾延生保命妙经》网络版，http：//www.taoist.org.cn/jingdian/zhuyaojd/sanguanj.htm。

② 仲其臻等整理：《嘉庆海州直隶州志》卷31《拾遗录》，南京大学出版社1993年版，第1217—1218页。

③ 同上书，卷25《人物传·方技》，第1049—1050页。

④ 同上书，卷11《山川考》，第485页。

巴蜀张道陵所开创的五斗米道在海州地域的下属聚集地[①]，这种说法是否可信有待商榷。但海州地域确是有过五斗米道信仰。《晋书·孙恩列传》卷一百记载：

> 孙恩，字灵秀，琅邪人孙秀之族也。世奉五斗米道。……恩逃于海。众闻泰死，惑之，皆谓蝉蜕登仙，故就海中资给。恩聚合亡命得百余人，志欲复仇……自海攻上虞，杀县令，因袭会稽，害内史王凝之，有众数万……虏男女二十余万口，一时逃入海……乃浮海而北。刘裕与刘敬宣并军蹑之于郁洲，累战，恩复大败，由是渐衰弱，复沿海还南。裕亦寻海要截，复大破恩于扈渎，恩遂远迸海中[②]。

无论怎样，海州云台山三元宫的香火自明朝以来一直都很旺盛，每年朝拜的信徒非常多。李洪甫先生在论述吴承恩与海州的关系时候曾经提到，每年正月十五日云台山三元宫庙会的时候，“来自淮安板闸、涟水一带的进香者占香客总数的一半以上，他们虔诚的乘船沿烧香河北上，直达云台山下”[③]。现在海州南面南城乡附近的烧香河依然存在，只是因为现代交通的发达，已经很少有香客再乘船来海州进香。但三元宫的“三官”作为赐福、赦罪、解厄之真人，依然受人崇拜，久盛不衰。

需要指出的是，云台山上的三元宫比较特殊，从明代开始，大多由僧人焚香跪拜，这也是全国为数不多的佛道共存的寺观之一，是当地佛、道二教相融的例证。常安《游云台山记》云：“云台三元宫有碧玉圭一，白玉带二，佛衣二袭：一绣佛千计，一绣佛万计。皆明万历间宫中颁赐。”[④] 前些年三元宫易名为海宁禅寺，改塑释迦牟尼佛，将三元圣像移至东配殿，除了大殿前面两棵千年银杏树外，只在东南部位的下方，保留一块当年的残垣断壁，作为历史的见证。

---

① 参见张传藻、刘洪石《独特的宗教文化》，载俞素娥、张良群主编《古今连云港》，中国文史出版社 1998 年版，第 12—14 页。

② （唐）房玄龄等撰：《晋书》，中华书局 1974 年版，第 2631—2632 页。

③ 李洪甫：《云台山、吴承恩与〈西游记〉》，江苏省旅游局编印 1983 年版，第 19 页。

④ 仲其臻等整理：《嘉庆海州直隶州志》卷 31《拾遗录》，南京大学出版社 1993 年版，第 1226 页。

除了上述几处道教遗迹之外，海州地域还有一些比较小的道观。如郁林观虽然已经不存，但据郁林观东岩壁摩崖石刻知道，应该在东海县郁林山麓。清代著名的金石学家吴玉搢在《金石存》中收录《东海县郁林观东岩壁纪》，并指明此刻是唐人所为。《纪》文曰："惟大唐开元七年岁在己未粤正庚寅朔，时大人出为海州司马，礼当巡属县，问耆疾，周览海甸，察听氓谣……入听笙簧，宫商自合，固可为真人之别馆，元始之离宫哉！……"① 延福观也是当地曾经香火较为旺盛的道观之一，它是明代崇祯四年（1631）由高晋卿等三个太监出资在东磊围屏山前修建的，山门题额为"敕赐护国延福观"，是典型的明代寺观建筑风格。清代陶澍游云台山时，曾题楹联一副于观中的玉兰山房："奇石似人花下立，仙人如鹤竹间来"。延福观后有一温泉池，隆冬不冰，周围多银杏、格木、黄杨、紫薇等南方草木，都是数百年的古物，应该是道教徒们修炼时候遗留下的。

《嘉庆海州直隶州志》"寺观"条记述了海州当时的寺、院、殿、庵、庙共121座，宫、观、祠、堂共20座，也证明了当地民间道教信仰的普遍性，现列表如下，以作参考②：

	寺 40	院 15	殿 1	庵 19	庙 46	宫 7	观 11	堂1	祠1
海州 88	大慈寺　永安寺 大普寺　观音寺 长安寺　龙兴寺 兴福寺　园林寺 普照寺　观音寺 海清寺　禅兴寺 兴国寺　安和寺 法起寺　云门寺 吉祥寺　崇善寺 丹霞寺　镇海寺 普安寺　圣佛寺 观音寺　国清寺 古佛寺　佛陀寺 石佛寺　大云寺 法宁寺 后顶观音寺 30	紫阳院 崇福院 嘉佑院 惠胜院 4	大佛殿 1	玉泉庵 紫竹庵 蓬莱庵 纯阳庵 船石庵 石佛庵 华严庵 悟道庵 雪道庵 悟正庵 碧泉庵 炼丹庵 洞真庵 遇真庵 善林庵 甘露庵 白龙王庵 17	晏公庙　清源庙 陶许庙　龙神庙 东岳庙　南岳庙 关圣庙　晏公庙 东岳庙　关圣庙 龙王庙　清源庙 黄檀庙　龙王庙 耕牛庙　东岳庙 东岳庙　东岳庙 关圣庙 三元家庙 白龙王庙 海洋龙王庙 镇海龙王庙 23	三元宫 玉皇宫 三元行宫 3	元妙观 彩云观 郁林观 祥云观 善积观 延福观 太平观 崇真观 8	北老君堂1	崔生祠 1

① 仲其臻等整理：《嘉庆海州直隶州志》卷28《金石录》，第1102—1103页。

② 同上书，卷29，《寺观录》，第1148—1183页。为方便后文叙述，将佛教及其他民间宗教遗迹一并录于此。

续表

	寺 40	院 15	殿 1	庵 19	庙 46	宫 7	观 11	堂1	祠1
赣榆 42	重光寺 兴国寺 圣福寺 重明寺 毗庐寺 望海寺 洪福寺 7	释迦院 弥陀院 地藏院 观音院 4		地藏庵 延寿庵 2	三皇庙 玉皇庙 元帝庙 显惠王庙 白马将军庙 东岳庙十二 三官庙六 23	广生宫 玉皇宫 泰山行宫二 4	紫阳观 佑德观 2		
沭阳 11	招德寺 洪福寺 圣福寺 3	观音院 圣福院 普济院 释迦院 胜福院 方广院 准提院 7					紫阳观 1		

第三节　海州地域的仙道类故事①

民间道教在海州地域活动频繁，因此当地也盛传着许多仙道类故事。但这些故事在正史中很少记载，除了口头流传以外，大多保存在野史、杂记、方志或文言小说中。笔者通过长时间的搜集整理，将海州地域的仙道类故事主要概括为“长生”和“方术”两大类，其中“长生”又包括服食、修道等方面的内容，而方术主要包括幻术和法术两类。或有不妥之处，供商榷。

一　长生类故事

长生不死是道家长期追求的终极目标之一。在道家看来，只要通过服食仙药或虔心修道等手段，都能达到这样的目标。于是各种各样以表现仙药可得和修道成仙为主题的故事也应运而生。

① 笔者所选取的海州宗教故事（包括下一章佛教故事）中，有些故事可能并不是发生在海州地域。但考虑到故事的主人公是海州人，可能受海州文化的影响较大，因而将这类故事也纳入考察范围。

（一）各种仙药为主题的故事

这类故事中的“仙药”多草、石、枣、瓜等，而以草、石为主。海州山海相连、南北相接的特殊气候和地理环境，为许多南北方才有的药草生长提供了合适的生长条件。《山海经·海内东经》已经提到了海州云台山的特殊性：“都州在海中，一曰郁州”，郭璞注曰：“今在东海朐县界，世传此山自苍梧从南徙来，上皆有南方物也。”① 云台山地处暖温带南缘，受海洋性气候影响，再加上山峦重叠，又形成了类似亚热带的小气候区域，温暖湿润，降雨量多，所以植物生长旺盛，品种繁多，尤其是生长在南方温热气候带的许多植物在这里也生长良好。因此云台山自古便被道教徒或药学家视为一座不可多得的药山，而住在云台山区的山民，甚至是百里外的药民都经常入云台山采药。

海州地域的灵药仙草主要有：“金银花、五加皮、菟丝子、天南星、车前子、香附子、麦门冬、刘寄奴、旋复花、蛇怵子、夏枯草、马鞭草、大小蓟、青箱子、牵牛子、桑白皮、玄胡索、何首乌、天仙藤、三稜蒲、地骨皮、土牛膝、竹安萎、马芹子、紫胡、半夏、槐角、地榆、荆芥、桔梗、菖蒲、射干、商陆、紫芋、大青、玄参、苦参、大戟、枳实、茴香、芫花、艾、环留行、漏芦、卷柏、草乌、苍术、百部、百合、骨碎补、青木香、紫花地丁、稀莶、葳灵仙、白蒺藜、木泽等等”。但是当时海州人民很少用草药治病，“张氏（张峰）曰：州人信巫鬼，不尚医药，故药品虽多，取而蓄之以治病者少也，夫风寒暑湿，过则生疾，脏腑症结，岂鬼物所能湔浣漱滌乎，甚矣，人之愚也”②。这种驱鬼治病的民间传统恰恰说明了海州地域多巫鬼民间信仰。

可是海州地域的草药很早就为道教徒所重视。晋代葛洪在《抱朴子》中曾提到过郁洲海岛中有可以合药的药草：“海中大岛屿，亦可合药。若会稽之东翁洲亶洲纻屿，及徐州之莘莒洲泰光洲郁洲。”③ 在海

① 郝懿行云：“刘昭注郡国志引此注云：‘在苍梧徙来，上皆有南方树木。’与今本异。疑今本从南二字衍也。水经注（淮水）亦云：‘言是山自苍梧徙此，云山上犹有南方草木’。”见袁珂《山海经校注》，巴蜀书社1996年版，第382—383页。

② （明）张峰纂修：《隆庆海州志》卷2《山川志》，载《天一阁明代方志选刊》第14册，1962年12月上海古籍书店据宁波天一阁藏（明）隆庆刻本影印，第18—19页。

③ （晋）葛洪：《抱朴子内篇校释》，王明校释，中华书局1985年第2版，第85页。

州的药草之中，以茯苓为最珍贵。《本草纲目》记载：“别录曰：茯苓，伏神，生大山山谷大松下，二月八月采，阴干。弘景曰：‘今出郁州，大者如三四升器，外皮黑而细皱，内坚白形如鸟兽’……恭曰：‘今泰山亦有茯苓，实而理小不复采用’……淮南子言‘千年之松下有茯苓，上有兔丝’，典术言：‘松脂入地，千岁为茯苓，望松树赤者有之’。”①茯苓首载《神农本草经》，东汉医圣张仲景《伤寒论》113张药方中用茯苓的有40张，宋朝苏颂在《集仙方》中记载了许多茯苓食品：茯苓膏、茯苓酥等②。海州灌云县古佛寺和中云以前都有茯苓泉，传说泉边松树根下产大茯苓，因此泉水呈乳白色，常饮之人多高寿。

20世纪80年代，海州对当地的中草药资源进行普查，共收集1190种动植物药类标本，其中有一些江苏没有记载过的药物，如侧金盏花、小叶锦鸡儿、灯芯蚤缀等，94种抗癌药物，还有一些濒临灭绝的药用植物如北沙参（又名珊瑚菜）等。云台山不仅有许多南方草木，典型的北方植物也有陆续发现，如冰凉花（俗称东北雪莲），过去只见于大兴安岭③。而古人对于云台山区中草药的利用也使当地民间流传着许多仙药为主题的故事。

1. 徐福草药救人故事

海州地域如此的多产草药，那些炼丹服药的道教徒们经常光临云台山区就不足为怪，而有关仙药的故事中以徐福为秦始皇求仙药不归、于海外成仙的故事最有代表性。《太平广记》云：

> 徐福，字君房，不知何许人也。秦始皇时，大宛中多枉死者横道，数有乌衔草，覆死人面，皆登时活。有司奏闻始皇，始皇使使者赍此草，以问北郭鬼谷先生。云是东海中祖洲上不死之草，生琼田中，一名养神芝，其叶似菰，生不丛，一株可活千人。始皇于是谓可索得，因遣福及童男童女各三千人，乘楼船入海。寻祖洲不返，后不知所之。逮沈羲得道，黄老遣福为使者，乘白虎车，度世

① （明）李时珍：《本草纲目》卷37《木之四·茯苓》条“集解”，载《四库全书》774册，“子部”80，“医家类”，第134页。

② 参见魏琪主编《连云港特色文化》，苏州大学出版社2006年版，第250—262页。

③ 参见彭云《海州乡谭》，江苏人民出版社1988年版，第134—136页。

君司马生乘龙车，侍郎薄延之乘白鹿车，俱来迎羲而去。由是后人知福得道矣。

唐开元中，有士人患半身枯黑，御医张尚容等不能知。其人聚族言曰：“形体如是，宁可久耶？闻大海中有神仙，正当求仙方，可愈此疾。”宗族留之不可，因与侍者，赍粮至登州大海侧，遇空舟，乃赍所携，挂帆随风。行十余日，近一孤岛，岛上有数百人，如朝谒状。须臾至岸，岸侧有妇人洗药，因问彼皆何者。妇人指云：“中心床坐须鬓白者，徐君也。”又问徐君是谁。妇人云：“君知秦始皇时徐福耶？”曰：“知之。”“此则是也。”顷之，众各散去，某遂登岸致谒，具语始末，求其医理。徐君曰：“汝之疾，遇我即生。”初以美饭哺之，器物皆奇小，某嫌其薄。君云：“能尽此，为再飧也，但恐不尽尔。”某连啖之，如数瓯物致饱。而饮亦以一小器盛酒，饮之致醉。翌日，以黑药数丸令食，食讫，痢黑汁数升，其疾乃愈。某求住奉事。徐君云：“尔有禄位，未宜即留，当以东风相送，无愁归路遥也。”复与黄药一袋，云：“此药善治一切病，还遇疾者可以刀圭饮之。”某还，数日至登州，以药奏闻。时玄宗令有疾者服之，皆愈。（《仙传拾遗》及《广异记》）①

徐福是秦代著名方士，又名徐市②，曾入海为秦始皇求取仙药，世传药不得而留于海外。今天日本有很多关于徐福的遗迹和传说，并奉徐福为“司农耕神”、“司药神”。而关于徐福其人的记载，最早见于《史记》“始皇本纪”及“淮南衡山列传”：

既已，齐人徐市等上书，言海中有三神山，名曰蓬莱、方丈、瀛洲，仙人居之。请得斋戒，与童男女求之。于是遣徐市发童男女

---

①（宋）李昉等编：《太平广记》，中华书局1961年版，第26—27页。

②张良群在《徐福故里揭秘》一书中说：“徐福，字君房，齐地琅琊人。自幼勤奋苦读，博学多才，通晓医学、天文、气象、航海等知识，乐于助人，常为乡民消灾解难，在沿海一带民众中名望颇高”（张良群：《徐福故里揭秘》，新世界出版社1990年版，第6页）。而史书中并没有关于徐福地望的记载。

数千人，入海求仙人①。

使徐福入海求神异物，还为伪辞曰："臣见海中大神，言曰：'汝西皇之使邪？'臣答曰：'然。''汝何求？'曰：'愿请延年益寿药。'神曰：'汝秦王之礼薄，得观而不得取。'即从臣东南至蓬莱山，见芝成宫阙，有使者铜色而龙形，光上照天。于是臣再拜问曰：'宜何资以献？'海神曰：'以令名男子若振女与百工之事，即得之矣。'"秦皇帝大说，遣振男女三千人，资之五谷种种百工而行。徐福得平原广泽，止王不来②。

徐福是不是实有其人呢？1982 年，海州赣榆县进行了地名标准化的普查工作，一位 76 岁的老道士徐永成说徐阜村又名徐福村。工作人员查阅了村里乾隆年间的两本家谱，后来由罗其湘、汪承恭二位先生提出了"徐福村"即徐福故里的观点：一本是韦统伦老人的《大清乾隆贰拾年壹经堂韦氏支谱》，除了指明韦氏分住在徐福村外，还特别指明"合族共续一谱，奈荒堕日甚，辑无从。姑即吾徐福一支，知者载之，不知者阙之……"另一本由王长祥老人保存的《乾隆四十二年修四喜堂藏王氏谱》，也有关于王家氏族后裔居于徐福村的记载③。

此后，关于徐福故里的争论主要集中在山东黄县、江苏赣榆县和浙江慈溪三个地方。徐福出海寻药《史记》记载有两次，因第一次没有成功，第二次出海的地点可能有变化。浙江学者罗其湘认为，徐福东渡活动，在时间上可能并不止一次，起航地点也不止一处：首次东渡是在公元前 219 年，起航地是在山东琅琊一带；第二次东渡是在公元前 210 年，起航地是在浙江杭州湾一带。如果以长江口为界，可分为南北两条不同形态的航线：北路航线傍大陆或岛屿沿岸而行，可称为沿岸路线，起航地应在江苏海州湾④。"而有史可考的徐福出海基地，应该首推琅琊古郡。……今江苏赣榆县金山乡有徐福村，村民自称徐福后裔。……

---

① （汉）司马迁：《史记》，中华书局 1959 年版，第 247 页。

② 同上书，第 3086 页。

③ 参见李洪甫、刘洪石《连云港山海奇观》，地质出版社 1986 年版，第 122—123 页。

④ 罗其湘：《徐福考论》，慈溪市徐福研究会 2000 年编内部资料，第 83—85 页，转引自蔡丰明主编《吴越文化的越海东传与流布》，学林出版社 2006 年版，第 37 页。

以山东沿海的徐福遗迹为中心，一直扩散到江苏、浙江二省”[1]。由此来看，关于徐福出海的地点争论都可以得到解决。第一次出海是从海州湾的赣榆出发，沿海岸向北，经过山东黄县等地方，仙药不得；第二次出海从浙江杭州湾出发，直接进入东海，向日本列岛方向寻药。

那么徐福为什么又成了仙人呢？王赛时认为最早在海外仙洲中加入了徐福行踪的是托名东方朔的《十洲记》[2]。笔者以为有两种可能：(1) 徐福出海后不归，滨海一带的方士们为了向统治者证明仙人确实存在，于是编造徐福成仙谎言；(2) 徐福至日本，带去了先进的农耕、医药等技术，当地人奉为神灵，而与其相关的传说故事则辗转传入中国内地，久之，关于徐福在海外成仙并能够治愈各种奇难杂症的传说便流传开来。

2. 其他关于能致长寿的草、木、石等故事

海州沿海地区仙草的种类很多，流传较广的还有“灵芝草”、“龙刍草”等或可以长生、或可以使马“化为龙驹”的故事。

> 唐宪宗好神仙不死之术，元和五年，内给事张惟则自新罗国回，……俄而命一青衣，捧出金龟印，以授惟则，曰：“致意皇帝。”惟则遂持之还舟中，回顾旧路，悉无踪迹。金龟印长五寸，上负黄金玉印，面方一寸八分，其篆曰：“凤芝龙木，受命无疆。”……是月，寝殿前连理树上生灵芝二株，宛如龙凤。时又有处士伊祁玄解……帝因问之曰：“先生春秋高而颜色不老，何也？”玄解曰：“臣家于海上，种灵草食之，故得然也。”即于衣间出三等药实，为帝种于殿前。一曰双麟芝，二曰六合葵，三曰万根藤。……万根藤子，一子而生万根，枝叶皆碧，钩连盘屈，荫一亩。其状类芍药，而蕊色殷红，细如丝发，可长五六寸。一朵之内，不啻千茎，亦谓之绛心藤。灵草既成，人乃莫见，而玄解请帝自采饵之，颇觉神验[3]。

---

① 王赛时：《山东海疆文化研究》，齐鲁书社2006年版，第126—128页。

② 同上书，第122—123页。

③ （宋）李昉等编：《太平广记》，中华书局1961年版，第290—291页。

> 东海岛龙驹川，穆天子养八骏处。岛中有草名龙刍，马食之，日行千里。古语："一株龙刍，化为龙驹。"（《述异记》）①

除了灵芝以外，"唐宪宗皇帝"故事中提到的"万根藤"也值得我们注意，这种植物可能即为今天海州云台山区比较出名的"葛藤"。"葛藤"是滋阴壮阳的补品，喜生于阳光充足的阳坡，常生长在草坡灌丛、疏林地及林缘等处，攀附于灌木或树上的生长最为茂盛，海拔300—1500米处皆可，我国东南和西南地区较多。而在古代中国，葛藤多作为药用，如《金匮要略》中记载："栝蒌桂枝汤方：太阳病，无汗而小便反少，气上冲胸，口噤不得语，欲作刚痉，葛根汤主之"，"葛根汤方：葛根四两　麻黄三两（去节）　桂枝二两（去皮）　芍药二两　甘草二两（炙）　生姜三两（切）　大枣十二枚（擘）"②，"竹叶汤方：竹叶一把　葛根三两　防风一两　桔梗一两　桂枝一两　人参一两　甘草一两　附子一枚（炮）　大枣十五枚　生姜五两"③。由此来看，汉朝时候，葛藤已经成为药学家常用的治病良药，甚至有专门的"葛藤"药方，难怪神仙故事中认为它是"灵草"。

龙刍草是与马有关的神草。马在仙话中出现较多，其作为非凡之物，又往往与龙相关联，以龙马的形象示人。"龙刍"故事里的马吃了"龙刍草"以后，能日行千里，并且化为龙驹。何谓龙驹呢？《太平广记》也有相关的故事记载：

> 海岱之间出玄黄石，或云茹之可以长生。江夏李邕……入山采玄黄石，忽遇一翁，质甚妙，而丰度明秀，髭髯极丰。且告曰："君侯躬自采药，岂不为延圣主之寿乎？"曰："然。"翁曰："圣主当获龙马，则享国万岁，无劳采药耳。"邕曰："龙马安在？"答曰："当在齐鲁之郊。若获之，即是太平之符，虽麟凤龟龙，不足以并其瑞。"邕方命驾以后乘，遽亡见矣。……真果得马于北海郡

① （宋）李昉等编：《太平广记》，中华书局1961年版，第3306页。

② （汉）张仲景：《金匮要略》，卷上"痉湿暍病脉证治第二"，"方11首"，"葛根汤方"，引自《四部备要》"子部"，上海中华书局据医统本校刊，线装本，第4页。

③ 同上书，卷下"妇人产后病脉证治第二十一"，"方8首"，"竹叶汤方"，第4页。

> 民马会恩之家。其色骓毛，两胁有鳞甲，鬃尾若龙之鬣，嘶鸣真虡笛之音，日驰三百里。会恩曰："吾独有牝马，常浴于淄水，遂有胎而产。因以龙子呼之。"（《宣室志》）①

得龙马不仅可以使圣主"享国万岁"，更是"致太平"的圣物。李邕进山采可以使人长生的"玄黄石"本来已经是艰难非常，而当仙翁告诉他龙马的优点之后，他便转而开始寻找这种"虽麟凤龟龙不足以并其瑞"的仙物。值得注意的是，仙话故事中"龙马"和"石"常常同时出现，"许栖岩"即因为偶得龙马而得到了道家以为可以延年益寿的"石髓"：

> ……有蕃人牵一马，瘦削而价不高，因市之而归。以其将远涉道途，日加刍秣，而肌肤益削，疑其不达前所。试诣卜肆筮之，得《乾卦》九五，道流曰："此龙马也，宜善宝之。"洎登蜀道危栈，栖岩与马，俱坠崖下……于槁叶中得栗如拳，栖岩食之，亦不饥矣。寻其崖下，见一洞穴，……一道士卧于石上，二女侍之。岩进而求见，问二玉女，云是太乙真君。……命坐，酌小杯以饮之曰："此石髓也，嵇康不能得近，尔得之矣。"乃邀入别室。有道士，云是颍阳尊师……是夕，岩与颍阳从太乙君登东海西龙山石桥之上，以赴群真之会。座内仙客有东黄君……谓曰："此马吾洞中龙也。"……（《传奇》）②

回家后，许栖岩发现已过去60年。石头在道教故事中是个重要的意象，这与道家炼丹服药有关。因为不同的石质中往往含有不同的金属元素，而这些金属元素又是道教徒们服食的对象，因而石头对道家来说非常重要，尤其是一些非常难得的石头，如钟乳石、硫黄石等等，并且许多钟乳石硬度不高，可以很容易地研碎以作为仙药的成分，炼石、服石成为道教徒求仙的途径之一。除小说记载外，史书中也记载过食石的事情：

---

① （宋）李昉等编：《太平广记》，中华书局1961年版，第3532页。

② 同上书，第294—295页。

> 鲍靓，字太玄，东海人也。年五岁，语父母云："本是曲阳李家儿，九岁坠井死。"其父母寻访得李氏，推问皆符验。靓学兼内外，明天文河洛书，稍迁南阳中部都尉，为南海太守。尝行部入海，遇风，饥甚，取白石煮食之以自济……常见仙人阴君，授道诀，百余岁卒①。

这里记载的"白石"虽然不能使人成仙或长生，但服食后可以见到仙人，并能延长人的寿命，因而也被视为是神仙之物。

总之，服食各种各样的仙药是可以得到长生的。因而仙药对于那些想长生的统治阶级帝王来说更为重要，这类故事以《抱朴子·内篇》中"安期生卖药于东海边"故事最为出名：

> 安期先生者，卖药于东海边，琅琊人传世见之，已千年。秦始皇请与语，三日三夜。其言高，其旨远，博而有证，始皇异之，乃赐之金璧，直数千万，安期受而置之于阜乡亭，以赤玉舄一量为报，留书曰，复数千载，求我于蓬莱山。如此，是为见始皇时已千岁矣……至于问安期以长生之事，安期答之允当，始皇惺悟，信世间之必有仙道，既厚惠遗，又甘心欲学不死之事，但自无明师也……②

秦始皇是统治阶级中求取仙药的最典型代表人物之一，而他又多次来过海州，因而关于他的传说在海州地域颇为流行。而到了汉武帝时期，齐国方士李少君继续用安期生的故事骗取信任："'臣尝游海上，见安期生，安期生食巨枣，大如瓜。安期生仙者，通蓬莱中，合则见人，不合则隐。'于是天子始亲祠灶，遣方士入海求蓬莱安期生之属，而事化丹砂诸药齐为黄金矣。"③ 可见安期生故事在修道者心目中的重要性。

① （唐）房玄龄等撰：《晋书》，中华书局1974年版，第2482页。

② （晋）葛撰，王明校释《抱朴子内篇校释》，中华书局1985年第2版，第242—243页。

③ （汉）司马迁：《史记》，中华书局1959年版，第1385页。

（二）修道成仙故事

早期道教经典《太平经》将人分为九等，其中有六等应通过修炼而致：一为神人，二为真人，三为仙人，四为道人，五为圣人，六为贤人，这应该是最早的神仙谱系[①]。但是葛洪《抱朴子内篇·论仙》引《仙经》将神仙分为三等：天仙、地仙、尸解仙，并云："上士举形升虚，谓之天仙；中士游于名山，谓之地仙；下士先死后蜕，谓之尸解仙。"[②] 这种神仙的分类对后世的道教故事影响非常大，能够得到飞升的修仙者少之又少，以早期神话中的黄帝仙话故事为代表，而普通人的修炼是很难达到这个境界的。受秦皇汉武求仙不得的影响，民间传说较多的是"下士"尸解或"中士"游山故事。因为从修炼角度看，地仙为修炼之中成，并可以在长寿的基础进而长生，而尸解仙是修炼之人首先必须达到的境界，这是迈向仙界的第一步。

海州滨海地域长期流传着学道成仙的故事。宋乐史《太平寰宇记》记"海州"的时候言"昔有道者学徒十人，游于苍梧郁州之上，数百年皆得至道"[③]。海州不仅是一块"福地"[④]，海州云台山还是成仙得道的最佳之地。

> 汉王远字方平，东海人，举孝廉，历官中散大夫，后弃官入山修道。桓帝时，连征不出，令郡国逼，载至京，闭口不语，题四百余字于门，皆方来事，削去复见。还乡，居太守陈耽家四十余年，一日忽语曰："吾期运当去，为具棺衾敛之。"一日，忽失其尸，衣冠不动，若蝉蜕云[⑤]。
>
> 东海城北二十里，有泉曰"濯缨"，下有郁林观，昔有徐生者学道于此，一名化去，葬于山中，有人于泰山下见之，因付一履归

① 王明：《太平经合校》，中华书局1960年版，第289页。

② （晋）葛洪：《抱朴子内篇校释》，王明校释，中华书局1985年第2版，第20页。

③ （宋）乐史：《太平寰宇记》，王文楚等点校，中华书局2007年版，第465页。

④ 海州在道家的"洞天福地"中位列"福地"第72，参见（宋）张君房《云笈七签》卷27，"洞天福地部""天地宫府图"，书目文献出版社1992年版，第208—213页。

⑤ 仲其臻等整理：《嘉庆海州直隶州志》卷25《人物传》，南京大学出版社1993年版，第1043页。

东海，其徒视之，乃葬时物也。发棺视之，不见，时人谓之“尸解”①。

这两则故事都是记载修道之人修炼后或“失其尸”，或“存空棺”，皆为尸解仙。而关于王远的故事在“麻姑”故事记载中却是能飞升的天仙，我们来看王远驾临东海蔡经家时候的场面：

汉孝桓帝时，神仙王远，字方平，降于蔡经家。将至一时顷，闻金鼓箫管人马之声，及举家皆见，王方平戴远游冠，着朱衣，虎头鞶囊，五色之绶，带剑，少须，黄色，中形人也。乘羽车，驾五龙，龙各异色，麾节幡旗，前后导从，威仪奕奕，如大将军。鼓吹皆乘麟，从天而下，悬集于庭，从官皆长丈余，不从道行。既至，从官皆隐，不知所在，唯见方平，与经父母兄弟相见②。

王远在蔡经家里与麻姑会面，并赐仙酒予他人，后“又以一符传授蔡经邻人陈尉，能檄召鬼魔，救人治疾”，即使邻居也受了益，得符并能驱鬼治病。而蔡经更是“得解蜕之道，如蜕蝉耳，经常从王君游山海”，也修炼成了尸解仙。“宴毕，方平、麻姑命驾升天而去，箫鼓道从如初焉”③。这里，王远不仅自己是飞升的天仙，还能够度脱他人成仙，足见道家讲究修炼的层次性。但是也有修道者直接修炼成为“地仙”的：

道士王远知，琅琊人，其母常梦彩云灵凤集其身上，因而有娠。又闻腹中声。沙门宝诰对昙选（其父）曰：“生子当为神仙宗伯。”远知少聪敏，博综群书。初入茅山，师事陶弘景，传其道法。……后谓弟子潘师正曰：“见仙格，以吾小时误损一童子吻，不得白日升天。今见召为少室山伯，将行在即。”翌日，沐浴加冠

① （明）张峰纂修：《隆庆海州志》卷2《山川志》，载《天一阁明代方志选刊》第14册，1962年12月上海古籍书店据宁波天一阁藏（明）隆庆刻本影印，第4页。

② （宋）李昉等编：《太平广记》，中华书局1961年版，第369页。

③ 同上。

衣，焚香而卒，年一百二十六岁，谥曰升玄先生云。（《谈宾录》）①

这种越级的修道方式记载不多，只有那些本来就有“仙格”的人才能够做到。琅琊王远知即是这样一个特例，如果不是“小时误损一童子吻”，很可能成为神仙中的最上层——天仙。

不管是哪一种，修道之人想要迈入仙界、位列仙班，就已经非常难得了。因为在修炼过程中往往会遇到这样那样的艰难险阻，有时候还要受到仙人的考验，费长房就因不能忍受“啖屎”而不能得道，只得到役使鬼神、驱魔治病之法。

房诣公，恍惚不知何所，公乃留房于群虎中，虎磨牙张口欲噬房，房不惧。明日，又内于石室中，头上有一方石，广数丈，以茅绚悬之，又诸蛇来啮绳，绳即欲断，而长房自若。公至，抚之曰：“子可教矣。”令长房啖屎，兼蛆长寸许，异常臭恶。房难之，公乃叹谢遣之曰：“子不得仙道也。赐子为地上主者，可得寿数百岁。”为传封符一卷付之，曰：“带此可主诸鬼神，常称使者，可以治病消灾。”②

神仙的考验到了让人难以忍受的地步，所以神仙并非人人可致。而考验型故事记载最为详细的是沛国人张道陵在蜀中教弟子时候的“七试”，因为其他弟子“多俗态未除，不能弃世”，所以弟子“升”通过了七次考验之后，终于和“陵”一起“白日飞升”而去。“七试”者：第一试，升到门不为通，使人骂辱；第二试，使升于草中守黍驱兽，暮遣美女非常，欲与升接床，并留数日；第三试，遗金三十瓶，升乃走过不取；第四，令升入山采薪，三虎交前，咬升衣服；第五试，买绢，付直讫，而绢主诬之，云未得，升乃脱己衣，买绢而偿之；第六试，乞食者衣裳破弊，面目尘垢，身体疮脓，臭秽可憎，但升解衣衣之，以私粮

① （宋）李昉等编：《太平广记》，中华书局 1961 年版，第 153 页。

② 同上书，第 81 页。

设食，又以私米遗之；第七试，登云台绝岩之上，下有一桃树，傍生石壁，下临不测之渊，"有人能得此桃实，当告以道要"[①]。

或者可以这样来总结：辱骂；色诱；利诱；胆识；污蔑；同情心；真心。这七种考验每一层都是普通人很难达到的，但这正是学仙求道的吸引人之处。既然有如此多的难处，那么普通大众还能够这样坚持吗？于是，道教徒们为了吸引更多民众阶层的信仰，又宣扬普通人最容易的得道方式——积德。

> 莎衣道人，姓何氏，淮阳军朐山人。……道人避乱渡江……一日，自外归，倏若狂者，身衣白襕，昼丐食于市，夜止天庆观。久之，衣益敝，以莎缉之。尝游妙严寺，临池见影，豁然大悟。人无贵贱，问休咎罔不奇中。会有疗者乞医，命持一草去，旬日而愈。孝宗遣中官致贽，不言所以。道人见之掉首，吴音曰："有中国即有外夷；有日即有月，不须问。"……遂赐号通神先生，为筑庵观中，赐衣数袭，皆不受。好事者强邀入庵大笑而出，复于故处。众日以珍馔饷之，每食于通衢，逮饱即去。……光宗即位，召之，又不至。庆元六年卒[②]。
>
> 梁母者，盱眙人也，寡居无子，舍逆旅于平原亭。客来投憩，咸若还家。客还钱多少，未尝有言。客住经月，亦无所厌。自家衣食之外，所得施诸贫寒。常有少年住经日，举动异常，临去曰："我东海小童也。"母亦不知小童何人也。宋元徽四年丙辰，马耳山道士徐道盛暂至蒙阴，于蜂城西遇一青牛车，……车中人遣一童子传语曰："我平原客舍梁母也，今被太上召还，应过蓬莱寻子乔，经太山考召，意欲相见，果得子来……"驰车腾逝，极目乃没。道盛还逆旅访之，正梁母度世日相见也。（《集仙录》）[③]
>
> 狼苑者，始监海州仓，岁饥，私贷粟以活饥者。事觉，将就刑，忽见神人卫之，所司异焉，释其罪。在狱时，有老媪旦夕馈

① （宋）李昉等编：《太平广记》，中华书局1961年版，第56—58页。

② （元）脱脱等撰：《宋史》，中华书局1977年版，第13532页。

③ （宋）李昉等编：《太平广记》，中华书局1961年版，第367页。

食，遂寻之，至城东，见媪而谢，媪曰："汝有阴德，名在仙籍，故佑汝。"言讫不见。遂入山精修，与豺狼同处，人见而神之，称曰狼范。后不知所终①。

积德可以得道的宣扬正是普通大众最容易接受也是最愿意坚持学习的，它不像那些需要通过长期的炼丹服药或者神仙考验故事那样令人生畏。并且民间道教的信奉主群体也是普通民众阶层，因而这类故事也往往较其他类故事多。

修道之术中还有一种辟谷术，多吃松木等一些"延年益寿"之物。如沭阳人"由吾道荣……隐于琅邪山，辟谷，饵松木茯苓，求长生之秘"②。由吾道荣载于《明一统志》："由吾大夫庙在海州巨平山南，按旧《图经》，沭阳人由吾道荣，精心妙道，学穷秘录，且达天人之机，隋文帝征拜谏议大夫，卒葬于此，后人因立庙。"③ 由吾道荣的辟谷能"达天人之机"，这与另一则故事的辟谷修仙颇为相似：

徐则，幼沉静寡欲，受业周弘正，善三玄，精于议论，声擅郡邑，则叹曰："名者，实之宾，吾其为宾乎。"遂怀栖隐之操，杖策入缙云山，从学数百人，谢而遣之。不娶妻，常服巾褐，陈太建时应召，憩于至真观。期月又辞，入天台山。因绝谷，所资惟松木，隆冬沍寒不服棉絮。太傅徐陵为之刊山立颂在缙云山，太极真人徐君降下之曰："汝年出八十，当为王者师，然后得道也……"④

与由吾道荣不同的是，徐则辟谷学仙，成为"太极真人"，并能够预测他人后世事情，这实际上是道术中的一种占卜术，流传甚广。

① 仲其臻等整理：《嘉庆海州直隶州志》卷25《人物传》，南京大学出版社1993年版，第1048—1049页。

② （唐）李延寿：《北史》，中华书局1974年版，第2930—2931页。

③ （明）李贤等撰：《明一统志》卷13《淮安府》，引自《四库全书》472册，"史部"11，地理类2，第305页。

④ （明）张峰纂修：《隆庆海州志》卷8《仙释》，载《天一阁明代方志选刊》第14册，1962年12月上海古籍书店据宁波天一阁藏（明）隆庆刻本影印，第5—8页。

二 方术类故事

海州地域流传较广泛的仙道类故事中还有许多容纳了西域幻术和法术。"道教最早、最有需要并且最愿意接受的首先是西域的方术"，虽然在汉朝以前，中国已经有很多传统方术如占星、望气、卜筮、相面、占梦、呼吸吐纳、辟谷、房中等，但"东汉以后，方士所掌握的方术可以说种类繁多，令人目不暇接，这其中很多来自西域。这些来自西域的法术或幻术至少有使火术、驯兽术、分身术、神行术以及祈雨术等等"①。

（一）以"东海黄公"为代表的幻术类故事

幻术类故事在海州地域流传非常广泛，其中最典型的当属"东海黄公"故事：

> 余所知有鞠道龙，善为幻术，向余说古时事。有东海人黄公，少时为术，能制蛇御虎。佩赤金刀，以绛缯束发，立兴云雾，坐成山河。及衰老，气力羸惫，饮酒过度，不能复行其术。秦末有白虎见于东海，黄公乃以赤刀往厌之，术既不行，遂为虎所杀。三辅人俗用以为戏。汉帝亦取以为角抵之戏焉②。

同故事还见于《搜神记》卷二"鞠道龙"。此前大多学者都从中国戏剧起源的角度来谈"东海黄公"的故事③，很少注意到东海地区作为东部滨海区域异域文化传入的可能性。西域文化并非只是在张骞通西域后由陆上丝绸之路传入中国的，实际上，民间贸易一般来说比政府贸易要早，而且在交通工具还不是非常发达的年代，船既可以装载更多的货物，又可以省去不必要的人力。而商人在贸易的同时为了搞好双方的关

① 参见王青《论西域文化对魏晋南北朝道教的影响》，《世界宗教研究》1999年第3期。

② （晋）葛洪等撰：《古今逸史精编·西京杂记等八种》，熊宪光选辑、点校，《西京杂记》卷3，重庆出版社2000年版，第117页。

③ 可参见王廷信《从早期宗教角度研究戏剧形式发生的逻辑顺序》，《艺术百家》2001年第4期；吴家荣《道教与古典戏曲》，《文史杂志》2001年第1期；吴国钦《〈东海黄公〉与"粤祝"》，《中山大学学报》（社会科学版）2003年第6期，等等。

系，往往也会互相交流各自的“特长”。因此西域方术可能很早就传入东部滨海地区，并作为奇特的表演而广泛传播。从鞠道龙关于东海黄公的说法来看，至少在秦末，海州地域的幻术已经非常盛行了。东海黄公的“制蛇御虎”即是在表演驯兽，应该是早期西域流传而来的“驯兽术”。但及至老年真正驯兽的时候，黄公却发现法术失灵，为虎所杀。东汉张衡的《西京赋》表明了对黄公下场的惋惜：

> 吞刀吐火，云雾杳冥。画地成川，流渭通泾。东海黄公，赤刀粤祝。冀厌白虎，卒不能救。挟邪作蛊，于是不售①。

吴国钦考察了“东海黄公”故事出现的社会历史原因及其嘲讽方士巫师的喜剧内涵，指出它实际上是对汉武帝时期迷信方士巫师这种社会风气的反讽。他认为葛洪虽然对黄公故事的记述具体而形象，对黄公的态度也多同情与惋惜，但显然不及张衡，“挟邪作蛊，于是不售”，张衡认为黄公采用巫蛊的邪门骗术来伏虎，目的是不可能达到的②。

“黄公”故事为什么会出现在以海州为中心的地域呢？海州地域因为多山，自古以来多虎患，并有过白虎的记载。《宋书·符瑞志》中也记载“元嘉二十六年（449）四月戊戌，白虎见南琅邪半阳山，二虎随从，太守王僧达以闻”③。宋高宗绍兴年间（1131—1162），海州有二虎入城，“人射杀之，虎亦搏人”④。汪玢玲教授在研究中国虎文化的时候指出：“东海古时丛林社曾有祠虎人祭的现象”，“其历史可以追溯到考古所见三千年前将军崖岩画东夷人社祭的遗址”⑤，可见海州地域多虎患的由来已久。因多虎而有许多善于猎虎的猎人，《华阳国志》就记载了皇帝招募东海人射杀巴蜀地区白虎的事情：

---

① （南朝·梁）萧统编：《文选》，中华书局1977年版，第48—49页。

② 参见吴国钦《〈东海黄公〉与“粤祝”》，《中山大学学报》（社会科学版）2003年第6期。

③ （南朝·梁）沈约：《宋书》，中华书局1974年版，第809页。

④ 仲其臻等整理：《嘉庆海州直隶州志》卷31《祥异录》，南京大学出版社1993年版，第1198页。

⑤ 汪玢玲：《中国虎文化》，中华书局2007年版，第257页。

秦昭襄王时，白虎为害，自黔、蜀、巴、汉患之。秦王乃重募国中："有能煞虎者邑万家，金帛称之。"于是夷朐忍廖仲、药何、射虎秦精等乃作白竹弩于高楼上，射虎。中头三节。白虎常从群虎，瞋恚，尽搏煞群虎，大呴而死。秦王嘉之曰："虎历四郡，害千二百人。一朝患除，功莫大焉。"欲如约，嫌其夷人。乃刻石为盟，要：复夷人顷田不租，十妻不算；伤人者，论；煞人雇死。倓钱盟曰："秦犯夷，输黄龙一双。夷犯秦，输清酒一钟"，夷人安之。汉兴，亦从高祖定乱，有功。高祖因复之，专以射白虎为事。户岁出賨钱口四十。故世号"白虎复夷"，一曰"板楯蛮"。今所谓弜头虎子者也①。

至今海州古城区还有一座名为白虎山的小山头，虽然并不一定与"东海黄公"的故事有联系，但白虎在海州经常出现应该是由来已久的。当白虎的凶残食人附会到幻术表演的"东海黄公"故事中的时候，同样也离不开"为虎所伤"的下场。

明代黄公故事在海州的流传已经有所变形，当地人将这种表演性的戏曲故事加以演化，并为黄公立庙祭祀，事见《隆庆海州志》：

鱼骨庙，在东海城北，宋宝祐中，黄公能咒刀厌虎，因祀之，今呼为"司徒庙"。其庙梁以鲸鱼骨为之②。

总体而言，"东海黄公"故事反映了一些西域传来的幻术表演，而这些幻术表演又都是人们喜闻乐见的，因而流传较为广泛。尤其是驯兽术和使火术，可以说是西域的传统表演。驯兽术在《高僧传》中有许多记载，如卷三《译经下·求那跋摩传》云："求那跋摩，此云功德铠，本刹利种，累世为王，治在罽宾国……山本多虎灾……或时值虎，以杖按头，弄之而去"；卷九《神异上·竺佛调传》记："竺佛调者，

① （晋）常璩撰：《华阳国志校补图注》，任乃强校注，上海古籍出版社1987年版，第9—10页。

② （明）张峰纂修：《隆庆海州志》卷8《杂祠》，载《天一阁明代方志选刊》第14册，1962年12月上海古籍书店据宁波天一阁藏（明）隆庆刻本影印，第15页。

未详氏族，或云天竺人……调入石穴虎窟中宿，虎还，共卧窟前，调谓虎曰：'我夺汝处，有愧如何?'虎乃弥耳下山，从者骇惧"；同卷《耆域传》曰："耆域者，天竺人也……前行见两虎，虎弥耳调尾，域以手摩其头，虎下道而去"①，等等。而使火术在西域的兴盛主要是因为"西域各国普遍崇拜火，往往有拜火之宗教与习俗，这可能是西域诸国火技发达的原因"②。干宝的《搜神记》记载了西域胡人的使火术表演：

> 晋永嘉（307—312）中，有天竺胡人，来渡江南。其人有数术：能断舌复续，吐火。所在人士聚观。将断时，先以舌吐示宾客，然后刀截，血流覆地，乃取置器中，传以示人，视之舌头，半舌犹在，既而还取含续之。坐有顷，坐人见舌则如故，不知其实断否。其续断，取绢布，与人合执一头，对翦中断之；已而取两断合视，绢布还连续，无异故体。时人多疑以为幻，阴乃试之，真断绢也。其吐火，先有药在器中，取火一片，与黍（糖）合之，再三吹呼，已而张口，火满口中，因就爇取以炊，则火也。又取书纸及绳缕之属，投火中，众共视之，见其烧爇了尽；乃拨灰中，举而出之，故向物也③。

实际上，这里还记载了西域人"断舌复续"的幻术表演，这在今天看来也是能够吸引许多观众的。"东海黄公"故事即是受到了西域驯兽术等方术的影响，带有明显的幻术色彩。

（二）各种施法术类故事

海州地域流传的方术故事除了幻术以外，还有许多施行法术的故事。当然，方术士们也是通过一定时间的修炼才能够施行法术的，而法术的灵与不灵，也直接影响了以表现法术为主题的故事之流传。总体来

① 参见（梁）释慧皎撰《高僧传》，汤用彤校注、汤一玄整理，卷3《求那跋摩传》、卷9《竺佛调传》及《耆域传》，中华书局1992年版，第105—107页、第363页、第364—365页。

② 王青：《论西域文化对六朝仙道小说的影响》，载王青《先唐神话、宗教与文学论考》，中华书局2007年版，第228页。

③（晋）干宝：《搜神记》，汪绍楹校注，中华书局1979年版，第23页。

说，人们喜欢谈论那些较为“灵验”的施法术故事，因而相对流传的较多，而那些法术不灵的故事大多随时间的流逝而湮灭。

1. 祈雨术

海州地域历史上曾发生过多次旱灾，所以流传着许多关于祈雨术的故事。其中以“费长房”祈雨最有代表性：

> ……后东海君来见葛陂君，因淫其夫人，于是长房劾系之三年，而东海大旱。长房至海上，见其人请雨，乃谓之曰：“东海君有罪，吾前系于葛陂，今方出之使作雨也。”于是雨立注①。

这里的东海君应该是雨神，因为对葛陂君夫人无礼而被费长房“劾系”，因此东海发生旱灾三年，及至费长房见到东海人求雨的时候，才想起忘记了此前曾“劾系”东海君的事情。实际上，这里描述的正是费长房作法祈雨而雨长时间不至的谎言。法术不灵但不能为他人所知，于是编造了故事，骗取当地人的信任。

海州地域道士的祈雨能力有时候也不能为统治者所用，《搜神记》卷一记载了琅琊道士干吉祈雨仍被杀的故事：

> 孙策欲渡江袭许，与干吉俱行、时大旱……见将吏多在吉许。策因此激怒……令人缚置地上暴之，使请雨，若能感天，日中雨者，当原赦；不尔，行诛。俄而云气上蒸，肤寸而合，比至日中，大雨总至，溪涧盈溢。将士喜悦，以为吉必见原，并往庆慰，策遂杀之。将士哀惜，藏其尸。天夜，忽更兴云覆之；明旦，往视不知所在。策既杀吉，每独坐仿佛，见吉在左右，意深恶之，颇有失常。后治疮，方差而引镜自照，见吉在镜中，顾而弗见。如是再三，扑镜大叫，疮皆崩裂，须臾而死（吉，琅邪人，道士）②。

故事中的干吉与得神书《太平经》的时候相比，明显已经带有了仙话

---

① （南朝·宋）范晔：《后汉书》，中华书局1965年版，第2744页。

② （晋）干宝：《搜神记》，汪绍楹校注，中华书局1979年版，第10—11页。

色彩，不仅可以使大雨“溪涧盈溢”，尸解后还通过镜中的影像致使孙策“疮皆崩裂，须臾而死”。干吉故事的盛行是方术士们在其法术不能为统治者所用的时候，采用这样一种带有恐吓性质的故事编造来进行法术宣传。

2. 役使鬼神、卜筮等法术

祈雨故事可以说是与百姓生活密切相关的生活性故事。但方术士们还往往宣扬一些非凡人能为的役使鬼神的故事，以达到自神其术的目的。

> 蓑衣师者，姓张名志朴，自号阆浮子，兖州泗水人，性明悟，学玄黄飞炼之术，闻东海山水奇秀，遂隐于溪云山清霄洞，昼惟一食，身则一蓑衣。尝山行，群鹿随之，有万均者见焉，师曰：“尔国器也。”后以功授洪都统制。胶西守赵德义将之官，患航海，往祷之。师曰：“吾助汝，无忧也。”既登舟，白龙随之，一夕而达。淳祐间忧旱，乡人叩之，果大雨。宝祐甲寅二月，有鹿衔竹枝来，语人曰：“吾将逝矣!”六月果卒①。

与费长房祈雨故事相比，“蓑衣师者”故事里的祈雨较为容易一些，“乡人叩之”，即获“大雨”，与干吉的祈雨能力较为相似。但故事中也包括了役使鬼神的法术，蓑衣师“往祷之”，使龙驾舟，助“患航海”的官人过海。不仅如此，蓑衣师还有预测生死的能力。而这种占卜性的法术还有很多，“朐山道士”一则较为典型：

> 有朐山于道士者，老矣，全迎致之。初见全，即叹曰：“我业债合在此偿耶!”占事多验，尊为军师。及见全焚诰命，谓人曰：“相公死明日，我死今日矣。”……入见全曰：“相公明日出帐门必死。”全怒，以为厌己，斩之……群卒碎其（全）尸而分其鞍马

① （明）张峰纂修：《隆庆海州志》卷8《仙释》，载《天一阁明代方志选刊》第14册，1962年12月上海古籍书店据宁波天一阁藏（明）隆庆刻本影印，第7—8页；仲其臻等整理：《嘉庆海州直隶州志》卷25《人物传》，南京大学出版社1993年版，第1048页。

器甲①。

朐山于道士的卜筮能力与蓑衣师相比又进了一步，不仅预测到自己的生死，还占卜出叛贼李全的死日。而役使鬼神、卜筮等法术的施行在“张定”故事中得到了综合：

……召鬼神、化人物，无不能者。与父母往连水省亲，至县，有音乐戏剧，众皆观之，定独不往。父母曰：“此戏甚盛，亲表皆去，汝何独不看邪？”对曰：“恐尊长要看，儿不得去。”父母欲往，定曰：“此有青州大设，可亦看也。”即提一水瓶，可受二斗以来，空中无物。置于庭中，禹步绕三二匝，乃倾于庭院内，见人无数，皆长六七寸。官僚将吏、士女、看人，喧阗满庭。即见无比设厅戏场，局筵队仗，音乐百戏，楼阁车棚，无不精审。……又能自以刀剑剪割手足，刳剔五脏，分挂四壁。良久，自复其身，晏然无苦。每见图障屏风，有人物音乐者，以手指之，皆能飞走歌舞，言笑趋动，与真无异。……临去白父母曰：“若有意念，儿自归来，无深虑也。”如是父母念之，即便还家，寻复飞去。一日谓父母曰：“十六年后，广陵为瓦砾矣。可移家海州，以就福地。”留丹二粒与父母，曰：“服之百余年无疾。”自此不复归。父母服丹，神气轻爽，饮食嗜好，倍于少壮者，遂移居海州。乾符中，父母犹在②。

应该说张定故事是综合了多种方术的结果，不仅有可以“召鬼神、化人物”的法术，最后得道飞升之时告诉父母“十六年后，广陵为瓦砾矣。可移家海州，以就福地”，并“留丹二粒与父母”，也反映了卜筮预测之术。道教经典《云笈七签·洞天福地部》记载了道教修炼时候的十大洞天、三十六小洞天和七十二福地，而海州东海山（即郁洲山）为七十二福地之一：“夫道本虚无，因恍惚而有物气，元冲始，乘运化而分形。精象玄著，列宫阙于清景；幽质潜凝，开洞府于名山……太上

① （元）脱脱等撰：《宋史》，中华书局1977年版，第13847—13848页。

② （宋）李昉等编：《太平广记》，中华书局1961年版，第464—465页。

曰：其次七十二福地，在大地名山之间。上帝命真人治之，其间多得道之所……第七十二东海山，在海州东二十五里，属王真人治之。”① 看来，海州在方士们的眼中，早已经是一块非常重要的“福地”。而张定的“以刀剑剪割手足，刳剔五脏，良久，自复其身”幻术，很明显也来自西域。《汉书·张骞列传》中言：“大宛诸国发使随汉使来，观汉广大，以大鸟卵及黎轩炫人献于汉，师古曰：‘眩，读与幻同。即今吞刀吐火，植瓜种树，屠人截马之术皆是也。本从西域来’”②；《后汉书·西南夷列传》云：“永宁元年，掸国王雍由调复遣使者诣阙朝贺，献乐及幻人，能变化吐火，自支解，易牛马头。”③ 这里所说的“屠人”、“自支解”即是被道教徒借用的自断手足、“刳剔五脏”，然后自复的幻术。

海州地域流行的法术远不止这些，其他诸如咒禁、阴阳历数、天文卜算、奇门遁甲等皆有所记载，如“换头”故事④、“麻姑撒米成珠”⑤ 故事等。因为普通大众的知识有限，迫于许多怪事很难理解，于是这些故事在民间流传得越来越广泛，甚至到了清朝，依然还存在宣扬法术的故事：

> 吴恒宣，字来旬，山阳人，居板浦，……居无何，忽精六壬奇门术，多奇中。喜谈兵，善歌。自称青藤后身，寿张民王伦之乱，上书山东巡抚徐绩，条战守十八事。后漕督崔应阶读其稿，叹为奇才，延入幕。崔公卒，郁郁无所遇，久之发病死。撰《郁洲山人集》、《云台山志》。晚年喜作传奇，今所传《义贞记》、《无双记》皆其笔。所得六壬书甚密，或云恒宣在京师感奇梦，于慈仁寺肆上得之⑥。

---

① （宋）张君房：《云笈七签》卷27，“洞天福地部”之“天地宫府图”，书目文献出版社1992年版，第208—213页。

② （汉）班固：《汉书》，中华书局1962年版，第2696页。

③ （南朝·宋）范晔：《后汉书》，中华书局1965年版，第2851页。

④ （宋）李昉等编：《太平广记》，中华书局1961年版，第2852页。

⑤ 同上书，第369—370页。

⑥ 仲其臻等整理：《嘉庆海州直隶州志》卷25《人物传》，南京大学出版社1993年版，第1050页。

总体来看，海州地域作为东海最重要的门户，很早就受到西域各国方技术数的影响。其中部分的技艺被道教徒借用，如“换头”即来自西域的“易牛马头”，断舌复续、自断手足、自刳腹胃等即来自西域的“屠人”、“自支解”等幻术，而“吞刀吐火”也成了当时民间艺人常有的表演技艺。傅起凤指出“西域幻术，多是形象残酷的节目”，“均为血淋淋的玩艺”，后世虽然屡有出现，但流传不广，只有“种瓜”技艺“为中国观众所喜好而流传至今”①。但是我们也应该注意到正是这些幻术的东来，使得中国的各种方技术数不断更新，促进了汉代百戏的走向成熟。

① 傅起凤、傅腾龙：《中国杂技史》，上海人民出版社2004年版，第61—62页。

第三章

民俗佛教与海州

关于佛教传入中国的时间，学术界已经基本达成一致意见，认同为两汉之际。佛教的传入对中国的影响可谓深远，从统治阶级到普通大众，从思想信仰到日常生活。而作为外来文化，佛教在传入之初却因为各种不利因素的存在而依附于道教。作为中国最东部的海港城市——海州同样也受到早期佛教思想的影响。从目前佛教遗迹以及古籍记载来看，海州佛教的传入并非是在张骞通西域之后由西部渐渐渗入，而是随着早期海上丝绸之路的日益拓展，西域佛教徒直接从海路进入，并在沿海地区传经授徒，而后逐渐向徐州等地区扩散。

第一节　佛教传入海州

不能否认，佛教传入海州与海上贸易有密切的关系，“可以说哪里有印度或中亚的商人，哪里就有佛教，中印海上贸易，必然促进佛教向中国传播”①。在陆路丝路通畅以后，中原与西域各国之间思想文化交流日益频繁，佛教徒们随之进入内地的可能性非常大。但由于道路的坎坷和交通工具的限制，佛教徒们要想到达洛阳经济中心，依然会面临重重的艰难险阻，因此也有许多佛教徒选择海路来华。乘船顺风不仅速度快，而且沿途可以经过许多地方，自由地选择上岸地点，并在那里授徒宣佛。

---

① 吴廷璆、郑彭年：《佛教海上传入中国之研究》，《历史研究》1995 年第 2 期。

一 佛教从海路传入

我国著名的历史学家严耕望先生对我国汉末以及魏晋南北朝时期的佛教地理分布作过研究，他指出："东汉末年洛阳以东徐土佛教信仰必已相当普遍"，"南阳、颍川、许昌、梁国、会稽、南海、苍梧、交趾等地皆已有佛教踪迹"[①]，并汇出了东汉末年佛教流布区域图（见下图）[②]，荷兰学者许理和所标出的汉末佛教分布区域图与严先生所标出的佛教分布区域极其吻合[③]。从图上标出的佛教流布区域来看，主要集中在洛阳及以东地区，西部和北部为空白区，而南部有极少地区佛教传播，这就不得不使我们认为早期的佛教传入应该是沿着南海区域入东海北上，至黄海海州湾地区登陆，向西入徐州、洛阳等地。由于沿海交通的顺畅，早期佛教徒多随着商船来华传教，因此佛教的来华路线与海上丝绸之路的路线应该是重合的，而海州朐港"正是早期海上丝绸之路的一个重要港口"[④]。这是海州作为最早佛教传入地之一的第一条有力证据。

证据之二是目前我国发现的最早佛教石刻在海州地域。最早有地域可查的佛教记载是"尚浮屠之仁祠"的楚王英。虽然《后汉书》并未明确说明其封地地域，但列传中记载了因为他的母亲许美人不得宠，所以他的封地最小，至建武三十年（54），"以临淮之取虑、须昌二县益楚国。……永平十五年（72），帝幸彭城，见许太后及英妻子于内殿，……章和元年（87），帝幸彭城，见英夫人及六子"，颜师古注曰："取虑，县，故城在今泗州下邳县西南。"[⑤] 由此而言，楚王英的封地大概在今徐州、淮阴一带，与海州毗连。早期这一带信奉的佛教只能是从海路传来，而海州正是这一带的海上门户。而且，据目前学者们对海州孔望山摩崖石刻的研究来看，比较一致的意见是认为摩崖石刻融合了世

---

① 严耕望：《魏晋南北朝佛教地理史稿》，上海古籍出版社2007年版，第3—4页。

② 同上书，第5—6页。

③ ［荷］许理和：《佛教征服中国》，李四龙、裴勇等译，江苏人民出版社1998年版，第57页。

④ 林树中：《早期佛像输入中国的路线与民族化民俗化》，《东南文化》1994年第1期。

⑤ （南朝·宋）范晔：《后汉书》，中华书局1965年版，第1428—1430页。

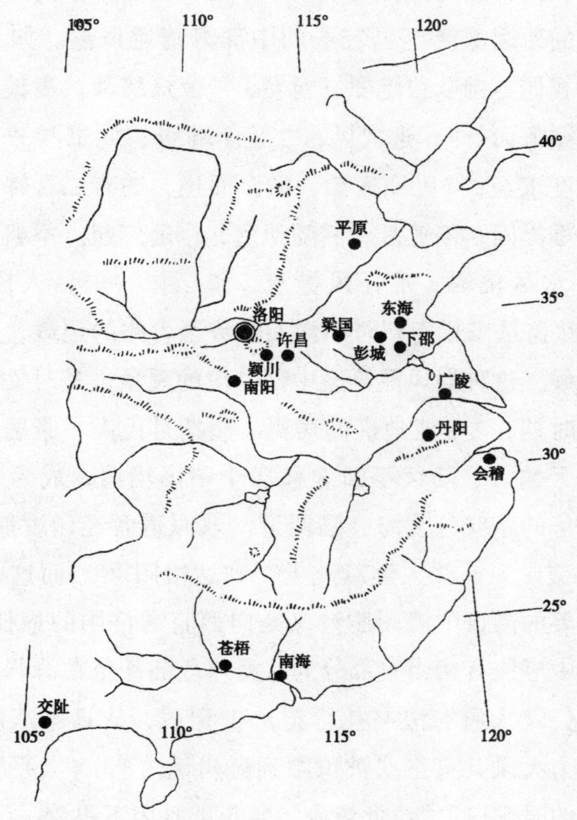

汉末佛教流布区域图

俗道教的佛教图，也与“诵黄老之微言，尚浮屠之仁祠”的记载颇为相符。直到后来楚王英因罪迁徙丹阳，佛教才随之传入江南地区。关于此，汤用彤先生有所论述：“永平十三年，英以罪废徙丹阳泾县（今南京西南安徽辖境），赐汤沐邑五百，从英南徙者数千人（《明帝本纪》及《金楼子》卷三）。佛教或因之益流布江南。故汉末丹阳人笮融，在徐州、广陵间大起浮屠寺。夫笮融为丹阳人，而在徐州（即彭城）、广陵间佛事若是之盛，丹阳为英所徙之地，徐州为楚国治所，不能谓与之无关系也。”①

海州为最早的佛教传入区之一还有一条证据是，海州朐港是海风较

① 汤用彤：《汉魏两晋南北朝佛教史》上册，中华书局1983年版，第58页。

弱的避风港。因为航海条件的限制，乘船由南海来华的僧人常常会因为风向或海流的原因漂流至风较弱的中部海湾避风港。如《高僧传》卷二记载沙门智俨与佛驮跋陀罗（觉贤）“舍众辞师，裹粮东逝……至交趾，乃附舶循海而行”，遇大风，“至青州”[①]；同书卷三记法显由陆路经西域去印度求经，“附商人舶，循海而还，舶有二百许人，值暴风水入……达耶婆提国，停五月，复随他商，东适广州。举帆二十余日，夜忽大风……水尽粮竭，唯任风漂流，忽至岸……猎人曰：‘此是青州’”[②]。虽然这是东晋南朝时期僧人漂流至青州的记载，但可以由此推测更早些时候，这种遇风漂流至中部港湾的现象也是时常发生的。况且在东汉灵帝时期，“中亚地区的居民，包括月氏人、康居人、安息人以及一部分北天竺人，陆续不断地移居于中国境内，成为一股移民的热潮。他们来华的路线分为海、陆两道。取海道者经印度航海来到交趾，一些人留居交趾，一些人继续北上，到达洛阳”[③]。而这条“北上”路线上较为重要的港口中海州朐港又是向西直通洛阳的最佳地区，因此，这一股移民中应该有相当一部分人从海州登陆甚至在海州定居。而唐代日本高僧圆仁《入唐求法巡礼行记》中记载，从日本遣唐使来华到归国，海船因为大风共有三次被迫漂到海州境内[④]。《太平寰宇记》在谈到海州朐港的时候曰：“由此渡者，每年七月内不得渡……必公事迫急，先祭请者，亦不为灾。”[⑤] 可见海州港口不仅是一个较好的避风港，还是一个常年可以出海的港口。

有此三条证据，笔者肯定，海州是最早的佛教传入地区之一。吴廷璆、郑彭年二位学者也认为“佛教最早不可能经由滇缅陆路入四川，再

---

① （梁）释慧皎撰：《高僧传》，汤用彤校注、汤一玄整理，中华书局 1992 年版，第 70 页。

② 同上书，第 89—90 页。

③ 马雍：《东汉后期中亚人来华考》，《新疆大学学报》（哲学人文社会科学版）1984 年第 2 期。

④ 具体可参见［日］释圆仁《入唐求法巡礼行记校注》，［日］小野胜年校注，白化文、李鼎霞、许德楠修订校注，周一良审阅，花山文艺出版社 1992 年版，第 132—138 页、第 507—508 页。

⑤ （宋）乐史：《太平寰宇记》，王文楚等点校，中华书局 2007 年版，第 465 页。

从四川传到江苏。楚王英所信的佛教只有来自海上，别无他途”，并且楚王英所信之佛教“不是经由西域诸国，而是直接从印度传来的，因为那时使用的是‘浮屠’”[①]。如果二位学者所论无误，从楚王英的封地来看，这里所指的“海上”只能是东部的海州湾。荷兰学者许理和对此也有论述：

> 大约公元一世纪中期，佛教已经渗入淮北地区、河南东部、山东南部和江苏北部。我们很容易解释帝国这一区域存在外来群体：这个区域最重要的城市彭城是一个繁华的商业中心；它实际上坐落于横跨大陆的丝绸之路从洛阳向东延伸至东南地区的大路上，而外国人习惯于从西路通过丝绸之路进入中国。此外，在西北方向它与山东琅琊相连，在东南与吴郡、会稽相连，这些都是海上贸易中心，它们经由番禺与印度支那和马来亚的海港连接。我们不能排除佛教同样沿这条路线传入的可能性[②]。

许氏所指出的彭城商业中心包括东部的海州，因为真正能通过海港与琅琊、吴郡和会稽相连的彭城地区只有东部的海州朐港。1983 年，海州花果山地区曾一次性出土过汉文帝时期窖藏的四铢半两钱约 88 市斤、14660 多枚[③]，可见当时海州朐港曾是一个繁忙的贸易集散地。但许氏也认同彭城地区的佛教从洛阳传入，对此笔者不是很赞同。佛教通过西北丝路传入河南，再由河南传入江苏，这需要很长一段时间，况且《后汉书·西域传》中没有关于西域佛教的任何记载。因此只能说彭城地区后来的部分佛教可能从洛阳传入，但早期的佛教只能如其所说，通过海上贸易中心传入，而这些贸易中心的中转站即海州朐港。

二　海州佛教特点

海州佛教的最初输入是被当作一种异域文化来对待的，与当地本来

---

① 吴廷璆、郑彭年：《佛教海上传入中国之研究》，《历史研究》1995 年第 2 期。

② ［荷］许理和：《佛教征服中国》，李四龙、裴勇等译，江苏人民出版社 1998 年版，第 38 页。

③ 李洪甫：《连云港市大村遗址中的窖藏“半两”》，《东南文化》1986 年第 1 期。

固有的早期道教思想既有融合也有冲突，在最初还不能得到当地多数人认同的情况下，它只能依附于道教而生存。因为“一种文化传到另外一种文化环境中，往往一方面需要适应原有文化的某些要求而有所变形；另外一方面也会使原有文化因受外来文化的刺激而发生变化……外来文化首先往往要适应原有文化的某些要求，依附于原有文化，其中与原有文化相近的部分比较容易传播，然后不同的部分逐渐渗透到原有文化中起作用，而对原有文化发生影响”①。初期传入中国的佛教讲“神不灭”和“因果报应”，这与海州地域早已盛行的“不死”观和“积德”升仙等观念较为相近，比较符合当地人既有的观念，因而较为容易被接纳。而佛教中的上层教义教理却得不到阐释，未能在大众中传播。只是到了东晋南北朝时期，以南京为中心的许多知识分子加入到佛教信仰的行列中，佛教才能够得以自上而下地广泛传播，并逐渐与道教在思想领域发生冲突，争夺统治地位。

目前海州发现的我国最早的孔望山摩崖石刻就是早期佛教依附于道教的典型实物。虽然对石刻的上下限时间目前还有争论，但学者们一致认同这是一处以佛教为主的石刻图像，而其中杂有的道教题材，表明当时当地人们是把佛当作神仙一样来供奉的，道教神仙观念与佛尚处在模糊时期，佛道并糅。

从汉末社会动荡至东晋南北朝政权的不断交替，海州地域的不稳定因素增加，佛教徒随之南下或北上，海州也不再是佛教徒进入内地的主要登陆点，从这一时期佛教徒们游览的路线（见东晋时代高僧游锡图和南北朝时期高僧游锡图）② 即可看出这一现象。

东晋时期高僧游览的集中区域主要是南京、会稽和长安，而到了南北朝时期，南京则成为高僧游览的最集中地区。总体来看，这一时期中原地区因为战乱不断，佛教传播相对空虚，佛教中心也由汉朝时期的洛阳转至南京，从海路来华的佛教徒们也不再从海州登岸，而是直接登陆于南京佛教中心，译经传教。隋唐及以后，由于交通工具的日益发达，

---

① 汤一介：《佛教与中国文化》，宗教文化出版社 1999 年版，第 2—4 页。

② 两幅图例分别见严耕望《魏晋南北朝佛教地理史稿》，上海古籍出版社 2007 年版，第 4、59 页。

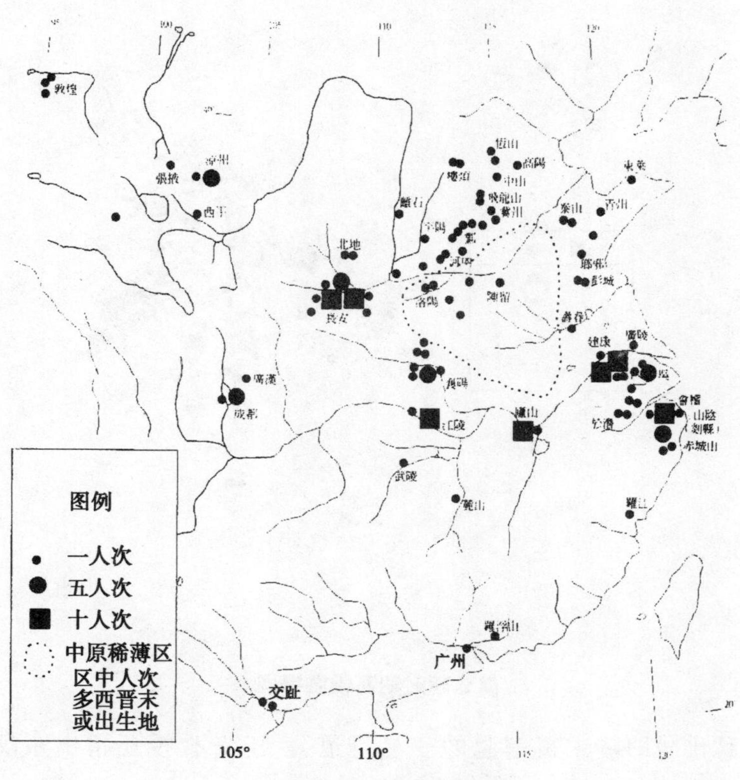

东晋时代高僧游锡图

陆路交通的日益便利，佛教高僧多从西北地区直接进入内地，东北沿海地区则成了日、朝等国佛教徒来华取经的登陆点。

由此来看，海州地域虽然是佛教最早输入地之一，但因为政治历史的变迁，此地作为传入登陆点的短暂性，使得佛教的经典教义教理并没有在这里得以流布。相反，却是早期依附于道教被“变形”了的业报轮回等与普通大众较为接近、容易理解并容易接受的观念在此扎根，民俗佛教居于主导地位。什么是民俗佛教呢？业师王青教授对此有明确的阐述，他指出民俗佛教主要有三个特点：（1）人格化、偶像化的神祇崇拜，如阿弥陀佛信仰、观音信仰等；（2）简约化、中国化的教义教理，如佛教的轮回学说被理解为善有善报、恶有恶报的直接伦理报应等，民俗佛教还编译了许多佛教人物的亲孝故事，甚至发展出一整套“慎终追远”的丧葬习俗；（3）简易化、世俗化的戒律修行，如将非常人所能为的“难行道”（如割肉贸鸽、刺血写经、焚身供养）简易为心

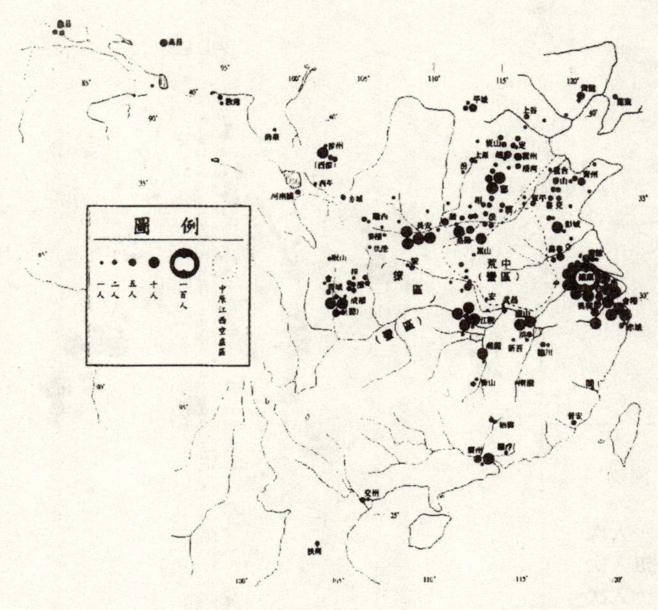

南北朝时期高僧游锡图

念、口称佛号即能求得解脱的“易行道”。王青教授还指出东汉至隋唐，“中国的佛教一直在进行着一场非常普遍的民众化运动”，大部分信奉教的民众“对于佛教的受容态度基本上局限于现实的幸福与安宁，所追求的乃是无数人的现世欲望如延年益寿、有福有运、消灾避难、死后升天等等，他们接受的最普遍的佛教观念是因果报应，而他们采取的崇信方式基本上是供奉经像、抄写经卷、布施兴福、斋戒祝祠等实践性的宗教行为”①。

海州地域的佛教信仰正如王老师所指出的那样，通过吃斋念佛等一些简易的修行方式，宣扬阿弥陀佛、观音等人格化的神，宣扬业报观念，以求消灾祈福、死后升天。而且这种信仰一直与道教融合在一起，直至明清时期三元信仰盛行以后，依然没有改变这种状况。至今云台山上三元宫（现更名为“海宁禅寺”）依然是佛道并融，不仅供奉老子、

① 王青：《魏晋南北朝时期的佛教信仰与神话》，中国社会科学出版社2001年版，第2—9页。

三元大仙等道教神像，也供奉释迦牟尼、观音菩萨等佛教神像，成为较为独特的宗教信仰地区之一。

第二节　海州地域的佛教活动

一直以来，海州虽然从未成为佛教中心，但佛教徒时常来此游山讲经，甚至建庙立塔，塑像供奉，留下了许多珍贵的佛教遗迹。由于魏晋至隋唐时期佛教一直在进行着普遍的民众化运动[①]，民俗佛教信仰开始普及，海州地域寺庙也逐渐增多。到了唐中宗神龙年间（705—707）敕令全国各州兴建佛寺，宋元明清统治阶级也多崇佛，海州佛教信仰逐渐兴盛起来。除东汉晚期的佛教石刻——孔望山摩崖造像外，海州地域比较著名的佛寺有孔望山龙兴寺（又称龙洞庵）、大村海清寺、宿城法起寺、海州南门园林寺、南城普照寺、板浦国清寺、大伊山佛陀寺等[②]。但大多因时间久长而倒塌，再加上政治历史原因，尤其是民国期间的废庙兴学，目前存有的寺庙多为新中国成立后重建或修缮。然而始建于唐而重建于北宋年间的大村海清寺塔依然矗立在云台山脚下。

一　东汉时期的佛教活动

汉末佛教传入海州以后，在当地也留下了早期的活动遗迹——孔望山摩崖石刻。石刻位于孔望山山顶的一处向阳坡上，依山的自然形式雕凿而成，东西长约 15.6 米，高约 9.7 米。共 110 余尊人像，大小不一，人像身份很难辨认，或聚集相拥，或孑然独立，图像内容颇为复杂。1980 年，国家历史博物馆的史树青先生来海州孔望山考察，最早提出了孔望山摩崖造像是佛教石刻的说法，遂引起了学术界的广泛关注。从 20 世纪 80 年代始至今，关于孔望山摩崖石刻凿刻时间问题，一直没有统一的结论。但可以肯定的是其中部分石刻图像是东汉晚期雕刻，比敦

① 王青：《魏晋南北朝时期的佛教信仰与神话》，中国社会科学出版社 2001 年版，第 4 页。

② 参见张传藻、刘洪石《独特的宗教文化》，载俞素娥、张良群主编《古今连云港》，中国文史出版社 1998 年版，第 12—14 页。

煌莫高窟还要早200多年。至于图像的题材问题，除了个别图像的归属还存有疑问外，学术界基本认同这是一处包含了世俗道教内容的佛教石刻。

孔望山摩崖石刻实测图

（一）对孔望山摩崖造像的断代

关于孔望山摩崖造像的凿刻年代，历来学者争论较多，多数认为是东汉晚期凿刻而成①，他们的主要论据是：孔望山造像的题材中有佛经和佛教故事内容，而东汉晚期安息人安世高已经开始了佛经和佛教故事翻译；造像之雕刻手法类似东汉画像石，并且摩崖造像群附近还有"石象"、"石蟾蜍"等典型的汉代圆雕石刻。

从目前孔望山地区陆续发现或发掘的汉代遗迹来看，孔望山摩崖石刻雕凿于东汉晚期是非常有可能的。清朝时候已经有人注意到了这一石刻群可能为汉代凿刻，《嘉庆海州直隶州志》卷11"山川考·孔望山"

① 可参见李洪甫《孔望山汉代摩崖画像石刻》，《徐州师范学院学报》（哲学社会科学版）1980年第1期；李洪甫：《孔望山佛教造像的内容及其背景》，《法音》1981年第4期；李洪甫：《孔望山造像中部分题材的考订》，《文物》1982年第9期；俞伟超、信立祥：《孔望山摩崖造像的年代考察》，《文物》1981年第7期；连云港市博物馆：《连云港孔望山摩崖造像调查报告》，《文物》1981年第7期；阎文儒：《孔望山佛教造像的题材》，《文物》1981年第7期；步连生：《孔望山东汉佛教造像初辨》，《文物》1982年第9期；丁义珍：《孔望山杯栟刻石考》，《文物》1984年第8期；汤池：《孔望山造像的汉画风格》，《考古》1987年第11期，等等。

引《淮安府志》云："石上有车辙迹，峭壁嶙嶙，有诸贤摩崖像，冠裳甚古，如读汉画……"① 而孔望山所在的海州地域正是我国最早的海上贸易中心之一，佛教徒很早就在这里登陆，开始传播佛教思想。《三国志·吴书·刘繇传》记载丹阳人笮融利用职权在徐州大兴佛寺②，这也是正史中第一次记载兴建佛寺佛像和一般民众信奉佛教的情况。那个时候的佛教已经随楚王英的罪徙而流布江南地区，而楚王英所奉之佛教传入途径的最大可能性就是经过东部的海上丝绸之路，而海州就是这条丝绸之路上的重要港口。况且，汉朝时期的佛教更多地依附于道教而生存，无论是楚王英还是后来的汉桓帝、汉灵帝，都是把佛当作神仙一样来供奉，海州地域人们对于早期传入的佛的态度也同样如此。由于汉末庙宇宫观制度还没有完全形成，凿刻者在这片天然大石上凿刻融合了佛道二教的神像，很可能是用来早晚膜拜的。而其凿刻内容，笔者以为是佛教徒有意将佛经故事形象化，并将其与当时道教以及民间世俗生活作对比。

但也有少数学者对东汉说提出了不同意见：阎孝慈认为"孔望山摩崖造像的成像年代不可能早至东汉，其上限大致以曹魏以后、元魏之前较妥"；阮荣春认为"无论是文物制度的时代特征和造像风格的时代精神，或客观条件的可能，都应属唐代前后"。蔡全法综合了各家观点，认为孔望山摩崖石刻确有汉代石刻因素，但主要为曹魏时期的作品，其时间上限在汉桓、灵以后，下限至三国后期以前。山东大学徐振杰博士也认为"孔望山摩崖石刻没有经过很好的规划，属于民间性质的较为随意的作品，混合了世俗生活、神仙思想和佛教的内容，因此可能包括不同时期的制作，但一般认为属于东汉末到两晋时期的作品"③。

---

① 仲其臻等整理：《嘉庆海州直隶州志》卷 11《山川考》，南京大学出版社 1993 年版，第 478 页。

② （晋）陈寿：《三国志》，（宋）裴松之注，中华书局 1959 年版，第 1185 页。

③ 参见阎孝慈《孔望山佛教造像年代考辩》，《徐州师范学院学报》（哲学社会科学版）1982 年第 3 期；阮荣春《孔望山佛教造像时代考辩》，《考古》1985 年第 1 期，阮荣春《"东汉佛教图像"质疑——与俞伟超先生商榷》，《东南文化》1986 年第 2 期；蔡全法《孔望山佛教造像的时代及其相关问题》，《华夏考古》1995 年第 2 期；徐振杰《中国早期佛教造像民族化与世俗化研究》，博士学位论文，山东大学，2006 年，第 23 页。

反对东汉说的主要依据是：题材的多样性，包括了佛教、道教以及世俗生活；汉代佛教石刻很少在东部沿海发现，佛教从西域传入中国内地，凿刻画像的年代较晚。

笔者以为，孔望山题材的多样性恰恰反映了汉末佛教初传入时期依附于道教的生存状况。关于此点，蔡全法有过论述："孔望山造像是复杂的，既有道教的因素，也有佛教和世俗的内容，但大量的是以佛教造像为主。画像中道家的神仙与佛教内容同处，是汉末石刻受佛教影响的反映，亦表明佛教初入中国是依附道教而出现的，而且当时人们是把佛作为仙来对待的，把尚未修行成佛的各种佛徒也视为'仙人'"①。根据佛教石刻的地点来否定"汉代说"更是忽视了佛教徒们随海商通过早期海上丝绸之路来海州的可能性，因而不足为凭。实际上，就整个摩崖造像群的凿刻风格而言，在大块天然石头上凿刻图像也符合汉代的圆雕手法，区别只是在于组图和单刻而已。

孔望山造像的年代为什么会出现如此巨大的分歧呢？笔者以为，温玉成先生的分析颇有道理。他指出孔望山造像年代的分歧"说明它处在中国考古学的一个模糊区，中国秦汉考古学的年代学，是建立在墓葬型制及相关器物分期的基础上，而东汉末至三国时代是一个模糊区。因此，山东沂南画像石墓的年代就有东汉末年说、西晋说及晚于汉而早于北魏说等等，迄今无定论②。考古学上'断代尺'的不精确，必然导致见解分歧。但就总体而论，孔望山造像的年代，绝大多数学者还是围绕着东汉末、三国、两晋这一时段来探索的，也就是俗话所说的'八九不离十'。至于个别学者提出的唐代说，那就太离谱了"③。

（二）孔望山摩崖石刻的题材分析

孔望山摩崖造像裸露于山体阳面，经千余年风吹日晒，至今虽稍有

① 蔡全法：《孔望山佛教造像的时代及其相关问题》，《华夏考古》1995年第2期。

② 任继愈先生认为沂南汉画像石墓除去反映生活宴饮祭祀等题材外，都是与中国传统的神仙信仰有关的作品，如西王母、东王公、蛇身的伏羲、女娲，以及朱雀、白虎及各种奇禽异兽等……这个画像墓所在的地方离东汉末太平道的发源地徐州的东海郡很近，距东汉末佛教流行的重要地区徐州的下邳国也不很远。因此，这个墓的造像题材受到原始道教和佛教的影响是十分自然的。参见任继愈主编《中国佛教史》第一卷，中国社会科学出版社1981年版，第185页。

③ 温玉成：《孔望山摩崖造像研究总论》，《敦煌研究》2003年第5期。

模糊，但依然清晰可辨。从石刻人物形象的衣着服饰及姿态神情来看，这是一组融合了道教题材以及世俗百姓生活的佛教石刻图像。道教与佛教杂糅也与早期佛教依附于道教生存的状况符合，而雕刻者的思想中可能也包含了神仙信仰和释迦牟尼信仰。

在这组石刻群像中，佛像最多，或立、或坐、或卧。其中立佛或双手作施无畏印，或头顶刻有佛教造像中常见的“高肉髻”，或头顶绕以佛教色彩的头光；而坐佛常有胡人侧座而侍，坐势多为盘腿的“结跏趺坐”，并且多有高肉髻，手施无畏印；表现卧佛题材的刻像中有一组图，处于整个摩崖造像正中，共42幅人像，可能为佛家常说的“涅槃”图：入涅的释迦半身仰卧，表情庄肃，身穿圆领衣，头作高肉髻，面前还凿有两个圆窝型的灯碗，其余40余个头像即为弟子图像，虽然衣着各异，但都面向卧佛，神情凄楚①。关于这组图像，徐振杰博士指出，“‘涅槃图’多是世俗人物，而在大乘涅槃经中的哀众有世俗人物，所以一般认为这幅画有可能是汉末三国支谶大乘学盛行时期雕刻的”②。佛经翻译之前，佛教徒通过形象的刻像表现涅槃经中的“哀众”也是有可能的，并不一定要在支谶大乘学盛行时期才有雕刻。而且在汉代，“佛弟子并非都剃发，围绕佛的众弟子是俗人俗相”也是合情理的③。卧佛中还有一尊瘦骨嶙峋的苦行者像，与释迦像的丰满形成鲜明对比，疑为佛经中所说的“舍身饲虎”场面④。

此外，摩崖石刻图像中还有一些为侍佛供养人的图像，这些供养人多为胡人形象，深目高鼻，头戴单翅冠，或席地而坐，或手持三瓣莲花。另外，刻像中的一组“叠罗汉”表演像应该是属于世俗生活内容，表现了汉末“百戏”在百姓生活中的广为流传。

目前学术界有较大分歧的是三尊大石刻像的归属问题。

20世纪八九十年代，已经有学者开始关注这组摩崖石刻群中三尊

---

① 参见李洪甫《孔望山佛教造像的内容及其背景》，《法音》1981年第4期。

② 徐振杰：《中国早期佛教造像民族化与世俗化研究》，博士学位论文，山东大学，2006年，第65页。

③ 阎文孺：《孔望山佛教造像的题材》，《文物》1981年第7期。

④ “涅槃图”说和“舍身饲虎图”说可参见汤池《孔望山造像的汉画风格》，《考古》1987年第11期。

较大的石刻图像归属问题：南京艺术学院春申接连写了《孔望山摩崖三尊大石刻造像之考证》、《孔望山摩崖三尊大石刻考证》两篇文章，根据海州地域“三官”信仰的普遍性猜测三尊大石刻为“三官”①；中国历史博物馆信立祥先生则从汉代浮屠与黄老合祀的角度论证这三尊像分别为黄帝、老子、佛陀②。21世纪初，中国社会科学院李正晓博士在研究中国内地佛教造像的时候沿用了信立祥先生的观点，他说：“孔望山佛教摩崖造像的题材反映出‘黄老浮屠’和以老子像的出现为‘浮屠老子’的内容在一起的转换时期，有关‘黄老浮屠’的像即所谓最大的三尊为造像中最高、最中心位置”③；河南龙门石窟研究院温玉成先生通过石刻的图像形象及当地的早期信仰确认三尊石刻像分别为：老子、孔子、东王公④；而仝涛则认为“西王母+佛教图像”模式在汉代是比较流行的方式，并且在中国南北并行，其中被认为是东王公的刻石图像应该是“西王母”像⑤。这幅图像位于摩崖造像正中最上方独立的崖石上，图像的正前方的160米处，镌刻有一只巨大的石蟾蜍。而一般的汉画像中也常常在西王母像前刻有浮雕或线刻蟾蜍。因为孔望山摩崖造像是一个开阔的空间画面，故而在远离造像的前方山脚下，雕凿这只石蟾蜍。由此，李洪甫先生也认为这幅图像是西王母像⑥。

西王母像一说颇有道理，因为两汉之际西王母崇拜在海州地域已经非常盛行。刘宗迪通过春秋战国时期《管子》等书中关于“王母”的记载以及现代考古发现关于西王母的分布多为早期太平道和五斗米道盛行地区的分析，认为“中国境内的东部而不是中国境内的西部或中国之外的西域才是西王母信仰的原发地，西王母信仰是自东向西传播的……

① 春申：《孔望山摩崖三尊大石刻造像之考证》，《东南文化》1986年1期；春申：《孔望山摩崖三尊大石刻考证》，《东南文化》1990年2期。

② 信立祥：《孔望山摩崖造像中的道教人物考》，《中国历史博物馆馆刊》1997年第2期。

③ 李正晓：《中国内地佛教造像研究》，博士学位论文，中国社会科学院研究生院，2002年，第68页。

④ 温玉成：《孔望山摩崖造像研究总论》，《敦煌研究》2003年第5期。

⑤ 仝涛：《东汉“西王母+佛教图像”模式的初步考察》，《四川文物》2003年第6期。

⑥ 参见李洪甫《海州石刻》，文物出版社1990年版，第27—28页。

直到东汉，西王母信仰和崇祀仪式作为一种民间习俗仍主要是在东方流行，……东土是西王母信仰的诞生之地，自然也就有其流行和延续的土壤，一种根深蒂固的信仰和习俗不会随着文人的误解和王者的意志而转移”[1]。姚圣良博士认为西汉晚期社会弥漫的灾异意识使人们把神仙救世的希望寄托于西王母身上，并在民间兴起了祭祀西王母的活动[2]。《汉书·五行志》云：“哀帝建平四年正月，民惊走，持槁或椒一枚，传相付与，曰行诏筹。道中相过逢多至千数，或被发徒践，或夜折关，或逾墙入，或乘车骑奔驰，以置驿传行，经历郡国二十六，至京师。其夏，京师郡国民聚会里巷阡陌，设（祭）张博具，歌舞祠西王母。又传书曰：‘母告百姓，佩此书者不死。不信我言，视门枢下，当有白发。’至秋止。”[3]《汉书·哀帝纪》亦云：“（汉哀帝建平）四年春，大旱。关东民传行西王母筹，经历郡国，西入关至京师。民又会聚祠西王母，或夜持火上屋，击鼓号呼相惊恐。”[4]

但是要想弄清这三尊较大凿像的明确归属，尚需进一步的考证。从孔望山地区目前的考古发掘以及史籍中关于此地早期宗教信仰的记载来看，**三尊较大的石刻图像最有可能是西王母、老子和佛陀**。

也有学者认为孔望山摩崖造像是一处太平道的造像，造像中的佛教内容有“弃妻图”、“乞粪图”和“乞食图”，并且是被用作反面教材来教育太平道的信奉者的[5]。这种说法不无道理，因为海州地域本就是《太平经》的起源地，太平道教众在此雕刻图像似乎是顺理成章的事情。但是我们还不能忽视摩崖造像东端庞大的汉代圆雕石象，而象在佛教故事中有着十分重要的地位。

这块圆雕石象长约 5 米，高 2 米有余，在石象左腹前腿后刻有持钩“象奴”，头梳丁字发髻，双足系脚链（石象前两腿也系铁链），右手持铁钩，形状与河南、四川等地东汉画象石上的驯象奴相同。明朝徐元太

① 刘宗迪：《西王母神话地域渊源考》，《民俗研究》2005 年第 2 期。

② 姚圣良：《先秦两汉神仙思想与文学》，博士学位论文，山东大学，2006 年，第 138 页。

③ （汉）班固：《汉书》，中华书局 1963 年版，第 1476 页。

④ 同上书，第 342 页。

⑤ 温玉成：《孔望山摩崖造像内容试析》，《中国历史博物馆馆刊》1985 年第 2 期。

象石

《喻林》卷81记载："佛问居士调象之法有几事乎。答曰：常以三事用调大象。何谓为三。一者刚钩钩口著其靽。二者减食常令饥瘦。三者捶杖加其楚痛。以此三事乃得调良。又问施此三事何所摄治也。曰铁钩钩口以制强。口不与食饮以制身犷。如捶杖者。以伏其心正尔便调。"① 东汉王充《论衡·物势篇》曰："长仞之象，为越僮所钩……"② 而大象与佛又有什么关系呢?《洛阳伽蓝记》中记载："（长秋寺）北有蒙汜池，夏则有水，冬则竭矣。中有三层浮图一所，金盘灵刹，曜诸城内。作六牙白象负释迦在虚空中。……四月四日，此像常出，辟邪师子导引其前。吞刀吐火，腾骧一面；彩幢上索，诡谲不常。奇伎异服，冠於都市。像停之处，观者如堵，迭相践跃，常有死人。"③ 《法苑珠林》卷14"千佛篇"引《因果经》云："尔时菩萨欲降母胎，即乘六牙白象发兜率宫，……以四月八日明星出时，降神母胎。"④ 由此来看，白象是佛教徒常乘的坐骑，而海州地域汉代并没有关于白象的记载，因此，这座石像圆雕应该与摩崖造像是一体的，雕刻于同一时期，并印证着摩崖造像的佛教主题。而据目前对象石的考证而言，其左前腿凹进去的部分刻有"永平四年四月篆"字样。"永平"年号历史上有三个皇帝使用

① （明）徐元太撰：《喻林》卷81"德行门"，载《四库全书》959册，"子部"11，"类书类"，第290页。

② 北京大学历史系《论衡》注释小组：《论衡注释》，中华书局1979年版，第214页。

③ （北魏）杨炫之撰：《洛阳伽蓝记校笺》，杨勇校笺，中国书局2006年版，第44页。

④ （唐）释道世撰：《法苑珠林》卷14，"千佛篇"第5之2"降胎部"，载《四库全书》1049册，"子部"13，"释家类"，第198页。

过，北魏宣武帝元恪、西晋惠帝司马衷、东汉明帝刘庄。北魏政权是游牧民族，没有必要在地处边远的东南沿海修建孔望山造像；西晋惠帝的永平年号只用了一年，无永平四年。因此，象石凿刻年代最有可能的是东汉明帝永平四年（即公元61年）①。

总体而言，孔望山摩崖造像是一处规模较大的汉代佛教造像群。但因为摩崖造像的部分内容没有可比较的对象，再加上摩崖这个特殊情况，因而破解所有石刻内容的工作还有待继续进行。笔者现将前人对孔望山研究的状况列表，作为附件内容，以供参考。

二　南北朝时期的佛教活动

除汉末孔望山摩崖石刻外，海州地域还发现了南北朝时期的佛教活动遗迹，现名龙洞庵的原址处就曾出土过北齐时期的佛教造像。1961年海州师范生在龙洞庵附近土层中采集到七尊北朝时期的佛造像，三尊完整，四尊残缺：一尊高浮雕头像的石料并非本地，雕刻手法与云冈石窟相近，疑为北魏时期从南方流入本地；另外几尊皆为北齐年间造像，其中三尊完整的造像中两尊有确切的纪年，一为普通佛造像，背铭记“武平二年（571）四月为父母及像一躯”，另一为立佛像，背铭记“武平三年十二（月）八日请僧□□弟子□其上为□造石像一躯”，而另一尊完整的佛造像背面本来也有铭文，出土时候学生不够重视而抹掉。除此以外，海州结核病医院还出土过一件东魏武定元年（543）的四面造像幢，其中一面菩萨像莲花座下有“大魏武定元年”铭记。四面佛多有莲花持托，身着袈裟，结跏趺坐，应该是供僧尼观像用。从发掘过程来看，这些造像大都被匆匆掩埋，可能与北周武帝灭佛、寺庙改民居有关②。这些佛教造像的出土足以证明海州地域至少在北朝时期佛教信仰已经较为普遍。

考察龙洞庵的历史，曾名龙兴寺，位于孔望山东侧半山腰处，靠近龙洞，因此得名。而龙洞是汉魏时期道教徒修炼的道场，因此笔者以为

---

① 具体论述可参见纪达凯《孔望山造像重大考古发现始末》，《连云港史谭》2009年第1期。

② 出土造像内容参见连云港市博物馆《孔望山出土北朝造像》，《文物》1981年第7期。

孔望山龙洞庵所在旧址历史不同时期有不同的庙宇更替，最早可能祭祀道家神仙，到了北齐时期建成佛教寺庙，唐代大兴“龙兴寺”（查唐朝有关史料，许多州县都有龙兴寺，如永州、灵州、饶州、袁州、彭州、忠州、易州、蔡州、杭州等；海州附近如青州、泗州、下邳等），寺庙经过重修，改名龙兴寺，明隆庆以后又改名龙洞庵，延续至今。现在的龙洞庵为明代建筑风格，大殿正中供奉释迦牟尼和他的两个弟子阿傩和迦叶，大殿两侧供奉的是十八罗汉。

龙洞庵所在的孔望山一直是海州地域人民宗教信仰中心之一，也是海州人民宗教信仰的历史见证。与其相连的龙洞、摩崖石刻等一起成为自古以来仙、佛教徒的共同修炼场所。至今龙洞上方岩石上还留有宋人篆刻的《游龙兴山寺题名》，虽然前几行被明代安钝题名掩盖而不全，但依然能辨认出“满损之游龙兴山寺”几字，篆书，笔法清挺[①]。今天遗留下来的关于龙兴寺的诗词虽然不多，但足以感受到文人墨客来此登高吟诵之余，流露出浓浓的禅道气息。

> 朐山压海口，永望开禅宫。元气远相合，太阳生其中。
> 豁然万里余，独为百川雄。白波走雷电，黑雾藏鱼龙。
> 变化非一状，晴明分众容。烟开秦帝桥，隐隐横残虹。
> 蓬岛如在眼，羽人那可逢。偶闻真僧言，甚与静者同。
> 幽意颇相惬，赏心殊未穷。花间午时梵，云外春山钟。
> 谁念遽成别，自怜归所从。他时相忆处，惆怅西南峰[②]。

三　唐宋以来的佛教活动

唐朝以后虽也偶有排佛事件发生，但大多统治阶级对佛教的态度是积极的，因而从总体上说，全国范围内的佛教活动蓬勃发展。作为佛教最早传入地区之一的海州，由于海上交通的便利，也成为日、韩等国佛

① 仲其臻等整理：《嘉庆海州直隶州志》卷28《金石录》，南京大学出版社1993年版，第1112页。

② 《全唐诗》第149卷，中华书局编辑部1999点校本，第1545—1546页。

教徒来华求法的重要通道之一。因而海州地域的佛教活动较为兴盛，留下了许多重要的宝贵遗迹。

（一）海清寺阿育王塔

海清寺阿育王塔（以下简称海清寺塔）位于云台山下大村水库旁。今存古塔建于北宋天圣元年（1023）至九年（1031），塔身为八面九级，高约40米，是苏北现存最早、最高的一座佛塔。据嵌在塔内壁上的碑文记载，此塔原址上曾建有过一座塔，并号称“大唐第二至尊”，可见海清寺塔的建造始于唐朝。

海清寺阿育王塔

据《嘉庆海州直隶州志》记载：“海清寺，在大村东北。《顾志》：峻宇修廊，万山环拱，门首浮屠九级，矗兀层霄，创于宋天圣元年。”[①]《云台新志》补曰：“今按寺已久废，惟塔尚存，塔旁有大杏树[②]，垂阴数丈，土人以为唐宋时物”，明顾乾在“云台山三十六景”之“古塔穿云”中述海清寺塔云：“大村海清寺旁古塔高耸云间，远近瞻仰。”[③] 至今还能见到许多供奉者的石碑记碣文，如《海清寺塔柳峦记碣》：“维

① 唐仲冕【按】：寺即宋刘居实题名所谓“投宿海清宫”是也。见仲其臻等整理《嘉庆海州直隶州志》卷29《寺观录》，第1167页。

② “大杏树”指云台山地区目前存活的最古老树种之一“银杏”。

③ 分别引自《云台新志》第二册卷9《寺观》上，卷8《胜迹》下，载《中国方志丛书·华中地方（第157号）》，据（清）许乔林纂辑，（清）道光十一年修，（清）光绪二十四年重刊本影印，成文出版社有限公司印行，第485、413页。

天圣元年岁次癸亥，十月辛酉朔八日戊辰，建塔都维那[①]柳峦，纠化同会弟子史玩、刘仁制、郭忻……修设感圣恩起塔大斋一十三会，再会转化千名，赴斋施主每名钱一百文足，添兴释迦真身舍利阿育王灵牙宝塔。窃以此塔镇在海城灵基山东南角，大唐第二至尊……”《海清寺塔纠会记碣》：“南赡部洲大宋国海州东海县造塔维那柳峦，伏为建造阿育王真身舍利宝塔，将发愿心，纠会县界”；《海清寺塔盛延德等记碣》：“朐山县西山东保上林村施主盛延德与阖家眷属等，谨舍净财一百贯文足，于东海县海清寺舍利塔上，同添修建，同付胜刊，上祝皇帝皇太后万岁，重臣千秋，文武官僚保安禄位。次愿延德阖家眷属等朝纳百祥，常逢善友……”；《海清寺塔县令苏可久等记碣》：“东海知县碑记。朝散大夫行东海县令苏可久舍铃一□[②]，砖七百三十三□，资荐亡妣亡父。……”；《海清寺塔单和记碣》：“南赡部洲大宋国海州怀仁县东南保新兴村清信弟子单和并合家眷属等，共发宏心，舍钱一百仟□□□贯足，同修东海舍利塔第一给……”[③] 由此来看，宋天圣元年建造此塔时，在寺僧多次大斋募化的同时，附近各县有许多善男信女纷纷捐钱捐物，祈求菩萨保佑阖家安康。这些记碣在建塔时嵌在塔内四周，以供教徒或信众瞻仰。

1974年，连云港市博物馆牵头组织相关人员对海清寺塔进行修缮，施工过程中从塔心柱下发现了长方形砖室，共出土文物27件，如石函、铁匣、鎏金银棺、银精舍、青瓷葫芦瓶、鎏金铜佛铜兽、银圆盒、佛骨（16块）、佛牙（1颗）、琉璃瓶、舍利子（共1000余颗，其中2颗为真身舍利）、银丝一扎、铜币1288枚（汉代五铢与大泉五十共15枚，半两钱7枚，开元通宝348枚，乾元通宝11枚，周元通宝2枚，唐国通宝2枚，宋元通宝52枚，至道元宝97枚，咸平元宝132枚，景纯元宝175枚，祥符通宝361枚，天禧通宝22枚）、水晶石（2块）以及线香、雄黄等。其中有铭文的有：银方匣——盖上铭文曰“佛真身舍利两

① “都维那”原指各寺管理僧众的和尚，此处指掌管建塔的总管和尚。

② “□”为当时俗写的省略符号，可代替各种度量的基本单位，计铃则为“枚”，计砖则为“块”。

③ 仲其臻等整理：《嘉庆海州直隶州志》卷28《金石录》，南京大学出版社1993年版，第1109—1111页。

颗永同供养进士傅昙一家发心共施”，匣前铭文曰“阖家等施傅昙男安仁傅氏大娘傅氏二娘傅氏三娘同达孟氏与女儿同施”，匣后铭文曰“大宋国海州西市界进士傅昙天圣四年四月八日安”；银棺——棺后铭文曰“海州西市界谢□□与弟子谢咏母亲吴氏八娘新妇李氏二娘来福红莲冯一娘阖家等特发心之愿立等愿心早随及须□障下生一会结来生之果天圣四年三月廿日”[①]。这些出土文物对研究北宋时期佛教信仰、生活风俗以及货币流通、工艺美术等，都有重要价值。

阿育王塔传入我国最早见于西晋太康年间，事见《法苑珠林》[②]：

> 初西晋会稽鄮县塔寺。……晋太康二年有并州离石人刘萨何者，生在田家弋猎为业，得病死苏。见一胡僧语何曰：“汝罪重应入地狱，吾悯汝无识且放，今洛下齐城丹阳会稽，并有古塔及浮江石像，悉阿育王所造，可勤求礼忏，得免此苦。”既醒之后，改革前习，出家学道，更名慧达，如言南行至会稽。海畔山泽，处处求觅，莫识基绪。……忽于中夜闻土下钟声，即迂记其处刻木为刹。三日间忽有宝塔及舍利从地踊出，灵塔相状青色似石而非石，高一尺四寸，方七寸，五层露盘，似西域于阗所造，面开窗子，四周天金，中悬铜磬，每有钟声，疑此磬也。绕塔身上并是诸佛菩萨金刚圣僧杂类等像，状极微细，瞬目注睛，乃有百千像现，面目手足咸具备焉。斯可谓神功圣迹，非人智所及也……

此后慧达于会稽建立寺庙，在此修行，成为一代高僧。海清寺塔是唐宋时期海州佛教盛行的历史见证，今列入国家重点文物保护单位。海清寺也于2006年始动工修缮扩建，为了保护历史文物，寺僧每天派专人对海清寺塔进行看管维护，不再允许游客随意进入塔内，只能在外部合影留念。

---

① 出土文物内容参见连云港市博物馆《连云港市海清寺阿育王塔文物出土记》，《文物》1981年第7期。

② （唐）释道世撰：《法苑珠林》卷51，“敬塔篇·故塔部”，载《四库全书》1049册，“子部”13，“释家类”，第758页。

（二）宿城法起寺

原法起寺位于今宿城西侧保驾山水库中，又名“法溪寺”。宋代咸淳年间（1270年前后），法起寺庙里出了个鹫峰和尚，禅寺也渐渐被人们称作鹫峰禅寺。到了明万历年间（1600年前后），连庙里的一般僧人也都被称作鹫峰僧人，鹫峰成了法起寺的代称。明朝崇祯二年，嵩乳和尚移锡法起，传法讲经。法起寺几度兴盛，至康熙五十二年建造大殿、中殿、净土阁、弥勒殿、藏经阁等二百余间，有“淮海间第一丛林”之称。抗日战争期间，法起寺被日寇炸成一片废墟，1958年修建宿城水库，废墟沦入水底①。今存法起寺为2007年新建。

关于法起寺的现代说法，笔者以为多来自明朝顾乾“云台山三十六景”的介绍。三十六景中有二景与法起寺有关：（1）山寺晨钟——法起寺在宿城山中，自汉创建，丛林极盛，晨钟暮鼓，清梵远闻，为清修胜地；（2）风磬云钟——法起取名，其义未详，钟鼎至此三四十里地，极幽僻，人迹罕游，为云台山之尾，四方商贾多向此唪诵三官经忏，钟磬之音嫋嫋，山谷间大抵前顶后顶法起皆栖僧，惟钟鼎多栖道者②。由此来看，“法起寺”之名至少在晚明年间已有，但除了清代地方史志中有记载外，其他史籍中都没有提到。《嘉庆海州直隶州志·寺观录》中记载“法起寺”：“《赵续志》③ 在宿城山中，相传鹫峰石塔建自汉时；《李志》康熙五十二年僧心慧重修，乾隆元年落成，建阁贮《藏经》，最为完整。”④ 顾乾并未提到鹫峰石塔，不知《赵续志》鹫峰石塔一说从何而来。而清李徧德《法起寺碑记》记载更为详细：

---

① 参见李洪甫、刘洪石《连云港山海奇观》，地质出版社1986年版，第61页；俞素娥、张良群主编《古今连云港》，中国文史出版社1998年版，第279页。

② 《云台新志》第二册卷8《胜迹》下，载《中国方志丛书·华中地方（第157号）》，据（清）许乔林纂辑，（清）道光十一年修，（清）光绪二十四年重刊本影印，成文出版社有限公司印行，第403—423页。

③ 海州有许多志书今已经不存，如（明）顾乾《东海志》、《云台山志》，（清）赵一琴《续云台山志》，（清）李普元增修《东海志》。而存下来的志书中常用佚失志书的作者姓来代替名，此处《赵续志》指赵一琴《续云台山志》，《李志》指李普元增修《东海志》，《顾志》常指《云台山志》。

④ 仲其臻等整理：《嘉庆海州直隶州志》卷29《寺观录》，南京大学出版社1993年版，第1168页。

云台古名胜区，其北为宿城山，绵亘三十余里，濒海地僻；迥诀尘世，宜为高隐焚修地。……有寺名法起，相传鹫峰石塔建自汉时，又据旧迹罗汉墓称，系西域康居国焚修人。近稽前明崇祯二年有崇乳和尚，在祗陀林结草，移锡法起，振起宗风。时有高太监者，为置僧田六顷，山场九处。二传至佛光和尚……有清江诞登寺灵焰和尚，为法起寺柱石。三传至省闻和尚。康熙二十五年，安广度监院。三十年，板浦商许德彰同广度请江宁石头禅院义云和尚为法起寺主持，十年圆寂，亦有中兴法起寺之志，然数椽茅屋，几顷滩田，矢志固殷，巨工难举。兹其法孙心慧，为淇源和尚嫡乳……康熙三十五年随义云师祖住本寺……至康熙四十八年募化万人缘，能以至诚感动十方。绅矜耆庶，喜助乐施，遂以经营肇造之功自任。五十二年，往松江乍浦购木，海运抵山，建大殿、中殿、天王殿、净土阁、弥勒殿、藏经楼、法堂、方丈、祖堂、仓库及群房二百余间……余官东海五年，稔知乡镇寺宇所在多有，而法起老僧，年逾七旬，风格清古，曾因岁旱祷雨，闻其于歉收之年……①

李徧德不仅云“鹫峰石塔建自汉时”，还提到了罗汉墓即康居僧人墓。但史书中并未有罗汉墓的记载，笔者以为“西域康居国焚修人”之说法由李徧德始。

地方学者李洪甫先生认为宿城《法起寺碑记》中的碑文记载是可靠的，并认为鹫峰石塔与康僧会有联系。“三国时，吴大帝孙权因康居沙门康僧会感得舍利，遂在建业（今南京）造塔，号为建初寺，时在三国吴赤乌十年（247）。碑记中把西域康居国僧人在这里‘灭度’和鹫峰石塔相联系，而且指明时间在汉，至少早于建初寺四十年。康僧会传教的路线显然是由徐海地区向南云游的。”② 而另一位地方文化人士刘毅在一篇专门介绍法起寺的论文中也说康僧会曾来过此地，并且交代了具体时间，还留有“石刻”：“东吴赤乌四年（241），康居神僧会尊者

① 仲其臻等整理：《嘉庆海州直隶州志》卷29《寺观录》，南京大学出版社1993年版，第1168页。

② 李洪甫：《孔望山佛教造像的内容及其背景》，《法音》1981年第4期。

（康僧会）来此挂锡，并留有‘饮泉留仙’石刻为记。康僧会成为法起寺历史上第一位过化高僧。”①

康僧会是否有可能来过海州呢？两晋南北朝时期经海道往来于中印之间的僧人逐渐增多，其中有姓名可考的如：昙摩耶舍（《高僧传》卷1）、佛驮跋陀（《高僧传》卷2）、罗昙无竭（《高僧传》卷3）、求那跋摩（《高僧传》卷3）、求那跋陀罗（《高僧传》卷3）、耆域（《高僧传》卷9）等。而两晋南北朝以前由印度取海道来中国的僧人，有史可查的却只有康僧会一个。据《高僧传》记载：

> 康僧会，其先康居人，世居天竺，其父因商贾移于交阯。会年十余岁，二亲并终，至孝服毕出家，励行甚峻，为人弘雅，有识量，笃志好学，明解三藏，博览六经，天文图纬，多所综涉，辩於枢机，颇属文翰。时吴地初染大法，风化未全，僧会欲使道振江左，兴立图寺。乃杖锡东游，以吴赤乌十年（248）初达建邺，营立茅茨，设像行道……②

《高僧传》中并未明言康僧会曾来过海州，查其他史书也未有记载，并且直至孙皓降晋（280）后五个月，康僧会遘疾而终，都未曾离开过吴地。但康僧会从交趾是怎样到达吴地的呢？“杖锡东游”一句交代了其行游路线。在康僧会去吴地“行道”之前，已经在西部地区游锡。如果李、刘二人所说无误的话，康僧会来海州只有一个可能：从交趾乘船至海州登岸，在此驻锡，西游后再东游至吴。但事实可能并非如此，李、刘之说有附会之嫌。因为李徧德所指的“康居国焚修人”是就“罗汉墓”而言，而康僧会却终于吴地，因此可以肯定法起寺之处的康居僧人并不是指康僧会。汉魏之际来华的康居僧人还有康巨、康孟祥、康僧铠等，但这些僧人据《高僧传》记载也都“驰于京洛”或直接“来至洛阳”③，并未来过海州，因此罗汉墓应该是一位不曾留下姓

---

① 刘毅：《法起寺再续三国文化缘》，《华人时刊》2008年第3期。

② （梁）释慧皎撰：《高僧传》，汤用彤校注、汤一玄整理，中华书局1992年版，第14—18页。

③ 同上书，第11—13页。

名的康居僧人。

无论法起寺之说后世如何附会，但至少是真实存在的，而且至晚在明朝已经有“法起”之说，或许更早至唐朝时期。虽唐朝时期文献中并没有寺名称之为“法起”的记载，但不排除因为寺庙破旧古老且处于深山幽谷中等原因而被忽略的可能性。如今的法起寺成了中、日、韩三国佛教文化交流的枢纽，并且日本也有法起寺，已经列入世界文化遗产。而日本佛教多源自中国，并于唐朝时期来华求法最盛。况且唐朝时期海州朐港已经成为东部海上丝绸之路的重要港口，随日本遣唐使来华的僧人也多有从海州路过。最著名的日本得道高僧圆仁于唐文宗开成三年（838）农历七月二日随日本第十八次遣唐使来到中国，学习佛法，探求佛理，共经历了九年零两个月，于847年九月十八日返抵日本，将所见所闻写成《入唐求法巡礼行记》。《行记》中记载日本遣唐使船只因海上暴风，连续两次起航失败，第三次共三艘使船来华，经过一个月时间的海上航行，圆仁搭乘的一号船于849年七月三十日在扬州海陵县桑田乡靠岸，而二号船则于同年九月十六日抵达海州沿岸。圆仁住在扬州的开元寺半年多，然后北上，经楚州、海州，至登州赤山法华院①。期间对在海州的经历记载较为详细：“三月二十九日……望见东南两方大海玄远，始自西北山岛相连，即是海州管内东极矣。申时，到海州管内东海县东海山东边，入澳停住。从澳近东有胡洪岛。南风切吹，摇动无喻。其东海山纯是高石重岩，临海险峻，松树丽美，甚可爱怜。自此山头有陆路到东海县，百里之程……石岩险峻，下溪登岭，未知人心好恶，疑虑无极。涉浦过泥。申时，到宿城村新罗人宅。暂憩息，便道新罗僧从密州来此之意……”② 而后在当地官衙的帮助下，四月七日到兴国寺、心静寺（尼寺），四月八日到海龙王庙，四月十三日离开向登州进发。后圆仁归国途中的日记较为简单，记载过海州时共约十天时间，“五月十四日黄昏，到海州界东海山田湾浦泊船候风”，“五月十八日，发，……漂流终日竟夜”，“五月十九日漂到海中铛脚岛边泊船”，“五

① ［日］释圆仁：《入唐求法巡礼行记校注》，［日］小野胜年校注，白化文、李鼎霞、许德楠修订校注，周一良审阅，花山文艺出版社1992年版，第1—222页。

② 同上书，第132—138页。

月二十三日，得风东渡，……却到东海山过夜”①。

从来到大唐到归国，圆仁在海州共约一个月时间，提到的海州重要地名除了东海山、胡洪岛、田湾浦、铛脚岛等外，与佛教有关的有新罗人宅、兴国寺、心静寺、海龙王庙等。而新罗人宅在宿城，应该即是明清时期的法起寺所在之处。

法起寺的所在之处是临海险峻的深山之中，因此在唐宋元时期应该只是佛教徒们的清修之地，香火并不旺盛。只是到了明清时期，经过再三修缮，形成了与三元宫可以媲美的佛教圣地。清许乔林《海州文献录》“法起寺”条记载：“一名法溪，为淮海间丛林，戒律清严，寺中多银杏、冬青、苍松、古槐、格木，大踰合抱，皆千年物也……”② 在道教颇为兴盛的海州地域，法起寺依然能够在深山之中延续至今，其生命力之顽强可想而知。如果法起寺真如明清时期地方志中记载那样，汉代已有佛塔，那么它应该与孔望山摩崖石刻为同一时期建造，海州地域佛教之通过海上丝绸之路传入又多了一条实物证据。

（三）其他佛教遗迹

除了以上所述佛教遗迹以外，海州地域还有许多不为人重视的佛教遗迹，如伊芦山落神台摩崖造像等。

落神台俗称六神台，位于灌云县伊芦乡龚庄村南伊芦山③西峰北侧，在孔望山东南约 15 公里处，面朝西南，共有造像 42 尊，分两组。有坐佛、观音菩萨、力士、供养人等：坐佛面相丰满，神态肃穆；力士鼓起腮，嘴唇肥厚，双目圆睁，形象威武，线条劲健，唐代特征十分明显。其中一组在绝顶西南下 1 米处绝壁上约 2 平方米的石窟内，石窟是由天然洞穴稍作加工而成，窟内有佛教造像 6 尊，高浮雕。其中 5 尊坐佛像，1 尊立姿力士像，像高均在 0.5 米左右，全部刻在一个高约 0.6 米、宽约 2 米的神龛内。北面 2 尊已残损，南面 4 尊面目神态尚可看清。这 6 尊佛像俗称为“六神”，因此得名“六神台”。另一组造像位

① ［日］释圆仁：《入唐求法巡礼行记校注》，［日］小野胜年校注，白化文、李鼎霞、许德楠修订校注，周一良审阅，花山文艺出版社 1992 年版，第 507—508 页。

② （清）许乔林：《海州文献录》，连云港市银联电脑印刷厂 1990 年版，第 72 页。

③ 伊芦山，古称东卢山、卢石山，也称伊莱山。相传商代贤相伊尹曾在这里结庐隐居，故称“伊庐”（亦作伊芦）。《史记》载：“项王亡将钟离昧家在伊卢。”

于石窟下方约1米处的峭壁上，共计36尊，分成多个小龛，每龛3—8尊不等，有坐像，有立像。造像早年遭过破坏，头部全被凿去。从峭壁上凿槽及方形小柱洞分布看，早期这里曾有过保护性棚式建筑，可能于唐会昌灭佛（842—845）事件中被毁。而落神台石窟势险难攀，故6像能得以保存①。

综合而言，海州地域历史上佛教遗迹颇多，大都由于历史原因被毁，只在地方志中或留有碑文，或只有方位记载（如唐时期较为兴盛的“大云寺”，今只保存有唐李邕的《大云禅寺碑文》②），文中不便一一列举，可参看“道教活动”一节中的“寺观表”。

第三节　海州地域的佛教故事

虽然佛教律宗曾传入海州地域，但长期以来，当地人们早已习惯了早期佛教的民俗化、大众化的简单修行方式，他们供奉阿弥陀佛、观音菩萨等人格化的神像，宣扬抄写经卷、多兴布施可致福寿等观念，通过这些简单可行的实践性宗教行为，来宣扬业报轮回观念，以求消灾避难，死后投胎重新为人。因此海州地域多流行因果报应、轮回转世以及各种宣佛奉佛等内容的佛教故事。

一　因果报应类故事

因果报应故事是佛教故事中数量较多的一类，其中多与中国传统的“善”与“恶”观念有联系。只要种“因”必然得“果”，得“果”以后必然也再会种下善或恶的“因”。这种因果报应观念长时间内被中国封建统治阶级用来愚弄百姓，以确保社会的稳定。而在民间，虽然人们还不能完全明白这种因果的内在联系，但故事却简单易懂，因而流传得也相当广泛。

---

① 参见李洪甫《海州石刻》，文物出版社1990年版，第34页。

② 碑文全文见仲其臻等整理《嘉庆海州直隶州志》卷28《金石录》，南京大学出版社1993年版，第1100—1102页。

（一）以“火烧糜竺院”为代表的“善报”故事

海州地域作为最早的佛教传入地，因果报应故事流传得亦颇多，其中最为典型的是“火烧糜竺院”的故事。

> 糜竺，字子仲，东海朐人也。祖世货殖，家赀巨万。尝从洛归，未至家数十里，见路次有一好新妇，从竺求寄载。行可二十余里，新妇谢去，谓竺曰：“我天使也。当往烧东海糜竺家，感君见载，故以相语。”竺因私请之。妇曰：“不可得不烧。如此，君可快去。我当缓行，日中，必火发。”竺乃急行归，达家，便移出财物。日中，而火大发①。

在海州云台山南麓，有一个不起眼的“关中村”，俗呼“糜竺院”，东侧有一大土堆，称为“糜堆”，当地人以为即是火烧后的糜家旧居遗址。《太平寰宇记》云：“牛栏村，在郁洲岛上。《郡国志》云‘糜竺放牧之所，今民祭，犹呼糜堆’”，又云：“糜竺冢，《郡国志》云：‘刻石为人马禽兽之状，名之为鬼市。’”②

糜竺是东汉末年海州最大的富翁，刘备兵败“海西”（今灌南县）后，糜竺不仅将妹妹嫁给他，还资助他钱粮及奴客，此后刘备再度兴兵。事见《三国志·蜀书八》：

> 糜竺，字子仲，东海朐人也。祖世货殖，僮客万人，赀产巨亿。后徐州牧陶谦辟为别驾从事。谦卒，竺奉谦遗命，迎先主于小沛。建安元年，吕布乘先主之出拒袁术，袭下邳，虏先主妻子。先主转军广陵海西，竺于是进妹于先主为夫人，奴客二千，金银货币以助军资；于时困匮，赖此复振。后曹公表竺领嬴郡太守，竺弟芳为彭城相，皆去官，随先主周旋。先主将适荆州，遣竺先与刘表相闻，以竺为左将军从事中郎。益州既平，拜为“安汉将军”，班在军师将军之右。竺雍容敦雅，而

① （晋）干宝：《搜神记》，汪绍楹校注，中华书局1979年版，第54页。

② （宋）乐史：《太平寰宇记》，王文楚等点校，中华书局2007年版，第462页。

于翩非所长。是以待之以上宾之礼，未尝有所统御。然赏赐优宠，无与为比。

芳为南郡太守，与关羽共事，而私好携贰，叛迎孙权，羽因覆败。竺面缚请罪，先主慰谕以兄弟罪不相及，崇待如初。竺惭恚发病，岁余卒。子威，官至虎贲中郎将。威子照，虎骑监。自竺至照，皆便弓马，善射御云①。

糜竺做官虽非所长，但因为刘备的再度“复振”皆因其所资助，因而在其兄弟糜芳“叛迎孙权”，致使关羽兵败以后，还是“崇待如初”。但糜竺终因“惭恚”而病终。糜竺死后，迁葬于家乡石棚山西麓，今尚存“安汉将军糜公墓碑”②。

糜竺故事在民间流传甚为广泛，而“火烧糜竺院”在《拾遗记》中又有了新发展，增添了“青衣童子”扑火的内容：

糜竺用陶朱公计术，日益亿万之利，赀拟王侯，有宝库千间。竺性能振生死，家马厩屋侧有古冢，中有伏尸，竺夜寻其泣声，忽见一妇人，袒背而来，云：“昔汉末为赤眉所发，扣棺见剥，今袒肉在地，垂二百余年，就将军求更深埋，并乞弊衣自掩。”竺即令为石椁瓦棺，设祭既毕，以青布裙衫，置于冢上。经一年，行于路曲，忽见前妇人葬所，青气如龙蛇之形。或有人问竺曰：“将非龙怪耶?”竺乃疑此异，乃问其家童，曰：“时见青芦杖，自然出入于门，疑其神也，不敢言。”竺为性多忌，信厌术之士，有言中忤，即加刑戮，故家童不言。

竺赀贷如丘山，不可算记，内以方诸为具。及大珠如卵，散满于庭，故谓之宝庭，而外人不得窥。数日，忽见有青衣童子数人来曰：“糜竺家当有火厄，万不遗一。赖君能恻愍枯骨，天道不辜君德，故来禳却此火，当使君财物不尽。自今已后，亦宜自卫。”竺

---

① （晋）陈寿：《三国志》，（宋）裴松之注，中华书局1959年版，第969—970页。

② 仲其臻等整理：《嘉庆海州直隶州志》卷30《冢墓录》引陈宣《海州志》曰：“在石棚山西麓，有安汉将军糜公墓碑”，南京大学出版社1993年版，第1185页。

> 乃掘沟渠，周绕其库内。旬日，火从库内起，烧其珠玉，十分得一。皆是阳燧得旱烁，自能烧物也。火盛之时，见数十青衣童子来扑火，有青气如云，复火上即灭。童子又云："多聚鹳鸟之类以禳灾，鹳能聚水巢上也。"家人乃收集鸡鹊数千头，养于池渠之中，厌火也。竺叹曰："人生财运有限，不得盈溢。"竺惧为身之患。时三国交兵，军用万倍，乃输其珍宝车服，以助先主。黄金一亿斤，锦绮绣毡罽，积如丘山，骏马千匹。及蜀破后，无所有，饮恨而终（秦王嘉《王子年拾遗记》）①。

与《搜神记》相比，《拾遗记》中关于糜竺的故事显然更与佛教的影响有较大关系，糜竺帮助"祖肉在地"二百年的妇人，为之立"石椁瓦棺"，并设祭祭拜，"以青布裙衫，置于冢上"。种下的"善因"最终得到了"善果"，家中有大火不仅得到了提前预警，还有数十"青衣童子"来为其扑火，并告知鹳鸟之类可以"禳灾""厌火"，于是家益富。故事中的"青衣童子"是神鸟的化身，而鸟扑火的故事源见于《杂宝藏经》中的"鹦鹉灭火"：

> ……雪山一面，有大竹林，多诸鸟兽，依彼林住，有一鹦鹉，名欢喜首。彼时林中，风吹两竹，共相揩磨，其间火出，烧彼竹林，鸟兽恐怖，无归依处。尔时鹦鹉，深生悲心，怜彼鸟兽，捉翅到水，以洒火上，悲心精勤故。感帝释宫，令大震动，释提桓因，以天眼观，有何因缘，我宫殿动，乃见世间，有一鹦鹉，心怀大悲，欲救济火，尽其身力，不能灭火。释提桓因，即向鹦鹉所，而语之言："此林广大，数千万里，汝之翅羽，所取之水，不过数滴，何以能灭如此大火。"鹦鹉答言："我心弘旷，精勤不懈，必当灭火，若尽此身，不能灭者，更受来身，誓必灭之。"释提桓因，感其志意，为降大雨，火即得灭②。

---

① （宋）李昉等编：《太平广记》，中华书局1961年版，第2511—2512页。

② 《杂宝藏经》卷2，（一三）"佛以智水灭三火缘"，载《大正新修大藏经》第4册，第455页。

糜竺因帮助鬼而得到“恩”报，与此较为类似的还有一则“周式”助鬼吏得到可逃脱死亡的方法：

汉下邳周式，尝至东海，道逢一吏，持一卷书，求寄载。行十余里，谓式曰：“吾暂有所过，留书寄君船中，慎勿发之。”去后，式盗发视书，皆诸死人录，下条有式名。须臾吏还，式犹视书，吏怒曰：“故以相告，何忽视之？”式扣头流血，良久曰：“感卿远相载，此书不可除。卿今日已去，还家，三年勿出门，可得度也，勿道见吾书。”式还不出，已二年余，家皆怪之。邻人卒亡，父怒，使往吊之，式不得止。适出门，便见此吏，吏曰：“吾令汝三年勿出，而今出门，知复奈何？吾求不见，连相为得鞭杖。今已见汝，无可奈何，后三日日中，当相取也。”式还涕泣，具道如此。父故不信，母昼夜与相守涕泣，至三日日中时，见来取，便死。（《法苑珠林》）①

周式虽然得到了可避死亡的法门，也坚持两年有余不出家门，但终因父亲发怒让其吊唁“卒亡”之邻人而再遇鬼吏，三日后“便死”。糜竺得到预警后虽没能保全家产，但终究没有因大火而家道衰落。而周式却不能完全坚持鬼吏的警告不出家门，最终致死。虽然结局不同，但同样都是因为帮助鬼而得到“恩惠”，可以说同属于“鬼报恩”故事。类似佛教的因果报应思想也刺激了中国原有善恶报应观的发展，因此海州也有蛇神报恩故事：

子春仕历位朐山戍主、东莞太守。时青州石鹿山临海，先有神庙，刺史王神念以百姓祈祷糜费，毁神影，坏屋舍。当坐栋上有一大蛇长丈余，役夫打扑，得入海水。尔夜，子春梦见人通名诣子春云：“有人见苦，破坏宅舍。既无所托，钦君厚德，欲憩此境。”子春心密记之。经二日而知之，甚惊，以为前所梦神。因办牲醑请召，安置一处。数日，复梦一朱衣人相闻，辞谢云：“得君厚惠，

① （宋）李昉等编：《太平广记》，中华书局1961年版，第2504页。

> 当以一州相报。”子春心喜，供事弥勤。经月余，魏欲袭朐山，间谍前知，子春设伏摧破之，诏授南青州刺史，镇朐山。又迁都督，梁、秦二州刺史①。

这是一则典型的托梦型报恩故事。阴子春因为供事蛇神而提前得到“魏欲袭朐山”的事情，因而得以大获全胜，多次升迁。蛇报恩的故事在魏晋南北朝志怪小说中多有记载。这种以蛇为主要题材的故事主要盛行于多山水地带，而海州地域恰恰符合了这个特点，因此也难免会有此类故事产生。

（二）恶报故事在海州的流传

海州流行的因果报应故事中还多有恶报主题。这类故事中的主人公因对僧、佛不尊重或做了不应该的罪恶事情而得到应有的惩罚，最终也多以死亡结局。

> 梁东徐州刺史张皋，仆射永之孙也。尝因败入北，有一土民，与皋盟誓，将送还南。土民遂即出家，法名僧越，皋供养之。及在东徐，且随至任，恃其勋旧，颇以言语忤皋。皋怒，遣两门生，夜往杀之。尔后忽梦见僧越，云：“来报怨。”少时出射，而箭栝伤指，才可见血，不以为事。后因破梨，梨汁浸渍，乃加脓烂。停十许日，膊上无故复生一疮，脓血与指相通，月余而死。（《还冤记》）②

僧越仰仗着与张皋是旧识，语言上多有冒犯，因此张皋派人夜中“杀之”。但死后的僧越依然通过托梦的方式报复张皋，以箭伤其指。一个小伤口本不应该致命，那是因为报应还没有完全来到，及至“梨汁浸渍”伤口以后“脓烂”，而膊上“无故复生一疮，脓血与指相通”，以致死亡，这才是报应的结局。应该说这是一种“渐进式”的恶报故事，与上文提到的“阴子春”善报故事形式类似。同时我们也应承认这是

① （唐）李延寿：《南史》，中华书局1975年版，第1555页。

② （宋）李昉等编：《太平广记》，中华书局1961年版，第841页。

佛教传入中国后，佛教徒在我国春秋战国时期即已流行的“鬼魂报冤型”故事上的升华。同类故事还有以民间百姓生活为题材的：

> 东海徐甲，前妻许氏生一男，名铁臼，而许氏亡，甲改娶陈氏，凶虐之甚，欲杀前妻之子。陈氏产一男，生而祝之曰：“汝若不除铁臼，非吾子也。”因名之为铁杵，欲以捣臼也。……铁臼竟以冻饿甚，被杖死，时年十六。亡后旬余，鬼忽还家，登陈氏床曰：“我铁臼也，实无罪，横见残害，我母诉怨于天，得天曹符，来雪我冤，当令铁杵疾病，与我遭苦时同，将去自有期日，我今停此待之。”……“今当断汝屋栋。”便闻锯声，屑亦随落，拉然有声响，如栋实崩。……“杀我，安坐宅上为快耶？当烧汝屋。”即见火然，烟烂火盛，内外狼藉，俄而自灭，茅茨俨然，不见亏损。……于是铁杵六岁，鬼至，病体痛腹大，上气妨食。鬼屡打之，打处青黡，月余而死，鬼便寂然。（《还冤记》）①

这则故事非常贴近普通百姓的生活，况且“恶妇继母”的事情在传统的封建中国本就常见。为杀许氏之子“铁臼”，陈氏给儿子取名“铁杵”②。铁臼终在十六岁时“被杖死”，但其鬼魂不断地对陈氏进行骚扰，最终致使其儿子铁杵死亡。这种恶报是报应在其亲人身上，很明显受到了佛教思想的影响。佛教中的善恶报应观念并非只是现世自身报，还可能是现世亲人报、后世自身报、后世亲人报等，这是佛教业报观念对中国传统善恶报应观念的新发展。铁杵之死便因为其母陈氏的恶毒，而在铁杵死后，“鬼便寂然”。

恶报故事中双方主人公互相之间的“因”与“果”多是对等的，有什么样的“因”即有什么样的“果”。“因”是死亡，“果”亦是死亡。还有一些恶报故事并不构成“死罪”，“因”只是在某些行为上触怒了佛，因此佛也以相应的病灾来惩罚：

---

① （宋）李昉等编：《太平广记》，中华书局1961年版，第842页。

② 这种通过姓名相克的方式来使人与人之间相克，类似于弗雷泽《金枝》中提到的“模仿巫术”。

> 宋唐文伯，东海赣榆人也。弟好蒲博，家资都尽，村中有寺，经过人或以钱上佛，弟屡窃取。后病癞，卜者云：“祟由盗佛钱。”父怒曰：“佛是何神，乃令我儿致此！吾当试更虏夺，若复能病，可也。”前县令何欣之妇，上织成宝盖带四枚，乃盗取为腰带。不百日，复得恶病。发疮之始，起腰带处。（《冥祥记》）①

唐文伯之弟因为好赌而家资散尽，不得以窃取寺中佛前供钱糊口，因此“病癞”。其父知道病因后，不但不思供佛以挽救，反而以身试“佛”，盗取县令之妇所上之“宝盖带”以为腰带，最终亦得恶病，“起腰带处”。信佛者供佛之物大多只有看守佛像的和尚、尼姑才能受用，其他人在没有得到允许的情况下是不能随意享用的，尤其还通过非法手段盗取，更是应该受到惩罚。这是一则很好的佛教徒说教故事，教育百姓不但要多予佛纳供，还不能对佛家之物起贪念。

总之无论是善报还是恶报，佛教报应思想在综合了中国原有的善恶报应观之后，经过慧远等高僧的改造，逐渐形成了三世报的业报观念。究其源，也是因为印度佛经中早期的善恶报应观与中国春秋战国时期的报应观念极为相似有关：

> 有国名波罗奈。时有萨薄名摩诃夜移，其妇怀妊，自然仁善，意性柔和，月满生男，……名为善求。乳哺长大，好积诸德，慈愍众生。次后怀妊，自然弊恶，期满生男。……名曰恶求。乳哺长大，好为恶事，恒生贪心，怀嫉妒意。年各长大，欲行共贾入海求索宝物，各有五百侍从。前后而发，途路悬远，中道乏粮，经于七日，去死不远。是时善求及诸贾人，咸共诚心，祷诸神祇，欲济饥俭，於空泽中，遥见一树枝叶郁茂，便即趣之，有一泉水，善求及众，悉共诚心，求哀救护。诚感神应，现身语之：“斫去一枝，所须当出。”诸人欢喜，便斫一枝，美饮流出；斫第二枝，种种食出，百味具足。咸共承接，各得饱满；斫第三枝，出诸妙衣，种种备具；斫第四枝，种种宝物，悉皆具足，庄严悉备，所须尽办。恶求

① （宋）李昉等编：《太平广记》，中华书局1961年版，第808页。

后到，众人如前，尽得充足，便自念言："今此树枝，能出如是种种好物，况复其根？今当伐之，足得极妙佳好之物。"思惟心定，令人伐之。是时善求，闻如是语，怀愦懊恼，语恶求言："我等饥乏，命在旦夕，蒙此树恩，得济余命，云何怀此弊恶之心，而欲伐之？"尔时恶求，不用其言，即掘其根。善求感佩，不忍见之，领众归家。伐树已竟，有五百罗刹，取此恶求及众贾人，悉皆啖之，财物伴侣，一切丧失①。

故事的"因"是与生俱来的，在今世即已有"果"。而善求与恶求故事也是佛经中最典型的报应故事，并不像传入中国以后经过改编的佛教三世报那样复杂。其实中国化的佛教因果报应说也吸收了道教早期经典《太平经》中"承负说"的因素：

承者为前，负者为后；承者，乃谓先人本承天心而行，小小失之，不自知，用日积久，相聚为多，今后生人反无辜蒙其过谪，连传被其灾，故前为承，后为负也。负者，流灾亦不由一人之治，比连不平，前后更相负，故名之为负。负者，乃先人负于后生者也②。

只不过道教经典中的"承负"主要是在先人与子孙之间来完成，并且主要是承负恶的一面。而中国化的佛教因果报应观却是多种多样的，可以是善也可以是恶，可以是自身也可以是亲人，可以是今世也可以是来世、后来世。总之，佛教因果报应说传入中国之后，吸取了中国原有的善恶报应说以及道教"承负说"等众多因素，在印度原有的善恶报应基础上，经过长时间的融合消化，才完成了长期影响中国的因果报应学说。

二　轮回转世类故事

佛教的轮回转世说与因果报应观是紧密联系在一起的。报应既然有

---

① 《贤愚经》卷9，（四四）"善求恶求缘品第49"，载《大正新修大藏经》第4册，第416页。

② 王明：《太平经合校》，中华书局1979年版，第70页。

后报，那么就必须有一个主体来承载着这一“报”。而完成中国化业报轮回观的应该说是高僧慧远，他在《三报论》开篇即说：“经说业有三报：一曰现报，二曰生报，三曰后报。现报者，善恶始于此身，即此身受。生报者，来生便受。后报者，或经二生三生百生千生，然后乃受”①。这里涉及现世、来世、后来世的观念。人死后灵魂脱壳，而后在另一个生命的承载体中寄托，永远轮回下去。但这一承载体或为动物或为人，这与前生所做的善恶事情多少有关。善多于恶则为人，恶多于善则为动物。因此要想重新做人，就必须多行善事，多积佛缘。并且，无论为动物还是为人，重生后的灵魂都能记得前生所有的事情。

> 晋琅琊王珉，其妻无子，尝祈观世音云乞儿。珉后路行，逢一胡僧，意甚悦之。僧曰：“我死，当为君作子。”少时道人果亡，而珉妻有孕，及生能语，即解西域十六国梵音，大聪明，有器度，即晋尚书王洪明身也。故小名阿练，叙前生时，事事有验。（《辩正论》）②

王珉因为“无子”而向观世音求子，胡僧死后即投胎于其妻身，所以生下来不仅能说话，还能够“解西域十六国梵音”，实在是一位超乎常人的“初生儿”。佛教徒在编造这个故事的时候，特别说明了转世后的胡僧“大聪明，有器度”，并最终官至尚书。实际上这是在告诉那些求子者，只要心诚侍佛，佛祖就会赐予一个聪明非凡的孩子。而转世后的“阿练”对前生事情也记得非常清楚，并“事事有验”。

佛经中有关投胎转世的故事常常与因果报应故事结合在一起来讲。如佛为阿难讲“善求恶求”事时曰：

> 尔时善求者，今我身是。尔时父者，今现我父净饭王是。尔时母者，今现我母摩诃摩耶是也。时恶求者，今提婆达多是。阿难，提婆达多，非但今日作不善事，贪利养故，世世常造。我于往昔，

① （梁）僧佑：《弘明集》，上海古籍出版社1991年版，第35页。

② （宋）李昉等编：《太平广记》，中华书局1961年版，第751页。

常与相值，恒教善法，而不用之，反更以我为怨①。

佛为诸比丘讲解“鹦鹉扑火”的故事时道：

尔时鹦鹉，今我身是也；尔时林中诸鸟兽者，今大聚落人民是也。我于尔时，为灭彼火，使其得安，今亦灭火，令彼得安②。

佛是“善”的化身，因而为“善求”转世，佛又是解救百姓于水火的化身，因而又为“灭火鹦鹉”的转世。而其他如“恶求”、“诸鸟兽者”的转世或为不行善事的“阿难”，或为普通的“大聚落人民”。类似转世投胎的故事在佛经中可谓多矣。也有一类故事宣扬普通百姓只要多行善事而不作恶，死后就能投生于天而不堕地狱：

……于时太子，广布宣令：“汝等已得一切所须供身之事，无所乏少，若能感识如是之恩，当摄身口意修十善道。”尔时一切阎浮提内，感念太子无极之施。人闻其令，克励其心，奉行十善，不犯众恶，命终之后，皆得生天③。

善事太子入海求宝，历经重重磨难。归来后，不仅不埋怨意欲谋害他的恶事弟弟，还将他解救出牢狱，同时赐给五百属国各一宝珠，赐给人民所需的各种物需。人民感念太子的恩德，听从他的教导，个个行善积德，死后“皆得生天”。

佛教转世投胎观在高僧慧远的改造下，中国的佛教故事也有了“二生三生百生千生”的说法。海州流行的佛教故事中即有这样一则“三生”的故事：

---

① 《贤愚经》卷9，（四四）“善求恶求缘品第49”，载《大正新修大藏经》第4册，第416页。

② 《杂宝藏经》卷2，（一三）“佛以智水灭三火缘”，载《大正新修大藏经》第4册，第455页。

③ 《贤愚经》卷9，（四二）“善事太子入海品第37”，载《大正新修大藏经》第4册，第410页。

> 曲沃县尉孙缅家奴，年六岁，未尝解语。后缅母临阶坐，奴忽瞪视。母怪问之，奴便笑云："娘子总角之时，曾着黄裙白袢襦，养一野狸，今犹忆否？"母亦省之。奴云："尔时野狸，即奴身是也。得走后，伏瓦沟中，闻娘子哭泣声，至暮乃下，入东园。园有古冢，狸于此中藏活。积二年，后为猎人击殪，因随例见阎罗王。王曰：'汝更无罪，当得人身。'遂生海州，为乞人作子。一生之中，常苦饥寒，年至二十而死。又见王，王云：'与汝作贵人家奴。奴名虽不佳，然殊无忧惧。'遂得至此。今奴已三生，娘子故在，犹无恙有福，不其异乎"。（《广异记》）①

野狸被猎人杀死之前未曾做过恶事，因而阎罗王判其无罪，并给以"人身"。但由狸而转世的人还不能是大富大贵或机警聪明之人，只能为"乞人作子"，一生中尝尽饥寒，二十岁即亡。阎罗王再次判其投胎，这次为"贵人家奴"。在中国古代人的思维中，好多事情都需要步步为营，跳跃性较少。由狸而为人已经是一次从兽到人的飞跃，二次为人后也不能像普通人一样，而是为奴。这样一个渐进的过程让我们不禁想到，如果野狸所化之人一直不做坏事，或许四生之后即可为普通百姓，五生六生之后可为达官贵人。尤其难得的是，野狸三生之后还能够记得孙缅母亲的喂养之恩，而阎罗王也判其来孙缅家为奴，以还恩。故事中同时也在告诉世人，不管经历几"生"，所欠别人恩情总是要还的，只是还恩的方式可能有所不同，这也是佛教传入中国后对中国古代思想文化影响较大的一面。

有学者注意到了东晋时期罗含的《更生论》与佛教轮回说的关系②。而东晋时期佛教已经在中国广泛流传，笔者以为罗含虽然不是佛教徒，但受到了东汉以来佛教思想的影响。他看到了佛教轮回说的主观唯心主义的一面，同时也明白世间万物代谢的基本规律，因而从客观唯物主义角度阐述天地的无穷，自然界的永恒，并指明要维持自然界的永

---

① （宋）李昉等编：《太平广记》，中华书局 1961 年版，第 3094—3095 页。

② 马建华：《罗含的〈更生论〉与佛教的轮回说——〈弘明集〉研究之二》，《福建师范大学福清分校学报》1996 年第 1 期。

恒，就必须有万物的“更生”，而这种“更生”只能在同物种之间进行[①]。应该说这种观点是在万物自身之间轮回基础上对佛教轮回学说的修正。而在轮回说与更生说的影响下，魏晋南北朝时期出现了许多“死人自我复生”的故事：

> 玄谟从弟玄象，位下邳太守。好发冢，地无完椁。人间垣内有小冢，坟上殆平，每朝日初升，见一女子立冢上，近视则亡。或以告玄象，便命发之。有一棺尚全，有金蚕、铜人以百数。剖棺见一女子，年可二十，姿质若生，卧而言曰：“我东海王家女，应生，资财相奉，幸勿见害。”女臂有玉钏，破冢者斩臂取之，于是女复死。玄谟时为徐州刺史，以事上闻，玄象坐免郡[②]。

鬼女子之“灵魂”每天“日初生”之时出冢，已经完全自我复生，但因为“破冢者”的贪财“复死”。后世志怪小说中还多有一些鬼女“复生”一半后因为某些原因或生或亡的故事，这一故事类型的形成应该说与佛教轮回观不无关系。

总体来说，佛教轮回转世观念与因果报应观念传入中国后，不仅在思想上而且在行为上对古代中国民众都有着部分的约束作用。虽然普通大众并不理解深奥的佛教教义教理，但他们担忧来生的苦难、子孙的恶报，于是在现世多行善事，多结佛缘。他们相信只要通过今生求佛拜菩萨等简单的实践行为，就能在来生获得一个好的归宿，不堕地狱，不转世为畜生，甚至为子孙带来好运气。这种思想观念极大地影响了海州地域的人民生活，再加上海州本来就是多巫、仙信仰的地区，因而更容易接受佛教的轮回观，并在自身行为中付诸实践。

三　方术类故事

佛教传入中国之前，本来就有自己的方技术数，如祈雨术、使火

① 具体内容可参见罗含《更生论》，载《弘明集》卷5，上海古籍出版社1991年版，第28页。

② （唐）李延寿：《南史》，中华书局1975年版，第468页。

术、驯兽术等，并且早期来华高僧出于宣扬佛教的目的，还很快掌握了中国的传统方术。如安世高，“外国典籍，莫不该贯；七曜五行之象，风角云物之占，推步盈缩，悉穷其变；兼洞晓医术，妙善鍼脉，睹色知病，投药必济；乃至鸟兽鸣呼，闻声知心”①；康僧会“明解三藏，博览六经；天文图纬，多所综涉”②；昙柯迦罗“善学四维陀论，风云星宿，图谶运变，莫不该综”③。而东晋十六国时期，“名僧佛图澄、鸠摩罗什等，都是以方术闻名于世，因此佛教徒都有信心称佛教的方术技巧要高出道教一筹”④。海州地域僧道一直以来都是同时并存，直到今天依然如故。因此，常常为道教徒们所津津乐道的各种方术，在海州地域的佛教故事中也多有表现。

> 进公不知何代人，筑庵朐山麓，夜则行于市，抵暮则随五犬陟山巅而返，置果饼沿路饲之。因岁旱，语人曰：“我能致雨。”人戏请之，果获大雨，而犬不复见。山巅有潭，当时谓犬即潭之五龙也。尝往庐山，岁又旱，州人请之归，为说法致神物异鱼出水。及夜，闻庵外驰逐声，出视之，阴雨袭人。有一男子一妇人，皆白衣，礼僧求名。僧以善泽、善濡名之，忽不见。翌日大雨⑤。

僧进公的祈雨术颇为特别，第一次致雨的是“五龙（五犬）”，而第二次致雨的是“异鱼（白衣男子妇人）”。龙、鱼都是水族，僧进公常常“置果饼沿路饲之（犬）”，又为白衣人（鱼）取名善泽、善濡，因此两次都获“大雨”，似乎是佛教徒的善心打动了龙、鱼，龙、鱼以大雨作为报答。并不完全如此，故事中犬化龙、鱼化人实际上是僧进公借用幻

① （梁）僧佑：《出三藏记集》，中华书局1995年版，第508页。

② （梁）释慧皎撰：《高僧传》，汤用彤校注，汤一玄整理，中华书局1992年版，第15页。

③ 同上书，第13页。

④ 王青：《道教成立初期老子神话的演变与发展》，载王青《先唐神话、宗教与文学论考》，中华书局2007年版，第162页。

⑤ 仲其臻等整理：《嘉庆海州直隶州志》卷25《人物传》，南京大学出版社1993年版，第1049页。

术在祈雨过程中的一种表演，尤其是为白衣男子、妇人所取之名“善泽”、“善濡”更能反映出僧进公施法时候的主观性。而当大雨到来以后，不再需要犬和白衣人的出现，于是“犬不复见”，白衣人也是“忽不见”，这比较符合水族龙、鱼能致雨的常人思维。现实中海州僧人也有祈雨的记载，李偏德《法起寺碑记》言：

> 余官东海五年，稔知乡镇寺宇所在多有，而法起老僧，年逾七旬，风格清古，曾因岁旱祷雨，闻其于歉收之年蠲斋施赈，活穷佃四十余户百五十余口。①

虽然没有详细记载祈雨过程，但也说明了法起寺僧的仁慈之心，不仅为民祈雨，还“蠲斋施赈”，或许这也是法起寺僧的传统职责所在。

虽然中国的祈雨术历史悠久，可以追溯至商周时期的焚巫祈雨，但“西域的祈雨术颇带有一点幻术的特点”②，常常借用龙来施雨。如《高僧传》载佛图澄祈雨的方法是：“澄坐绳床，烧安息香，咒愿数百言，如此三日，水泫然微流。有一小龙，长五六寸许，随水来出。诸道士见竞往视之，澄曰：‘龙有毒，勿临其上。’有顷，水大至，隍堑皆满。”③同书卷十《神异下·涉公传》载：“涉公者，西域人也。……能以秘咒，咒下神龙。每旱，坚常请之咒龙，俄而龙下钵中，天辄大雨。”④这种带有幻术色彩的祈雨术不仅影响了道教徒，也影响了后世中国的佛教徒，唐宋时期，祀龙祈雨的风俗渐渐传播开来⑤，僧进公的祈雨即是此种类型。

海州佛教故事中僧人不仅能祈雨，还常常通过念咒说法，治病救

---

① 仲其臻等整理：《嘉庆海州直隶州志》卷29《寺观录》，第1168—1169页。

② 王青：《论西域文化对六朝仙道小说的影响》，载王青《先唐神话、宗教与文学论考》，中华书局2007年版，第222—233页。

③（梁）释慧皎撰：《高僧传》，汤用彤校注，汤一玄整理，中华书局1992年版，第347页。

④ 同上书，第373—374页。

⑤ 樊恭炬：《祀龙祈雨考》，载苑利主编《二十世纪民俗学经典·信仰民俗卷》，社会科学文献出版社2002年版，第114—121页。

人，并有未卜先知的能力：

> 圣僧，宋人，往来乞食海州，人有疾，呪之即愈，事多前知。时安抚使丁公守城，僧一日左持斧，右持丁，行击于市，大呼曰："丁坏我斧。"人无解者，踰数日，丁果叛。僧示寂州，人葬之，成一高阜，水旱，祷之感应。①

海州地域人民"病不医药，多事祷禳"②，"百姓祈祷糜费"③，这就为驱鬼治病的法术传播奠定了基础，僧道教众也可以通过这些法术骗取钱财，获得较高的经济报酬。海州"圣僧"不仅可以施呪治病，还有"事多前知"的能力。在安抚使丁公来守城之时，用"丁（丁公）坏我斧（府）"来暗示他的即将反叛。到了丁公真的反叛时候，时人才理解圣僧的"癫狂"行为。这种有法术又有"先知"能力的圣僧在佛经中也有记载：

> 昔有两菩萨，志清行净，内寂无欲，表如天金，去秽浊之群处山泽。凿石为室，闲居靖志，菅衣草席，食果饮泉。清净无为，志若虚空。四禅备悉，得五通智：一能彻视无遐不睹，二能洞听无微不闻，三能腾飞出入无间，四能通知十方众生心中所念，五能自知无数劫来宿命所更……④

后来其中一位菩萨"那赖"因为夜间念经不经意间碰了另一位菩萨"题耆"的头，因而"题耆"很不高兴，当即咒之曰："谁蹈吾首者，

---

① （明）李贤等撰：《明一统志》卷13《淮安府》，载《四库全书》472册，"史部"11，地理类2，第314页。

② （明）张峰纂修：《隆庆海州志》，光禄寺卿赣榆裴天佑校正，卷2《风俗》，载《天一阁明代方志选刊》第14册，1962年12月上海古籍书店据宁波天一阁藏（明）隆庆刻本影印，第20页。

③ （唐）李延寿：《南史》，中华书局1975年版，第1555页。

④ 《六度集经》卷7，"禅度无极章第五"（八二），载《大正新修大藏经》第3册，第43页。

明旦日出一竿，破尔之首为七分善乎!”“那赖”对朋友的小气也很恼火，曰：“凡器不行之类，尚有相触，岂况于人共处，终年而不误失乎?”为了不让自己的脑袋变成七瓣，“那赖”施法不让太阳出来：“吾当制日不令其出。”五天时间，全国上下一片黑暗，人们只能通过火把或烛光照耀做事。国王只好请其他一些高僧来解决问题，其中一位有先知能力的高僧说明了事情发生的经过。于是国王出面调解，两菩萨和好如初，“那赖”放出了太阳，并共同帮助国王治理国家。

除此以外，还有一类佛僧死后现形故事应该也是僧徒尤其是弟子所施的幻术，以教化众人。如天台智者大师常于弟子前、礼拜人前甚至身前的“旧室”现形：

> 开皇十八年四月十六日，佛陇僧众方就坐禅，师现常形进堂按行，上座道修良久瞻奉。其年十月十八日，有海州连水县人丘彪，昼发誓于龛，夜见僧排户，彪即起礼拜，云“勿拜，安隐无虑也”。绕寺一匝，彪随后奉，寻出门数步，奄然便失。当其月十二日，有海州沭阳县人房伯奴、卫伯玉，于智者旧室而见其形，床事相如在①。

僧入灭以后灵魂不灭，其形亦常在，是为不死之常形。“智者”的三次现形应该都是其弟子所行之幻术，一次是在众僧坐禅的时候，供弟子“瞻奉”；另一次是于其“旧室”之中，劝常人礼拜；第三次现形是礼拜人“发誓于龛”之夜“绕寺一匝”后“奄然便失”，劝礼拜人信仰。值得注意的是，这三处地点都没有离开寺院，应该都是佛教徒自神其师所行之幻术。

可以说方术类佛教故事的流传与早期佛教传入中国后与道教的竞争有关系。当然佛教故事中常常以佛僧的胜利而收尾，如《法苑珠林》卷68“感应缘”引《汉法本内传》云：

---

① 《隋天台智者大师别传》(其四)，载《大正新修大藏经》第50册，“史传部二”，第197页。

> 汉永平十四年正月一日，五岳诸山道士……表略曰：“五岳十八山观太上三洞弟子褚善信等六百九十人，至于方术无所不能，愿与西僧比较，得辨真伪……”敕遣尚书令宋庠引入长乐宫，以今月十五日可集白马寺道士等，便置三坛，……在寺南门，佛舍利经像，置于道西。十五日斋讫道士等，以柴荻和沉檀香为炬绕经，泣泪启白天尊乞验纵火焚经，经从火化，悉成煨烬。五岳道士相顾失色，大生怖惧，南岳道士费叔才自感而死。……时佛舍利光明五色，直上空中，旋环如盖，遍覆大众，映蔽日光。摩腾法师踊身高飞，坐卧空中，广现神变，于时天雨宝华在佛僧上，又闻天乐感动人情，大众咸悦，叹未曾有。……司空阳城侯刘峻与诸官人士庶等千有余人出家，四岳诸道士吕惠通等六百二十人出家，阴夫人王婕妤等与诸官人妇女二百四十人出家，便立十寺七所，城外安僧三所，城内安尼。①

这段记载应该是佛教徒自神其术的虚假编造，因为汉明帝时期还没有道经，更没有“司空阳城侯刘峻”②。但佛教高僧的法术高超在这段故事中却表现得很明显，他在“天乐”声中“踊身高飞，坐卧空中，广现神变”，同时还现佛舍利五色光于空中，将南岳道士费叔才当场气死。佛法的高超引得众官人士庶、四岳道士甚至宫人妇女出家。我们可以想象，为了在异国文化中求得生存，佛教不得不在自身原有方术的基础上，吸收改造早期道教的方术内容，并与其通过各种方式的竞争，以取得合法地位。当佛教逐渐在思想领域中占有一席之地，并吸纳了众多的知识分子作为教众以后，便开始探讨高深的教义教理，而以宣扬法术为主的佛教故事逐渐退居其次，只在民间大众中流传。

四　其他普通宣佛类故事

海州地域还流传着一些以“宣佛”为主题的佛教故事。这些故事主

---

① （唐）释道世撰：《法苑珠林》卷68，“破邪篇”第62，“感应缘”，载《四库全书》“子部”13，“释家类”，1050册，第137—138页。

② 王青：《道教成立初期老子神话的演变与发展》，载王青《先唐神话、宗教与文学论考》，中华书局2007年版，第161页。

要有两类，一类是正面宣佛：通过供佛、画佛、心念佛或孝心侍奉父母等一些简单实践性行为来宣扬奉佛者的好归宿；另一类是反面宣佛：从不信佛法之人的最终醒悟来告诉世人无论何时都要始终坚信佛法。这种以“宣佛”为主题的故事在魏晋南北朝时期已经非常兴盛，并有许多宣佛小说问世，如王琰《冥祥记》，刘义庆《幽明录》，傅亮、张演、陆杲《光世音应验记》三种等，小说作者将佛的种种威力转化为实实在在的故事，这样才能被更广大的社会群体所信服。

（一）正面宣佛类故事

1. 供佛、奉佛故事

> 宣和间，朝廷……增免夫钱。海州怀仁县杨六秀才妻刘氏，夫死，独与一子俱，而家素饶于财。闻官司督率严促，而贫下户艰于输纳，即请于县，乞以家财十万缗以免下户之输。县令欣然从之，调夫辇运，数日，尽空其库，藏者七间。因之扫治，设佛供三昼夜，既毕，明旦视之，则屋间之钱已复堆垛盈满，数之，正十万缗。……或有释之者曰：“如闻青州麻员外家至富，号麻十万家，岂非神运其钱至此耶?”刘氏因密令人往青州踪迹之，果有州民麻氏，其富三世，自其祖以钱十万镇库而未尝用也，一夕失之，不知所往。刘氏即专人致殷勤于麻氏，请具舟车，复归此钱。麻惊嗟久之，而遣介委曲附谢云：“吾家福退，钱归有德，出于天授。今复往取，违天理而非人情，不敢祗领也。”刘氏知其不可，曰：“我既诚输此钱，以助国用，岂当更有之!”即散施贫民及助修佛道观宇，一钱不留于家，家益富云。①

寡妇刘氏虽一介女流，其行为却有三处令人惊叹：为贫下户纳贡十万缗；归还十万缗钱于青州麻员外；将十万缗散与平民或捐给寺观。其心胸气魄非常人可比，即使是男子也很难做到。但故事的主题不在此，而是集中表现“设佛供三昼夜”后的奇迹发生，县令派人搬空的钱库再

① （宋）何薳：《春渚纪闻》卷2，载《四库全书》“子部”10，“杂家类”，863册，第459—460页。

次堆满十万缗钱，这是供佛后最直接的回报。至于钱是怎样搬运至此的，可能为一种幻术——搬运大法。当麻员外听说事情的经过以后，感叹其家的“福退”，并表示“钱归有德，出于天授”，如果取回失去的十万缗钱是“违天理而非人情”，因此才有了刘氏的将钱散与贫民或捐给寺观。也正因为其“一钱不留于家”的惊人之举，才有了“家益富”的完美结局。

奉佛故事中除了表现与经济有关的主题，主人公还往往在遇到困难的时候可以得到佛僧的托梦指引，最终克服困难，完成所做之事。“东海何敬叔”即是这类故事的代表：

> 东海何敬叔，少而奉佛，至泰始中，随湘州刺史刘韬监营浦县。敬叔时遇有旃檀，制以为像，像将就而未有光材；敬叔意愿甚勤，而营索无处，凭几微睡，见一沙门衲衣杖锡来，语敬叔云：“县后何家有一桐盾，甚堪像光，其人极惜之，苦求可得也。”敬叔寤，问县后，果有何家。因求买盾，何氏云：“实有此盾，甚爱惜之，明府何以得知？”敬叔具说所梦，何氏惊嘉，奉以制光①。

因为制像而无像之光材，苦于“营索无处”，何敬叔陷入了困境。梦中沙门告知“光材”可得之处在县后何家，当何敬叔讲明得知“桐盾”是因为梦中受到指引后，“何氏惊嘉，奉以制光”。

2. 观音信仰

我国现存最早的光世音译经是西晋月氏国三藏竺法护的《正法华经》卷十《光世音普门品第二十三》，而到了南北朝时期，观世音信仰已经非常盛行，先后有傅亮《光世音应验记》、张演《续光世音应验记》、陆杲《系光世音应验记》问世。

海州地域流行的正面宣佛故事中就有观世音菩萨的救苦救难。当众生遭遇困难之时，只要诵念其名号，观世音菩萨即刻前往拯救。

---

① 鲁迅校录：《古小说钩沉》，齐鲁书社1997年版，第333页。

> 晋有徐荣者，琅琊人也，尝至东阳，还经定山，舟人不惯，误堕洄洑中，垂欲沉没，荣无复计，唯至心呼观世音名。须臾间，如有数十人齐力引舡者，踊出洄洑中，沿江而下。日已暮，天大昏暗，风雨甚驶，不知所向，而涌浪转盛，荣诵经不辍。忽望见山头有火焰赫奕，回舟趋之，径得达岸，既至，即不复见。明旦，问浦中人："昨夜山上是何火？"众愕然曰："风雨如此，岂有火耶？"乃知佛力冥佑矣。荣后为会稽府督护，谢敷尝闻荣说。时与荣同船者沙门支道蕴，谨笃士也，亦具其事，为傅亮言之，与荣所说同（《法苑珠林》）①。

无论何时何地，处于苦难之中的人们只要一心称念观世音，就能得到神佑，自然脱离苦难。《正法华经·光世音》曰："若入大水江河驶流心中恐怖，称光世音菩萨，一心自归，则威神护令不见溺，使出安隐。"② 琅琊人徐荣所乘之船将要沉没，无计可施之时"心呼观世音名"，即刻"踊出洄洑"；当天昏暗不辨方向，而"涌浪转盛"之时，又是因为诵经有了指引的火光，船"得达岸"。学者郑筱筠指出了我国观音救难故事的一般结构："先是主人公即将陷于灭顶之灾，或处孤立无援境地，有的遇到大火，有的遇到强人，有的大病难愈，有的将临刑受戮。这时主人公便念起了观音名号，或诵观音经，无论观音在什么地方，他都能听到、感觉到人们的呼救，于是发出神通威力，化险为夷，转危为安，救人于苦海之中。"③ 这种观世音信仰可谓简单易行，又非常奏效，因而在广大人民群众中甚为流行。海州地域流传的观世音信仰还有一种类型，就是通过"画观音"的形式来求得声名：

> 贺六待诏，海州朐山人。家世专画观音，至其身，于艺尤工。忽观音化为丐者求画，遂得真相，其名益彰。（元夏文彦《图绘

① （宋）李昉等编：《太平广记》，中华书局1961年版，第755页。

② 《正法华经》卷10《光世音普门品第二十三》，载《大正新修大藏经》第9册，第129页。

③ 郑筱筠：《观音救难故事与六朝志怪小说》，《社会科学》1998年第2期。

宝鉴》)①

观音的真身形象在六朝志怪小说中从未出现过，其救苦救难多是借助各种神力来完成，最多也只是化为乞丐、老虎等形象。贺六待诏故事已经是后世演化了的观音故事，虽然不是解救苦难，但化为乞丐来求画，而画者即画到了观音的真相。这很明显是为了博得在书画界的声名而编造的故事，同样属于宣佛类型。

3. 孝子故事

孝子故事同样是宣佛故事中不可或缺的题材。这类故事是最贴近人民生活的封建社会缩影，因而更多地被佛教徒利用来宣扬佛法。

> 康熙间，海州巨平村诸生成俭病绝，恍惚见所谓阎罗王者，对簿，多过失，惟事寡母孝。王曰："尔未应死，勉为善，后十二年某月日算乃绝也。"命田将军横送归，既苏，重修田将军墓，为立碑。后卒，年月日悉合。②（李普元《东海志》）

"侍寡母孝"，阎王不仅没有因为他生前过失而惩罚，反给了十二年的阳寿，并且派遣地方最有名的将领田横送归阳间。田横故事在海州地域流传得非常广泛，现巨平山还有"田横及五百壮士岗"，唐《元和郡县图志》"田横岗在东海县北五十七里"③。宋《太平寰宇志》"田横岗在东海县东北六十一里，小隔山上，孤峰独秀，三面壁立，俯临深壑，唯有东隅才近行人，累石为城，即田横所营处"④。《史记》中有关于田横来此及与五百门客自刎的记载：

> ……汉王立为皇帝，以彭越为梁王。田横惧诛，而与其徒属五百余人入海，居岛中（韦昭曰："海中山曰岛。"【正义】曰：

① 仲其臻等整理：《嘉庆海州直隶州志》卷25《人物传》，南京大学出版社1993年版，第1049页。

② 仲其臻等整理：《嘉庆海州直隶州志》卷31《拾遗录》，第1218页。

③（唐）李吉甫：《元和郡县图志》，贺次君点校，中华书局1983年版，第302页。

④（宋）乐史：《太平寰宇记》，王文楚等点校，中华书局2007年版，第464页。

按：海州东海县有岛山，去岸八十里）。高帝……使使赦田横罪而召之……未至三十里，至尸乡厩置，横……谓其客曰："横始与汉王俱南面称孤，今汉王为天子，而横乃为亡虏而北面事之，其耻固已甚矣。且吾烹人之兄，与其弟并肩而事其主，纵彼畏天子之诏，不敢动我，我独不愧于心乎？且陛下所以欲见我者，不过欲一见吾面貌耳。今陛下在洛阳，今斩吾头，驰三十里间，形容未能败，犹可观也。"遂自刭，令客捧其头，从使者驰奏之高帝。高帝……以王者礼葬田横。既葬，二客穿其冢旁孔，皆自刭，下从之。高帝闻之，乃大惊，以田横之客皆贤。吾闻其余尚五百人在海中，使使召之。至则闻田横死，亦皆自杀。于是乃知田横兄弟能得士也。①

田横自刎，"二客"及五百壮士皆随之，何其壮哉！而孝子故事也附会了田横送归的结尾，忠和孝的概念在这则故事里应该是一致的。关于孝子的故事，印度佛经中也多有记载：

往昔波罗奈国，有一贫人，……时世饥俭，以其父母，生埋地中，养活儿子。……第二家闻，谓此是理，如此展转，遍波罗奈国，即以为法。复有一长者，亦生一子，……年转老大，子为掘地，作好屋舍，以父著中，与好饮食，作是思惟，谁当共我，除此非法。天神……问王四事……若不解者，却后七日，当破王头，令作七分。……长者子取此文书，解其义……王问长者子言："谁教汝此语。"答言："我父教我。"王言："汝父安在？"长者子言："愿王施无畏，我父实老，违国法故，藏著地中。愿听臣所说，大王，父母恩重，犹如天地，怀抱十月，推干去湿，乳哺养大，教授人事，此身成立，皆由父母，得见日月，父母之力，假使左肩担父，右肩担母，行至百年复种种供养，犹不能报父母之恩。"时王问言："汝欲求何等？"答言："更无所求，唯愿大王去此恶法。"王可其言。宣下国内："若有不孝于父母者，

① （汉）司马迁：《史记》，中华书局1959年版，第2648页。

当重治其罪。”①

生埋年老的父母是一种残忍的行为，但因为生活的窘迫好像也较合理，因而波罗奈国国王以之为法。在天神的帮助下，“长者子”说明了父母之恩百年供养“犹不能报”，劝国王废除了这一法令。刘守华指出：“关于‘弃老’习俗之转变的故事，是一个在中国和亚洲地区流行相当广泛，在民众生活中影响深远的关于老人问题的重要习俗传说。”② 而普列汉诺夫在《论艺术：没有地址的信》中对澳洲、欧洲原始民族中流行的“弃老”现象作过解释：“原始人杀死老人，犹如杀死孩子一样，不是由于他们的性格的特点，不是由于他们的所谓的个人主义，也不是由于缺乏各个世代之间的活生生的联系，而是由于野蛮人不得不为自己生存而奋斗的那些条件……杀死非生产的成员对社会来说是一种合乎道德的责任。既然他们处在这样的条件下，所以他们不得以杀死多余的孩子和筋疲力尽的老人。”③ 由此来看，世界许多民族都存在着弃老风俗，这是生产力不发达时期的特有社会现象。佛经中的这则弃老故事虽然也带有原始遗风，但主要还是从“敬老”的角度来谈孝感，因而在经济物质条件较为满足的社会中广泛流行。佛经中还有一类孝子故事——“割肉济父母”④，在中国却很难得到广泛流传，因为这种修行非常痛苦，往往很难达到。

（二）反面宣佛故事

海州地域有关的宣佛故事中还有从反面角度告诫那些不信佛法而好杀生者，将会得到应有的报应：

何澹之，东海人，宋大司农，不信经法，多行残害。永初中，

① 《杂宝藏经》卷4“（一四）波罗奈国有一长者子共天神感王行孝缘”，载《大正新修大藏经》第4册，第455页。

② 刘守华：《从“弃老”到“敬老”——评一组关于老人的习俗传说，兼谈传说和故事的转化》，载刘守华《民间故事的比较研究》，中国民间文艺出版社1986年版，第71页。

③ ［俄］普列汉诺夫：《论艺术：没有地址的信》，三联书店1973年版，第85—86页。

④ 《杂宝藏经》卷1，“（二）王子以肉济父母缘”，载《大正新修大藏经》第4册，第447页。

> 得病，见一鬼，形甚长壮，牛头人身，手执铁，昼夜守之。忧布屏营，使道家作章符印录，备诸禳绝，而犹见如故。相识沙门慧义，闻其病往；澹之为说所见，慧义曰："此是牛头阿旁也，罪福不昧，唯人所招；君能转心向法，则此鬼自消。"澹之迷很不革，顷之遂死①。

道教徒不能治好何澹之"见鬼"的怪病，而"沙门慧义"即刻明白病因所在，但因为何澹之一生"不信经法，多行残害"，最终无法根治，"顷之遂死"。与这一则故事相比，"王淮之"亦不信佛法，虽也没有杀生之行为，但因为"绝气""暂苏"后能够"下床"，临死之前明白了"释教不虚，人死神存"、"神实不尽，佛教不得不信"的道理：

> 宋王淮之字元曾，琅琊人也，世尚儒业，不信佛法。常谓身神俱灭，宁有三世耶？元嘉中，为丹阳令。十年，得病绝气，少时还复暂苏。时建康令贺道力至，适会下床。淮之语道力曰："始知释教不虚，人死神存，信有征矣。"道力曰："明府生平置论不尔，今何见而乃异之耶？"淮之敛眉答云："神实不尽，佛教不得不信。"语讫而终。(《冥祥记》)②

王淮之"世尚儒业"而不信佛法，还有王袭之"爱老庄而不信佛"的宣佛故事同样很精彩：

> 吴兴太守王袭之，有学问，爱老庄而不信佛，唯事宰杀。初为晋西省郎中，性好宾客，于内省前养一双鹅，甚爱玩之。夜忽梦鹅口衔一卷经，可十纸许，取看皆说罪福之事，明旦果见，乃是佛经。因是不敢宰杀，笃信过人。(《辩正论》)③

---

① 鲁迅校录：《古小说钩沉》，齐鲁书社 1997 年版，第 314 页。

② (宋) 李昉等编：《太平广记》，中华书局 1961 年版，第 659 页。

③ 同上书，第 806 页。

有学问而“事宰杀”，但因为梦见最喜爱的鹅衔来“说罪福”之佛经，从此“不敢宰杀”，笃信佛教，甚于常人。这是一个从不信佛到信佛的渐进过程，佛教徒相信，无论有何罪过，只要重新改过，一心向善，也能修得正果。

在普通宣佛类故事中，多以表现佛法的无边为主题，并通过一些简单有效的修行方式告诉人们要一心向善，皈依佛门。当然，这些故事的流传还可能与早期佛道斗争有关，道教徒无法解决的问题，佛教徒往往能够轻而易举地完成，因而成为佛教徒宣佛的最好题材，后世的文言小说中多有记载。

总体来看海州地域的佛教活动和佛教故事，我们可以感受到海州地域人民对佛教的崇奉态度。《隆庆海州志》对海州地域的佛教信仰有所提及：“士大夫喜谈禅，愚民因之，崇信释老，以求福利，为浮屠者又能精苦志，以图营建……”[①] 由此来看，海州地域的佛教信仰并不像中原及江南地区那样宗派林立，它的主体是广大的民众阶层，并大多通过供奉佛像、抄写经卷之类的简单性、实践性佛教行为，“以求福利”，体现出民间性特点。而他们所信仰的神祇又常与早期民间道教的信仰神糅合在一起，类似于日本佛教史家镰田茂雄教授所说的“继承了后汉佛教传统”的“道教性佛教”[②]，表现出佛教传入初期依附于道教生存的状态。

---

① （明）张峰纂修：《隆庆海州志》卷8《寺观》，载《天一阁明代方志选刊》第14册，1962年12月上海古籍书店据宁波天一阁藏（明）隆庆刻本影印，第22页。

② ［日］镰田茂雄：《简明中国佛教史》，郑彭年译，力生校，上海译文出版社1986年版，第33页。

第四章

海州民间传说①

民间传说是民间文化的重要组成部分，它往往从传述历史的角度真实地反映社会生活。而其口耳相传的独特传播方式，使得许多传说由于时间推移、传播地域变动等，产生了较大改动，但总体来看，基本保留原有的情节主题。大多作品往往通过现实的生活画面，在较短篇幅中利用巧合、夸张、幻想等因素作为故事的转折，叙述事件的始末，反映人物的命运。程蔷总结了民间传说的流变状况，认为其产生流变的主要原因在于时代变迁、地域扩大、传播者的改动以及外来文化的渗透；而人物身份的下降化趋势、故事情节的趋向复杂以及故事主题的深化与升华则是其流变的主要表现②。民间传说在流变过程中虽然造成了地域概念的模糊性以及故事情节的复杂性，但其主要趋向是人民化、大众化，越来越接近普通百姓的生活，体现下层人民的理想。

海州也是民间传说流传较多较广的地区之一。由于历史时期地缘的不断更替以及外来文化的不断渗入，海州民间传说也在不断的流变中生存。从原始宗教的遗留到神话传说的演变，再到外来文化的影响，海州民间传说总体呈现出丰富性、多样性等特点。而较早注意搜集整理海州

---

① 民间传说与民间故事同属于民间叙事作品。二者虽有区别，但表现在具体作品上，界限又并不明显。因为民间传说往往演变为民间故事，而民间故事又可能在长期的流传过程中转化为民间传说，导致了许多民间叙事作品的传说与故事的一体性。关于二者的密切联系，可参见［美］丁乃通《中国民间故事类型索引》“导言”，郑建威、李倞、商孟可、段宝林译，李广成校，华中师范大学出版社2008年版，第3—9页；程蔷《中国民间传说》“概说”，浙江教育出版社1989年版，第14—17页。笔者在本书中研究海州民间叙事文学作品的时候，并没有将民间传说与民间故事严格区分，而是作为统一概念使用。

② 程蔷:《中国民间传说》，浙江教育出版社1989年版，第181—210页。

地域民间传说的当属灌云人孙佳讯，1930 年开明书店出版了他搜集的民间故事集《娃娃石》，收录《二郎担山赶太阳》、《海上仙女》、《娃娃石》等民间叙事作品 27 篇。新中国成立后，随着政府对地方文化的日趋重视，海州地方人士又陆续整理出版了《连云港民间传说》、《连云港民间文学集成》[①] 等，创刊于 1971 年的《连云港文学》也有许多民间传说刊载[②]，艾伯华《中国民间故事类型》中选取了 175 则江苏民间故事，其中除了 25 则不明出处外，有 83 则见于海州地域，近一半之多[③]。由此可见，海州民间传说的多而杂，本章内容不能详尽考察，只选取东海孝妇、虎皮井、舀海等较为典型的传说故事作为范例，探讨其作为海州俗文化构成要素的流变过程。

第一节　东海孝妇故事在海州的流传演变

东海孝妇故事是中国民间传说流传最广、最久的故事之一，可以说是家喻户晓。从先秦时期的“庶女叫天”到元朝关汉卿的《窦娥冤》，中间经历了两千多年的历史跨越，其间不断为其他地区的孝妇故事吸纳改编，形成了颇具各地方特色的孝妇故事。虽然东海孝妇故事在全国范围内流传甚广，但无论是齐地的“庶女”、郯城的“孝妇”，还是楚州的“窦娥”、海州的孝妇窦娥，其故事发生的地缘并没有太大改变，总体来看，多发生在以海州为中心的周边地区。因此，海州可以说是研究东海孝妇故事不可忽视的最重要地区。

一　海州“孝妇”事的相关记载

海州孝妇事的相关记载始于北宋，而以明、清时期为盛，其中也多

---

① 江苏人民出版社编：《连云港民间传说》，江苏人民出版社 1981 年版；姜威等编：《连云港民间文学集成》，江苏文艺出版社 1992 年版。

② 1971 年创刊，名为《群众文艺》，不定期出版；“文化大革命”后改为《连云港文艺》；1984 年更名为《连云港文学》。

③ 艾伯华：《中国民间故事类型》，王燕生、周祖生译，刘魁立审校，商务印书馆 1999 年版，第 447—448 页。

附会于公的传说。

（宋）乐史《太平寰宇记》：

孝妇庙：在东海县北三十三里，巨平村北。按《前汉书》："孝妇少寡，无子，养姑甚谨……"；于定国墓：定国，东海郯人也。①

（宋）沈括《梦溪笔谈》：

海州东海县……北又有"孝女冢"，庙貌甚盛，著在祀典。孝女亦东海人。今东海县汉赣榆，属琅琊，非古东海，孝妇东海人，亦附会也。②

（明）张峰纂修《隆庆海州志》：

于公浦：去东海城北十里，旧云汉于公居处，俗讹为汝公蒲；"灾异"：东海孝妇窦氏被诬，误杀孝妇，郡中枯旱三年，后明其冤，杀牛祭孝妇冢，立大雨；"杂祠"：孝妇庙，在巨平山北（《明一统志》云"巨平山在海州城北三十里，名由吾峰南接东海，北抵墟沟"③）。④

（明）顾乾《云台三十六景》中的"荒祠春会"：

新县孝妇祠，三月三日居民竞为赛会，百戏杂陈，远近争赴，

① （宋）乐史：《太平寰宇记》，王文楚等点校，中华书局2007年版，第464—466页。

② （宋）沈括：《梦溪笔谈》，上海书店出版社2003年版，第26—27页。

③ （明）李贤等撰：《明一统志》卷13《淮安府》，载《四库全书》472册，"史部·地理类"，第301页。

④ （明）张峰纂修：《隆庆海州志》卷2《山川志》，载《天一阁明代方志选刊》第14册，1962年12月上海古籍书店据宁波天一阁藏（明）隆庆刻本影印，第8—13页。

亦山中一乐事①。

（明）刘昭《汉东海孝妇窦氏祠记》：

生有以感亲心，死有以动天心，孝妇之孝至矣。世传孝妇，东海人，窦氏，早寡，事姑孝。越十余岁，姑不忍，私谓邻人曰："吾老矣，久累丁壮，奈何！"遂自经死。是生有以感亲之心也。于是姑女告妇杀其母，有司不明，孝妇自诬服。于公为狱吏，争之不能得，竟论杀。郡中枯旱三年。后太守至，于公曰："前守枉杀孝妇，咎当在是。"太守用太牢躬祭孝妇冢，表其墓，天大雨，是死有以动天之心也。既有补于世教，亦使后世之治狱者，鉴此而明慎用刑也。冢前一祠，为前朝敕建，今羽士李启重修。昭谨记之，俾后之同志者培其冢，毋坍其垣宇，庶乡邦有所景式云。②

（明）王同《重修英烈祠碑铭》：

英烈祠在东海岛间，祀孝妇也。孝妇事，详刘昭碑。吾独谓姑以慈死，度孝妇必欲速死，从姑于地下。史称诬服，无乃以恒情言欤！三年之旱，此天之哀孝妇也。自汉至今，几千年矣，而孝妇之英灵如一日。以是叹秉彝之在人，而大有功于明教也。顾祠宇倾圮，旧祠惟孝妇。夫姑以慈死，于并祠为宜。爰命环居者宋教、马友仁等，义动乡人，蠲资重建。堂三间，题曰慈孝，春秋遣官祭之。门仍旧题曰英烈祠。后更为屋，以居守者；四周筑垣。始于嘉靖丙午之春，一月而工竣。生员马鸾请纪其成，因系之铭。铭曰：姑死于慈，以报妇孝；妇死于孝，以敦世教。茫茫东海，累累双

① 《云台新志》第二册卷8《胜迹》下，载《中国方志丛书·华中地方（第157号）》，据（清）许乔林纂辑，（清）道光十一年修·（清）光绪二十四年重刊本影印，成文出版社有限公司印行，第409页。

② （明）张峰纂修：《隆庆海州志》卷10《词翰志》，载《天一阁明代方志选刊》第14册，1962年12月上海古籍书店据宁波天一阁藏（明）隆庆刻本影印，第38—39页。

邱，贤哉姑妇，神其同游。①

（明）李贤等撰《明一统志》：

于公浦在海州城北一十里，乃煎盐之所，以汉于公为名。②

（清）顾祖禹《读史方舆纪要》：

于公浦：州北十里，产盐，以汉于公为名。③

（清）唐仲冕编纂《嘉庆海州直隶州志》：

孝妇祠……【案】然州境奉祠，历年久远，人皆呼为奶奶庙。秉彝之好，妇孺皆同，其俎豆当与山海并永矣。乾隆四十八年春，知州林光照因开浚涟河，祷晴一月，工竣，益奉新其祠。嘉庆八年秋，知州唐仲冕祷雨于祠，三日而雨，因题"孝德灵感"，以彰其灵。④

从以上各有关孝妇及于公的记载来看，北宋时期东海即有孝妇祠（又名"英烈祠"，俗呼"奶奶庙"，在今云台山区朝阳乡），元朝"敕建"，明朝重建，清重修。在此期间，州人从未间断过对孝妇祠的祭祀。而关于"于公浦"之记载却始自明朝，应该是海州人在祭祀孝妇祠基础上的地名附会。这种祭祀孝妇祠的习俗一直延续到新中国成立后，并

① （明）张峰纂修：《隆庆海州志》卷10《词翰志》，载《天一阁明代方志选刊》第14册，1962年12月上海古籍书店据宁波天一阁藏（明）隆庆刻本影印，第49—51页。

② （明）李贤等撰：《明一统志》卷13《淮安府》，载《四库全书》472册，"史部·地理类"，第303页。

③ （清）顾祖禹：《读史方舆纪要》，贺次君、施和金点校，第三册"南直·山东"，卷22"南直"4，中华书局2005年版，第1096页。

④ 仲其臻等整理：《嘉庆海州直隶州志》卷19《祠宇考》，南京大学出版社1993年版，第861页。

且每年三月三的庙会也时常举行。但随着社会经济的发展，孝妇祠已经逐渐衰落，三月三庙会也不再举办。1984年，海州地方文物工作者在朝阳乡孝妇祠遗址旁发现了有关孝妇祠的九块残碑，其中有“汉东海孝妇祠”山门匾额，有明代嘉靖年间海州知州王同撰《哀孝妇》诗刻残碑①，诗文曰：“哀哀东海窦孝妇，孝心事姑感姑哀。姑死心为哀孝妇，死讵知为孝妇灾。妇死心为痛姑死，姑妇两心青天知。累累葬草年年绿，空山月落鸟声悲。”② 21世纪初，由于旅游业的开发，经有关部门同意，将朝阳乡境内的兴国寺遗址重建于孝妇祠的旧址前，形成了兴国寺和孝妇祠同建的格局。

海州孝妇祠为何如此兴盛？这还要从东海孝妇故事与海州的渊源谈起。

二 从“庶女叫天”到“东海孝妇”

东海孝妇的传说最早可以追溯到齐景公（前547—前490）时期的“庶女叫天”故事原型。《淮南子》曰：

> 庶女叫天，雷电下击，景公台陨，支体伤折，海水大出。高诱注曰：庶贱之女，齐之寡妇。无子，不嫁，事姑谨敬。姑无男，有女。女利母财，令母嫁妇，妇益不肯。女杀母，以诬寡妇，妇不能自明，冤结叫天，天为作雷电下击，景公之台陨坏也，毁景公之支体，海水为之大溢出也③。

《淮南子》大约成书于汉武帝时期，保存有大量先秦时期的民间传说故事，书中的“庶女叫天”记载虽然情节较为简单，但明显带有滨海地区的传奇性特征，“海水大出”应该是庶女被诬的天象表征，并伴

① 李洪甫、姚芝庆：《连云港市经济史料》，连云港经济联合开发公司、连云港市经济学会编印1985年版，第140页。

② （明）张峰纂修：《隆庆海州志》卷10《词翰志》，载《天一阁明代方志选刊》第14册，1962年12月上海古籍书店据宁波天一阁藏（明）隆庆刻本影印，第53页。

③ （汉）刘安：《淮南子》，高诱注，载国学整理社辑《诸子集成》第七册，中华书局1954年版，第89页。

有“雷电下击”等。从高诱所注来看，故事基本情节是寡妇无子，被诬，天为之变异，这与最早的“东海孝妇”故事情节极为相似，因而顾颉刚以及祝肇年先生也都认为这则故事应该是“东海孝妇”原型的最早记载①。但除了此则故事之外，直到西汉刘向《说苑》，史籍中并未见有其他相关故事记载。《说苑·贵德》云：

> 丞相西平侯于定国者，东海下邳人也，其父号曰于公，为县狱吏决曹掾，决狱平法，未尝有所冤，郡中离文法者，于公所决，皆不敢隐情，东海郡中为于公生立祠，命曰于公祠。东海有孝妇，无子，少寡，养其姑甚谨，其姑欲嫁之，终不肯，其姑告邻之人曰：“孝妇养我甚谨，我哀其无子，守寡日久，我老累丁壮奈何？”其后母自经死，母女告吏曰：“孝妇杀我母。”吏捕孝妇，孝妇辞不杀姑，吏欲毒治，孝妇自诬服，具狱以上府，于公以为养姑十年之孝闻，此不杀姑也，太守不听，数争不能得，于是于公辞疾去吏，太守竟杀孝妇，郡中枯旱三年。后太守至，卜求其故，于公曰：“孝妇不当死，前太守强杀之，咎当在此。”于是杀牛祭孝妇冢，太守以下自至焉，天立大雨，岁丰熟，郡中以此益敬重于公。②

孝妇故事从先秦时期齐地到西汉时期东海郡下邳县400年左右的流播时间里，故事的主人公身份没有太大的改变，都是寡妇，无子，事姑“甚谨”。不同之处则主要表现在情节的变化上：一是姑女杀姑演变为姑自杀；二是天象变异由“雷电下击”、“海水大出”演变为郡中“枯旱三年”、“天立大雨”；三是增添了狱吏于公形象。祝肇年先生认为庶女故事衍化成为东海孝妇故事，强调了孝妇之“孝”和于公之“德”，为它的流行开了通行证，但它依然保留了原传说的人道主义精神，因为在“畏天命”的西汉时期，东海郡中的“三年枯旱”足以使统治阶级惊心，而老百姓仍然可以从自己的角度去欣赏故事，这也是故事能够继

① 参见顾颉刚《〈六月雪〉故事的演变》，《民间文学论坛》1983年第1期；祝肇年《〈窦娥冤〉故事源流漫述》，载麻国钧、祝海威选编《祝肇年戏曲论文选》，文化艺术出版社1998年版，第103页。

② （汉）刘向：《说苑校证》，向宗鲁校证，中华书局1987年版，第108—109页。

续流传的重要原因[1]。总体而言，与“庶女叫天”之早期记载相比，“东海孝妇”故事情节趋向完善，人物形象也渐渐丰满起来。

三　从汉至元的有关记载看“东海孝妇”故事的流播

东海孝妇事始见于正史应该是《汉书·于定国列传》，基本上抄录《说苑·贵德》篇中的记载，但也稍有不同，其文曰：

> 于定国字曼倩，东海郯人也。其父于公为县狱吏，郡决曹，决狱平，罗文法者于公所决皆不恨。郡中为之生立祠，号曰于公祠。东海有孝妇，少寡，亡子，养姑甚谨，姑欲嫁之，终不肯。姑谓邻人曰：“孝妇事我勤苦，哀其亡子守寡。我老，久累丁壮，奈何?”其后姑自经死，姑女告吏：“妇杀我母。”吏捕孝妇，孝妇辞不杀姑。吏验治，孝妇自诬服。具狱上府，于公以为此妇养姑十余年，以孝闻，必不杀也。太守不听，于公争之，弗能得，乃抱其具狱，哭于府上，因辞疾去。太守竟论杀孝妇。郡中枯旱三年。后太守至，卜筮其故，于公曰：“孝妇不当死，前太守强断之，咎党在是乎?”于是太守杀牛自祭孝妇冢，因表其墓，天立大雨，岁孰。郡中以此大敬重于公[2]。

与《说苑》中记载文字之间互有出入，但重点的故事内容则完全相同，都是孝妇死后东海郡中“枯旱三年”，后于公告知新太守枯旱的缘由，太守祭祀，“立大雨”。但我们要注意的是《说苑》中言于公为“下邳人”，而《汉书》中言其为“郯人”。西汉时期的东海郡郡治在郯，领县共三十八，其中包括郯、下邳、朐等，除了琅琊郡外，是最大的一个郡[3]。郯在下邳东北、朐县西，而三县互相接壤，如果说于定国的籍贯可能因县与县的交界而产生误会，但作为县狱吏的于公记载不应该有矛盾之处，令人费解，其中必有一为误记。而从《汉书·于定国列传》

① 祝肇年：《〈窦娥冤〉故事源流漫述》，载麻国钧、祝海威选编《祝肇年戏曲论文选》，文化艺术出版社 1998 年版，第 105 页。

② （汉）班固：《汉书》，中华书局 1962 年版，第 3041—3042 页。

③ 同上书，第 1588 页。

对于定国的详细记载来看，“下邳”说或有误，东海孝妇也应该为郯县人。

虽然《汉书》第一次将东海孝妇故事纳入正史，但与《说苑》记载一样，没有交代孝妇的姓氏及身家状况，最早记载东海孝妇姓名的当为干宝的《搜神记》，书中言孝妇名“周青”：

> 汉时，东海孝妇养姑甚谨，姑曰：“妇养我勤苦，我已老，何惜余年，久累年少。”遂自缢死。其女告官云：“妇杀我母。”官收系之。拷掠毒治，孝妇不堪苦楚，自诬服之。时于公为狱吏，曰：“此妇养姑十余年，以孝闻彻，必不杀也。”太守不听。于公争不得理，抱其狱词哭于府而去。自后郡中枯旱，三年不雨。后太守至，于公曰：“孝妇不当死，前太守枉杀之，咎当在此。”太守即时身祭孝妇冢，因表其墓，天立雨，岁大熟。长老传云：“孝妇名周青，青将死，车载十丈竹竿，以悬五旛，立誓于众曰：‘青若有罪，愿杀，血当顺下；青若枉死，血当逆流。’既行刑已，其血青黄，缘旛竹而上极标，又缘旛而下云。”①

此则故事记载前半段与《说苑》、《汉书》记载同。而后半段添加了孝妇姓名及孝妇死前立誓并应验事，颇有价值。而文中“长老传云”顾颉刚先生标示以为“《长老传》云”②，变成了《搜神记》引《长老传》的记载。这样似乎割裂了故事记载的连续性，笔者以为不妥。“长老”应该是“年长的老人”，“传”应该读为“chuán”，即“传言”，文中“长老传云”应该是“年长的老人传言”之意，这样理解此则故事应该较为连贯。所以说，干宝对孝妇周青之事也是道听途说，并未有出处。这也说明了孝妇名为周青及死前立誓“血当逆流”并应验之事也只是民间传说而已。但正是这一民间传说体现了《搜神记》这则故事的价值所在。《说苑》、《汉书》中的记载都比较平淡，只是孝妇被诬杀后，上天主动地怜悯孝妇的冤屈，并没有孝妇的主观愿望，说教性强。而

---

① （晋）干宝：《搜神记》，汪绍楹校注，中华书局1979年版，第139页。

② 顾颉刚：《〈六月雪〉故事的演变》，《民间文学论坛》1983年第1期。

《搜神记》中记载却不同，孝妇被诬杀之前，为了表明自己的清白，对天立下“血当逆流”的誓言，而“青黄”之血“缘旛竹而上极标”的应验结局则表明了孝妇对太守不辨是非的控诉，同时也体现了封建社会下层劳动妇女对社会不公正待遇的强烈不满。

《搜神记》中的这则故事记载直接影响了刘宋时期王韶之《孝子传》中的孝妇事。但与《搜神记》不同的是，《孝子传》增添了较为详细的娘家记载，文曰：

> 周青，东郡①人也。母患积年，青扶持左右，四体羸瘦，村里乃敛钱营助汤药，母痊，许嫁同郡周小君，小君疾病，未获成礼，乃求青母，见青以托其父母，青许之，俄而命终。青供养十余年，公姑感之，劝令更嫁，青誓以匪石，公姑并自杀，姑女告青害杀，县收拷捶，遂以诬款。七月行刑于市，青谓监杀者曰：乞树长竿，系白幡，青若杀公姑，血入泉；不杀，血上天。血乃缘幡竿上天②。

孝妇周青有一老母，未婚夫周小君为同郡人，周小君因病而求请周青过门侍奉父母，小君命终而寡，这些都是与此前孝妇故事记载所不同的地方，表现出浓厚的民间色彩。周青的过门原因除了供养公婆外，更主要的是带有民间“冲喜”③ 性质，而这种“冲喜”风俗在海州地域一直延续到新中国成立前夕。而故事的后半部分诬告、立誓等情节则明显借鉴了《汉书》、《搜神记》中的相关记载，应该说是一个杂糅体。另外值得注意的是，《孝子传》中的记载省去了“郡中枯旱三年”的说法，不再牵连于郡中其他民众，将矛头直接指向不辨是非的郡县官吏。与此前孝妇故事相比，民间性更强。也正是因为这强烈的民间性，使得周青孝妇故事情节对后世的民间传说影响较大。

需要指出的是，作为成型期小说的唐传奇、宋话本，不知道为何没

---

① 顾颉刚注曰：东郡当作东海郡。见顾颉刚《〈六月雪〉故事的演变》，《民间文学论坛》1983 年第 1 期。

② （宋）李昉等撰：《太平御览》卷 415，中华书局 1960 年影印本，第 1915 页。

③ 封建社会的一种迷信风俗。家中有人（尤其是未婚男子）病重时，常用办理喜事（如迎娶未婚妻过门）等举动来驱除邪气，希望病人尽快好转。

有有关孝妇故事的记载[①]，这是一个颇难解决的课题，当另行考证。但《太平御览》在引《汉书》中孝妇故事的时候，“枯旱三年”的天之异象已经改为“五月下雪”：

《汉书》云：汉女者，居东海，养姑。姑女谗之于姑，姑经，太守诉而杀之，五月下雪。[②]

而《汉书》中关于东海孝妇的记载并没有“五月下雪”的说法，可见宋时东海孝妇传说也在广泛流传并有变化。直至元朝的关汉卿，综合了之前所有孝妇故事的骨干情节和思想精华，完成了伟大的悲剧作品——杂剧《窦娥冤》。

东海孝妇故事不仅在民间得以广泛流传，从汉至元，许多官吏、文士将其作为典故引用，或辩冤，或奏请统治者慎用刑罚、修德政，或感叹孝妇之冤，我们可以从一些诏令奏议、诗词中窥探东海孝妇故事对上层社会的影响。

东汉霍谞十五岁时因舅宋光被诬系狱而奏记于大将军梁商：“昔东海孝妇见枉不辜，幽灵感革，天应枯旱……诚能留神，沛然晓察，必有于公高门之福，和气立应，天下幸甚”[③]；南朝宋谢庄上奏，要求改定刑狱：“身遭铁锧之诛，家婴孥戮之痛，比伍同闬，莫不及罪，是则一人罚谬，坐者数十。昔齐女告天，临淄台陨，孝妇冤戮，东海愆阳”[④]；南朝齐孔稚珪上表重用良吏：“狱吏虽良，不能为用。使于公哭于边城，孝妇冤于遐外。陛下虽欲宥之，其已血溅九泉矣”[⑤]；南朝梁江淹系狱，上书言曰：“昔者，贱臣叩心，飞霜击于燕地；庶女

---

① 顾颉刚先生很早就注意到了这一点：“东海孝妇故事在唐、宋两朝很不发达，因为在唐传奇和宋话本中没有记载，而到了元朝却极为兴旺，《录鬼簿》载《东海郡于公高门》的剧目有王实甫、梁进之、王仲元三家，虽然都佚失，但大概都是以孝妇的故事为主的。”见顾颉刚《〈六月雪〉故事的演变》，《民间文学论坛》1983年第1期。

② （宋）李昉等撰：《太平御览》卷12，中华书局1960年影印本，第58页。

③ （南朝·宋）范晔：《后汉书》，中华书局1965年版，第1616页。

④ （南朝·梁）沈约：《宋书》，中华书局1974年版，第2173页。

⑤ （南朝·梁）萧子显：《南齐书》，中华书局1972年版，第873页。

告天，振风袭于齐台”[①]；北魏景明四年（503）夏四月，世宗宣武帝下诏曰：“酷吏为祸，绵古同患。孝妇淫刑，东海燋壤”[②]；北齐樊逊答诏问“刑罚宽猛”：“使民平狱气，得酒而后消。东海孝妇，因灾而方雪”[③]；唐韦嗣立对武则天时期的国学废散及滥用刑罚状况表示不满，谏曰：“昔杀一孝妇，尚或降灾，而滥者盖多，宁无怨气。怨气上达则水旱所兴，欲望岁矜，不可得也”[④]；唐玄宗时期张九龄进言修德政：“乖政之气，发为水旱。天道虽远，其应甚迩。昔东海枉杀孝妇，天旱久之。一吏不明，匹妇非命，则天昭其冤”[⑤]；唐文宗太和六年（832）大旱，诏求致雨的方法，司门员外郎李中敏上书：“雨不时降，夏阳骄愆，苗欲槁枯，陛下忧勤，降德音，俾下得尽言。臣闻昔东海误杀一孝妇，大旱三年”[⑥]；元朝丞相铁木迭儿以私怨杀大小之臣，“敕廷臣集议弭灾之道”之时，张珪抗言曰：“弭灾当究其所以致灾者，汉杀孝妇，三年不雨。”[⑦]

唐宋诗人也常把庶女、孝妇故事作典故入诗。李白《古风》：“燕臣昔恸哭，五月飞秋霜。庶女号苍天，震风击齐堂”[⑧]；杜牧《祭城隍神祈雨文》：“东海孝妇，吏冤杀之，天实冤之，杀吏可也。东海之人，于妇何辜，而三年旱之?”[⑨] 苏东坡《五禽言》：“姑恶姑恶，姑不恶，妾命薄。君不见东海孝妇死作三年干，不如广汉庞姑去却还。”[⑩]

综上所述，自汉至元，东海孝妇故事通过多种途径在民间甚至上层社会中广泛流传，这就为关汉卿《窦娥冤》提供了丰富的创作源

① （唐）李延寿：《南史》，中华书局 1975 年版，第 1447 页。

② （北齐）魏收：《魏书》，中华书局 1974 年版，第 196 页。

③ （唐）李百药：《北齐书》，中华书局 1972 年版，第 1612 页。

④ （后晋）刘昫：《旧唐书》，中华书局 1975 年版，第 2868 页。

⑤ （宋）欧阳修、宋祁撰：《新唐书》，中华书局 1975 年版，第 4425 页。

⑥ 同上书，第 4290 页。

⑦ （明）宋濂：《元史》，中华书局 1976 年版，第 4074 页。

⑧ 《全唐诗》第 246 卷，中华书局编辑部 1999 年点校本，第 1676 页。

⑨ （唐）杜牧：《樊川文集》，陈允吉校点，上海古籍出版社 2007 年版，第 202 页。

⑩ （宋）苏轼：《苏轼诗集》，（清）王文浩辑注，孔凡礼校点，中华书局 1982 年版，第 1047 页。

泉。可以说，《窦娥冤》是东海孝妇故事的集大成之作。关汉卿吸收了《淮南子》中“庶女叫天”的天之异象表征，借鉴了《说苑》、《汉书》中“枯旱三年”以及《搜神记》、《孝子传》中的孝妇“血逆流”誓愿等情节，并增添“六月飞雪”的典故，完成了历史上最伟大的悲剧作品。也是关汉卿第一次称孝妇为“窦氏”（唐杜牧《樊川文集》虽然有《窦烈女传》[①]，但并非以孝妇为主题），对明清时期流播的孝妇故事影响较大。正因为东海孝妇在全国范围内的广泛流传，淹没了《淮南子》中齐地“庶女叫天”的故事原型，“庶女”渐渐被遗忘。

四　海州孝妇冢祠与郯城孝妇冢祠辨

从上文东海孝妇故事的历史演进过程来看，其发生地主要在齐地、郯县、楚州，而这三地因为地缘的相近，历史时期或有交叉，而海州正位于这三地的交叉中心。春秋时期，海州本属郯国，但郯后为齐灭。《春秋》言鲁庄公十年（前684），“冬十月，齐师灭谭，谭子奔莒”，《左传》曰“齐侯之出也，过谭，谭不礼焉。及其入也，诸侯皆贺，谭又不至。冬，齐师灭谭，谭无礼也。谭子奔莒”，《公羊传》曰：“何以不言出，国已灭矣，无所出也。”[②] 西汉时期，朐（今海州）、郯同属东海郡，唐时期“郯县属海州”[③]。而楚州也因地近海州，曾隶属海州总管府。“武德四年（621），置海州总管府，领海、涟、环、东楚四州，……七年（624），以东楚州属扬府”[④]，并且《窦娥冤》中提到的“山阳县”也于“武德四年（621），置东楚州”[⑤]。由此而言，先秦以来孝妇故事就有可能已经流传到海州地域，而由于郯、楚州、海州地名上的或有隶属关系，使得北宋以来海州人就愿意把海州当作东海孝妇的故乡，并立祠祭拜，而后更是附会了孝

① （唐）杜牧：《樊川文集》，陈允吉校点，上海古籍出版社2007年版，第103页。

② 杜预等注：《春秋三传》，上海古籍出版社1987年版，第111页。

③ （汉）司马迁：《史记》卷98“傅靳蒯成列传”云：“东至缯、郯、下邳”，张守节“正义”曰“郯县属海州”，中华书局1959年版，第2710页。

④ （后晋）刘昫：《旧唐书》，中华书局1975年版，第1445页。

⑤ 同上书，第1573页。

妇冢，文人墨客也多来此凭吊。

今山东郯城及江苏海州都有孝妇冢，而海州孝妇冢的记载除《梦溪笔谈》外，最早应该是明朝时期张峰纂修的《隆庆海州志》：

> “冢墓”：孝妇冢，在东海新县北二里，乡人以其孝感立祠，塚旁祀之。《一统志》云在郯城东十里。孝妇实东海人，又庙在巨平山，则冢在东海无疑，事见史传及碑记可考。①

张峰误将东海县与东海郡等同起来，忽略了《汉书》中“东海郯人”的说法。但也可能有另外一个原因，张峰修州志时为海州刺史，故意将“东海孝妇”引入“东海县”境内，以全州之盛名。对此，清唐仲冕《嘉庆海州直隶州志》的辩证较为详尽：

> 【今案】孝妇事见《汉书·于定国传》，为东海郯人，非朐人，今郯城南十里有孝妇祠、墓，甚严整。
>
> 汉东海孝妇冢。张峰《州志》：在东海新县北，《江南通志》同。又《云台山志》云，孝妇祠在新县北二里，旁有二冢，相传孝妇死附于姑墓，土人为立祠。【案】宋沈括《梦溪笔谈》：今东海县汉赣榆，属琅琊，非古东海，孝妇东海人，亦附会也。《广舆记》孝妇，郯人。《一统志》冢在郯城东，十里。
>
> 旧州志女德门列孝妇窦氏，【案】《汉书·于定国传》、《说苑·贵德篇》皆作东海孝妇，不著其氏。汉东海郡，治在郯，非州人。《太平寰宇记》于东海县下录孝妇庙，乐史喜著异说，亦未言为窦氏也。明刘昭、李枝等孝妇祠碑，皆郢书燕说，传讹已久。徐渭画雪里荷花，自题云“六月初三大飞雪，碧翁却为窦娥奇”。是青藤亦沿其讹也。又州人相传，孝妇将死，插榴枝于地，祝曰“我冤死，花当发”。后树大成围，今州管内有石榴树镇云。【案】此事见《宋史·五行志》，乃汉阳军民妇事。又陈宣《州志》谓妇化

① （明）张峰纂修：《隆庆海州志》卷2《山川志》，载《天一阁明代方志选刊》第14册，1962年12月上海古籍书店据宁波天一阁藏（明）隆庆刻本影印，第16页。

墩即斩孝妇处。流俗传云，益无稽矣。[①]

实际上，除了张峰州志以外，其他关于海州孝妇祠、孝妇冢的记载并不矛盾，因为孝妇祠、孝妇冢在海州的确存在。海州、郯城地缘接壤，而地名概念历史上又有模糊性，郯县孝妇之诬杀致使“郡中枯旱三年”，因此海州也应该受到“枯旱”的影响，很早就有孝妇事的流传，州人立祠祭拜也是有道理的。只是汉时孝妇冢却应该在郯城[②]，海州之孝妇冢是州人感孝妇祠之常常应验而修建之衣冠冢。至于称海州之孝妇为“窦氏”则完全是后世受《窦娥冤》的影响而附会，但故事在海州广泛流传却是实实在在的[③]。海州发现的残碑皆为“祠”碑，而明人王同、刘昭等所作也为“祠”碑记，海州方志中更没有关于孝妇冢碑或冢碑记的记载，也许海州根本就没有“孝妇冢碑”，因为“孝妇冢碑”在郯城，明朝正德甲戌（1514）科进士郯县人张景华作碑记，现亦录如下，或可辨是非：

孝之道大矣哉！《经》曰：“夫孝，天之经也，地之义也，人之行也。”《吕氏春秋》曰：“凡理国家者必先务本，务本莫过于孝。”夫孝，三皇五帝之本务，而万事之纲纪也。执一术而百善至，其道非渺小矣，若汉东海之妇以孝称，非女中之舜参耶？按汉史《于定国传》载东海孝妇，第不知何以失其姓氏。《县志》谓为窦姓者未然也。呜呼，予于此益见孝道之大，而天人相与之际，捷于影响矣。堪舆渺邈，人生其间，海之杯水，仓之稊米耳。若妇尽教面蒙不孝之戮，天即为之枯旱三年。及其诬辩而事显也，天立雨。一人之身，其孝至于动天地、感鬼神，道有大于

① 此处引自《嘉庆海州直隶州志》卷19《祀典考》、卷30《冢墓录》、卷31《拾遗录》，仲其臻等整理：南京大学出版社1993年版，第861、1184、1239页。

② 郯县孝妇蒙冤被斩后当地百姓为其筑起大冢，两千多年来一直受到世人敬重。孝妇冢位于郯城东郊约1公里、路南约50米处。冢高6米，周长80米，冢旁竖有两块石碑。一块为清光绪三十年（1904）所立，一块为光绪三十四年（1908）所立。

③ 王馗认为东海孝妇故事发生在山东郯城及江苏海州境内。见王馗《〈窦娥冤〉的民间品格与祭祀功能》，《文化遗产》2008年第1期。

孝者乎？天也人也，高下大小，势若离逖。然逆天则旱，顺则雨，有感必应，无毫发爽。天人之理，果有异乎？因思夫天下之事，常若变两端而已。孔子曰："五刑之属三千，而罪莫大于不孝。"妇之以不孝死，亦事之至变者也。天道又懵无知焉，逆弗旱，顺弗雨，为善者可怠欤。是故君子为善，惟求尽其分之当然，得失利害之不在我者无恤也。孝妇以诬受戮，人皆冤之。然其心俯爷无愧，亦含笑入地矣，讵之其冤耶？予于此复有说焉。凡祸福之来有所自，君子不恃智以防之，恃其无致祸患之道耳，孝妇之诬所以成之者人也。姑氏昧于爱，郡守失于察，脱姑氏知守节之可，尚不知毙而昧于爱。邵守知于公之平恕，不偏听而失于察，孝妇何自蒙诬哉？此又可为古今鉴也。沂二守李君秉玉山人，来署县事，诣冢致祀，惟见冢前有东蕃宪付吉口公公勖躬书"汉孝妇冢"四大字勒诸石，而其事之颠末无文以载之，还清予余曰："汉孝妇名与天地相悠也，冢独无文以揭扬之，亦一大缺典也，何以风名教？"予久蓄世道之感，闻而大违其义。传曰：言之无文，行之不远。不揣无文，谨为之记。①

需要指出的是，明朝时期海州乡人捐资重修"英烈祠"时，将三间正堂命名为慈孝堂却是意义重大。因为"孝"的传统，两千余年来关于东海孝妇故事人们关注的多为"孝妇"的"孝"，而忽略了"翁姑"的怕牵累孝妇而"自缢"的"慈"。海州人较早注意到了这一点，并将"慈"者与"孝"者并同祭祀，体现了海州人民在大力提倡"孝"道的同时，也不忘记重视"慈"道，这对研究海州地方民俗文化来说颇有价值。而即使在今天，学者们对于东海孝妇的研究也大多忽略了此问题，笔者在此提出，希望能够引起更多关注。

五　孝妇故事中天之异象与海州民间传说

不同历史时期的东海孝妇故事用不同异常现象的发生来体现孝妇之

---

① （明）张景华：《孝妇冢碑》，载《四库全书》"史部""地理类"541册，《山东通志》卷35之《艺文志》20，第793—794页。

冤。这种以天变来反映人事的思想观念，与萌生于先秦时期的“天人感应”观有密切关系①。古人认为自然和人是统一体，人是自然界的一个组成部分，所以必须要以“人道”合“天道”，以“人心”合“天心”，以“人德”合“天德”②，如果违背了这种“天人合一”的和谐境界，上天必将降下灾异惩罚或警示。齐地“庶女叫天”故事已经体现出这种民俗信仰，“天雷下击”、“海水大出”等即是上天对统治者示以的惩罚。而到了东海孝妇故事中，这种天象灾异已经转变为血色青黄逆流、枯旱三年、五月飞雪等，并对其他民间传说产生影响，如《搜神记》卷7记淳于伯被杀之时，“血逆上柱二丈三尺，旋复下深四尺五寸。是时淳于伯冤死，遂频旱三年”③，《后汉书·循吏列传》中记载会稽上虞孝妇冤死，“郡中连旱二年”④，等等。这种天变现象在古人观念中往往还可以表现人间灾异的即将发生，史书中对此也多有记载，如《汉书·五行志》载：“文帝四年六月，大雨雪。后三岁，淮南王长谋反，发觉，迁，道死”，“阳朔四年四月，雨雪，燕雀死。后二年，许皇后自杀”⑤ 等等。

那么孝妇故事中为什么会以海水大出、三年枯旱、五月飞雪等灾异天象来反映孝妇之冤呢？这可能与海州地域确曾发生过这些灾异有关。

综合来看，孝妇故事都明确表明发生地：齐地、下邳、郯城、海州、楚州，而这几个地方的中心区域却是海州。齐地“庶女叫天”故事很明显是源于滨海地域，而雷电陨景公之台、海水大出等表述应该与地震海啸有关，或许这则故事正是较早对地震灾异的记载，但可惜没有其他文献记载来证明。而枯旱三年和五月飞雪却可以从其他传说故事中寻找一些蛛丝马迹。

---

① 周人借周文王的“敬德”和商纣王的“失德”来说明周代商是“天命”所归。此后“天”的观念已经深深植根于民间信仰土壤之中。而到了西汉时期，董仲舒站在统治者的立场上，更是发展了“天人感应”学说，指出“天道”与“人道”是和谐而统一的，人间统治者行“道”与否，则“天”将降祥瑞或灾异以应验。

② 陈江风：《中国文化概论》，南京大学出版社2002年版，第31页。

③ （晋）干宝：《搜神记》，汪绍楹校注，中华书局1979年版，第105—106页。

④ （南朝·宋）范晔：《后汉书》，中华书局1965年版，第2473页。

⑤ （汉）班固：《汉书》，中华书局1962年版，第1424—1426页。

……后东海君来见葛陂君，因淫其夫人，于是长房劾系之三年，而东海大旱。长房至海上，见其人请雨，乃谓之曰："东海君有罪，吾前系于葛陂，今方出之使作雨也。"于是雨立注①。

这虽然是一则关于祈雨的方仙道故事，但是故事中也交代了费长房"劾系"东海君三年时间里，"东海大旱"，只是大旱的原因是雨神东海君犯了"淫"罪，应该说这也是道教徒宣扬"役使鬼神术"的编造。但要注意的是，东海大旱三年的说法与"东海孝妇"中的"枯旱三年"是一致的。道教徒编造的故事与民间传说故事不谋而合，不能排除故事中真实因素的存在。查看西汉历史，天下大旱的记载很多："惠帝五年（前186）夏，大旱，江河水少，溪谷绝；文帝三年（前177）秋，天下旱，后六年春，天下大旱；景帝中元三年（前147）秋，大旱；武帝元光六年（前129）夏，大旱；元朔五年（前124）春，大旱；元狩三年（前120）夏，大旱；天汉元年（前100）夏，大旱，其三年夏，大旱；征和元年（前92）夏，大旱；昭帝元始六年（前81），大旱；宣帝本始三年（前71）夏，大旱，东西数千里；神爵元年（前61）秋，大旱；成帝永始三年（前14）、四年夏，大旱。"② 可见西汉时期，人民时常遇到天旱的现象，忍饥挨饿，生活不能得到保障，因此有关祈雨的传说故事能够深入人心，相对来说较为盛行。而西汉时期的孝妇故事也与祈雨有关，《说苑》、《汉书》中都有"天立雨"的记载；到了干宝《搜神记》增添了孝妇临终前的誓愿，故事主题趋向于百姓与统治者之间的矛盾；而《孝子传》中则干脆省去了天旱祈雨的内容，集中体现故事中人物之间的矛盾性，对后世影响较大。

由此来看，东海孝妇故事的早期主题并不是表现孝妇之"孝"，而是孝妇对人民祈雨之应验。海州地域人民对孝妇祠的祭祀直到清末还带有祈雨目的③，反映了东海孝妇故事的较早原型。从西汉时期东海孝妇故事的祈雨主题来看，海州地域也曾受到全国范围内大旱的影响，而汉

---

① （南朝·宋）范晔：《后汉书》，中华书局1965年版，第2744页。

② （汉）班固：《汉书》，中华书局1962年版，第1391—1393页。

③ 海州知州唐仲冕"祷雨于祠，三日而雨"，见仲其臻等整理《嘉庆海州直隶州志》卷19《祠宇考》，南京大学出版社1993年版，第861页。

平帝时期尤盛，“元始二年（2 年），郡国大旱，蝗，青州尤甚，民流亡”[①]。至于连续三年发生大旱的情况，或有夸张，但也并不是完全不可能。虽然史书并没有明确记载，但东海孝妇故事以及费长房劾系东海君故事或可提供一些线索。

东海孝妇故事中最早提到五月飞雪的应该是《太平御览》引《汉书》条记载，到了《窦娥冤》改为六月飞雪。因《汉书》中东海孝妇故事并没有飞雪的说法，《太平御览》所引应该经过了唐宋时民间流传的演化。

考五月飞雪传说来源，最早见于《淮南子》言邹衍被诬而天陨霜之事。雪与霜虽然有别，但按照中国传统的天变与人事相联系的观点，自然界的异常变化是人世间不正常、不合理现象的反映[②]，雪与霜在受冤故事中的象征意义完全相同：五月飞雪（霜）之反季节天象表明人间冤案的发生。但《淮南子》中的此条记载已佚，只见于其他史书注解。《后汉书·刘瑜列传》云：“邹衍匹夫，杞氏匹妇，尚有城崩霜陨之异，况乃群辈咨怨，能无感乎！”李贤注：“《淮南子》曰，邹衍事燕惠王，尽忠，左右谮之，王系之，仰天而哭，五月，天为之下霜。”[③]《文选·上书》记江文通《诣建平王上书》言“昔者贱臣叩心，飞霜击于燕地”[④]，《初学记》云“燕系邹衍”[⑤]，均注引《淮南子》邹衍事，文与李贤注同；《太平御览》直接引为“《淮南子》曰”，文也同[⑥]；《论衡·感虚》曰“传书言：邹衍无罪，见拘于燕。当夏五月，仰天而叹，天为陨霜”。[⑦] 可见邹衍被诬而天陨霜事在汉唐宋时期流传是非常广泛的。正因为此，后世民间也流传着许多关于邹衍的传说，海州《挡驴村》故事较为典型：

---

① （汉）班固：《汉书》，中华书局 1962 年版，第 353 页。西汉时期东海郡属徐州，但地缘上与青州接壤，旱灾应该也是较为严重的地区。

② 可参见邓绍基《元代文学史》，人民文学出版社 1991 年版，第 79 页。

③ （南朝·宋）范晔：《后汉书》，中华书局 1965 年版，第 1856 页。

④ （南朝·梁）萧统编：《文选》，（唐）李善注，中华书局 1977 年版，第 553 页。

⑤ （唐）徐坚等：《初学记》，何卓点校，中华书局 1962 年版，第 31 页。

⑥ （宋）李昉等撰：《太平御览》卷 14，中华书局 1960 年影印本，第 69 页。

⑦ （东汉）王充：《论衡》，上海人民出版社 1974 年版，第 77 页。

> 挡路村，在东海城北十里。邹衍乘驴游学至此，憩豆田旁，被他畜先食，主诬衍驴，与辨，弗信。遂剖驴视之，果非。是夜飞霜，豆尽死。今亦名挡驴村①。

虽然这条故事记载时间为明朝，但保留了“受冤飞霜”的基本情节，较为古老，与《淮南子》中记载略同，可见其民间流传早已有之，或可追溯至西汉时期，因而可能对本地区流传的东海孝妇故事产生影响。

海州地域由于独特的山海地理位置，南北气候、海洋与大陆气候交界，时常发生一些天气异常现象。笔者曾亲身经历过 2005 年 4 月 29 日海州原本晴好的天气突降大雪，同事们戏言有奇冤发生，可见邹衍和孝妇故事在海州地域的影响之大。

至于海州地域东海孝妇故事附会了关于“石榴树镇”的传说，笔者以为唐仲冕所说无误。因为关于插榴枝而活的最早记载源于《宋史·五行志·木》，是汉阳军寡妇受诬发誓应验之记载：

> 绍兴间，汉阳军有插榴枝于石罅，秀茂成阴，岁有华实者。初，郡狱有诬服孝妇杀姑，妇不能自明，属行刑者插髻上华于石隙，曰：“生则可以验吾冤。”行刑者如其言，后果生。②

洪迈《夷坚志》中也有记述，但大同小异，孝妇指天为誓曰：“我实不杀姑，天若监之，愿使花成树，我若有罪，则花即日萎死。”③ 海州人将此则孝妇故事附会于本地地名，究其原因，可能因为今石榴树镇的地理位置恰好处在古郯县东部、海州西部的交界处。当插榴枝孝妇故事也流传到海州地域之时，便与当地东海孝妇故事融合，形成了较有地方特色的孝妇传说。

综观东海孝妇传说的全部历史，从先秦至清末，曾见于正史、野史、笔记、诗歌、戏剧、地方志等，基本的悲剧情节未变：孝妇被诬

---

① （明）张峰纂修：《隆庆海州志》卷 2《山川志》，载《天一阁明代方志选刊》第 14 册，1962 年 12 月上海古籍书店据宁波天一阁藏（明）隆庆刻本影印，第 18 页。

② （元）脱脱等撰：《宋史》，中华书局 1977 年版，第 1418 页。

③ （宋）洪迈：《夷坚志》丁志，中华书局 1981 年版，第 647 页。

杀，天地发生变异。而悲剧的目的“是将人生有价值的东西毁灭给人看”[①]，也正是因为此，使得孝妇故事在多灾多难的社会历史进程中经久不息。但是笔者认为故事的主题曾发生三次转变：《淮南子》重在表现灾异的发生，《说苑》、《汉书》强调祈雨功能，《搜神记》开始趋向誓言的应验，《孝子传》应验故事定型。后世的孝妇主题基本围绕应验来展开。但海州孝妇故事却保留了祈雨主题，突出“孝妇”的同时不忘“慈姑”形象，地方色彩浓厚，对研究海州民俗文化较有参考价值。

第二节　虎皮井故事考

海州地域地质构造较为特殊，1.76 亿年前燕山期的地壳运动使本地区地层断裂，岩浆侵入；7 千万年前喜马拉雅山造山运动时期，又使当地地块断裂继续发展和抬升，山脉林立。今天依然还有许多古山脉存在，如云台山、羽山、伊山外、朐山等。这种多山的地理环境在人烟稀少的年代难免多猛兽毒虫，而虎则是最凶猛的食人兽之一，人们因畏惧害怕而常有奉祠。海州先秦时期就因多虎而有一些擅长杀虎的猎户，秦昭王招募夷朐猎人射杀巴蜀之地白虎，以平当地虎患[②]。直到宋朝高宗绍兴年间(1131—1162)，海州还常有虎入城[③]。正因为如此多虎，海州地方才有了许多关于虎的传说故事，如东海黄公故事、牛护主故事[④]等。而在所有关于虎的故事中，又以张峰《隆庆海州志》中记载的“虎皮井”故事最有典型性：

---

① 《鲁迅全集》第 1 卷，人民文学出版社 1981 年版，第 158 页。

② 具体内容可参见（晋）常璩撰《华阳国志校补图注》，任乃强校注，上海古籍出版社 1987 年版，第 9—10 页。

③ 仲其臻等整理：《嘉庆海州直隶州志》卷 31《祥异录》，南京大学出版社 1993 年版，第 1198 页。

④ 牛护主的故事见《隆庆海州志》卷 8《怪异》条记：“宋有农往耕，夜宿于野，虎至欲噉农，牛在侧护之，虎扑牛，触，如是者数，虎始退。农觉，反鞭牛之骇为惊。又睡，虎复至，牛护农如初，及明视之，虎败走，牛已死矣。方悟牛之忠己也。因立庙为文以祀之。”张峰纂修：载《天一阁明代方志选刊》第 14 册，1962 年 12 月上海古籍书店据宁波天一阁藏（明）隆庆刻本影印，第 12 页。

> 东海城东六里社林山有崔生祠。相传东海旧多虎患，有丛林社，每岁里人输出一小男于祭，祷之日修饬送庙中，旦往视之则无，咸以为化去。轮一老父家，父惟一男，情不能忍，为之悲恸。有崔生过门问之，父语其故。生曰："吾代汝子往，勿忧也。"父大喜，感为供具，生曰："吾性嗜犬，汝杀一完犬馈我，幸矣。"父如其言，里人设酒馔送生于庙，众退。生出所杀犬于案，而伏于梁上。至中夜，见有光怪，生窥之，乃一妇人也，解衣磅礴食所置犬，至醉而卧。生下取其衣，则一虎皮。出庙，以皮投于井而俟其寐。达明，妇人彷徨不能去，见生大惊，泣求衣，生谢不知；求为生妻，遂与同归。居三年，生二子。自是乡人不复祭庙，而虎患亦息。一日复求其衣，生乃告焉，至井求之，皮尚如新。遂服之，化虎而去，生亦不知所终，后人因庙祀崔生为山神。①

海州地方学者丁义珍较早注意到了"虎皮井"传说的地方性，并对故事作了初步探源。丁先生认为《隆庆海州志》中记载的故事应该是明时期当地庙会上假扮的崔生与虎妇所进行的一种巫术性表演，而"虎皮井"民间故事则历史悠久，其源当不晚于汉，甚至更早，直至明代才完成从民间文学到作家文学的转变②。朱恒夫教授对丁先生的考证作了补充，认为中国在汉代以前就已经孕育了人虎婚姻故事的胚胎，至迟在南北朝时期，海州就有了虎变化为人的传说，唐宋元时期，"崔韬娶虎妻"故事流传广泛，并扎根海州，当地老百姓"把崔生的形象加上一层侠义的油彩"，便产生了东海虎皮井的故事③。汪玢玲教授的《中国虎文化》一书也提到了海州虎皮井故事，认为该故事和记录在《集异记》中的虎皮井故事一样，保留了祀虎人祭的民俗内容，后在流传中经过改造，"庙祀崔生为山神"，成为现在我们所见之内容，体现出虎图腾崇拜势力的衰落④。

---

① （明）张峰纂修：《隆庆海州志》卷8《怪异》，载《天一阁明代方志选刊》第14册，1962年12月上海古籍书店据宁波天一阁藏（明）隆庆刻本影印，第10—11页。

② 参见丁义珍《东海〈虎皮井〉传说探源》，《民间文学论坛》1985年第5期。

③ 参见朱恒夫《东海虎皮井故事考源》，《民间文学论坛》1988年第1期。

④ 汪玢玲：《中国虎文化》，中华书局2007年版，第256页。

就目前所掌握的资料来看，笔者基本同意上述观点。但几位学者在论述过程中或表现出材料的不足，或有需加补充说明之处，而一些细节问题的论述也值得商榷，下文将综合考察。

一　关于海州地域人虎互化故事出现的时间问题

人与动物之间的互化，民俗学上称之为“变形”。所谓“变形”是指“一个人、一个动物或物体改变了自身的形状并以另一种新的形状出现。……‘变形’在世界各地的民间传说里也是一个常见的现象。许多这样的母题都是无可辩驳的虚构故事”[①]。虎皮井故事中的关键情节就是关于脱皮为女、穿皮为虎的想象。这种人虎互化的传说可能来源于图腾崇拜时期虎与人同祖的思想，汪玢玲教授和朱恒夫教授都有详细论述。二位学者在论述的过程中都引用了《异物志》中“东海有虎错，或时变成虎”这条材料，并认为“‘虎错’本为虎，错化为人”，朱文进一步指出，“至迟在南北朝时期，东海就有了虎变化为人的传说”[②]。然对于“虎错”的解释，笔者有不同意见。

据考，汉唐间《异物志》共有22种之多，但都已亡佚，只散见于《齐民要术》、《初学记》、《北堂书钞》、《史记正义》、《文选注》、《一切经音义》、《法苑珠林》、《太平广记》、《太平御览》、《水经注》、《太平寰宇记》、《续博物志》、《事类赋注》等书中[③]。笔者疑朱、汪二位学者所引“虎错”条可能本自《太平御览》：“隆安中，东海有错鱼，皆化虎，上岸食人。《异物志》云：‘东海有虎错，或时变成虎，’将是此耶！《吴都赋》所谓沉虎潜鹿也。”[④]李善注《文选·吴都赋》此条曰：“虎鱼，头身似虎，或云变而成虎；鹿头鱼有角似鹿。”[⑤]据笔者所

① ［美］斯蒂·汤普森：《世界民间故事分类学》，郑海等译，上海文艺出版社1991年版，第309—340页。

② 参见朱恒夫《东海虎皮井故事考源》，《民间文学论坛》1988年第1期；汪玢玲：《中国虎文化》，中华书局2007年版，第243页。

③ 可参见王晶波《汉唐间已佚〈异物志〉考述》，《北京大学学报》（哲学社会科学版）2000年第S1期。

④ （宋）李昉等撰：《太平御览》卷888，中华书局1960年影印本，第3946页。

⑤ （梁）萧统编：《文选》，（唐）李善注，中华书局1977年版，第92页。

辑相关资料来看，“虎错”的最早记载应该是三国吴沈莹的《临海水土异物志》，录于《初学记》卷30“鳞介部·鱼·虎形”条：“虎错，长五丈，黄黑斑，耳目齿牙有似虎形，唯无毛，或变乃成虎。”① 而此物见于海州的记载，始于《梦溪笔谈》：

> 嘉祐中，海州渔人获一物，鱼身而首如虎，亦作虎文。有两短足在肩，指爪皆虎也，长八九尺，视人辄泪下。舁至郡中数日方死。有父老云昔年曾见之，谓之海蛮师，然书传小说未尝载。【按】此物即虎头鲨也，能变虎。②

《隆庆海州志》照录此条③。据此，“虎错”本为一种像虎的鱼，时而变为虎。其幻化变形并非朱文所谓“错化为人”，而是由鱼变虎，与人、虎互化并无关系，更不能作为海州地域在南北朝时期已出现虎化为人传说之证据。

江淮地区最早的人化虎传说见于《淮南子·俶真训》，“公牛哀”病后七日“化为虎”，搏杀其兄④。而海州虎化人的传说可能较晚，在民间则一直流传着关于“白虎山”庙会的传说，故事讲述唐朝名将薛仁贵、薛丁山父子与四月初八白虎山庙会的形成，其中有薛仁贵为“白虎星下凡”的情节，近于人虎互化⑤。白虎山庙会虽然至今依然每年举行，但这毕竟是后传的故事，演绎成分较多，不足为凭。海州最早的虎

---

① （唐）徐坚等：《初学记》，何卓点校，中华书局1962年版，第743页。迄今辑录《异物志》佚文最多的是今人刘纬毅《汉唐方志辑佚》，共收录了十二种《异物志》佚文，其中也辑有吴沈莹的《临海水土异物志》。

② （宋）沈括：《梦溪笔谈》，上海书店出版社2003年版，第185页。

③ （明）张峰纂修：《隆庆海州志》卷8《怪异》，载《天一阁明代方志选刊》第14册，1962年12月上海古籍书店据宁波天一阁藏（明）隆庆刻本影印，第11页。

④ （汉）刘安：《淮南子》，高诱注，载国学整理社辑《诸子集成》第七册，中华书局1954年版，第20页。

⑤ 传说唐朝名将薛仁贵是白虎星下界，征东回来后，儿子薛丁山出城迎接，见白虎向他扑来，薛丁山射死白虎，白虎化为山。太白金星托梦告知详情，薛丁山决定在白虎山下四月初八设庙会做道场，每年祭祀一次，形成了四月八会。见《海州区志》第21篇“文化”第五章，方志出版社1999年版，第328—329页。

化人记载应该还是《隆庆海州志》中的虎皮井故事。

二 虎皮井故事的形成基础

虎化为女人传说在佛教兴盛于中国以后才较为普遍，目前搜集到的虎化为女人的传说多为魏晋南北朝以后的事情，最早的故事为《异苑》中所记“徐桓”之事：

> 晋太元末，徐桓出门，彷佯见一女子。因言，曲相调。便要桓入草中，桓悦其色，乃随去。女子忽然变成虎，负桓着背上，径向深山。其家左右寻觅，惟见虎迹。旬日，虎送桓下，着门外①。

徐桓因为好色而受虎女引诱“入草中”，被掠走至深山，十天以后才送回。期间发生了什么样的事情虽然作者并未言明，但读者可以想象到虎女劫持青年男子而不食的结果。这类女子与虎互化故事主要是对贪色男人的劝诫，当是民间“母老虎”传说的源头。实际上这种戒人勿贪色的故事类型中动物多为食人的凶猛野兽，应该说这是佛教传入我国以后的影响之下才形成的民间故事。佛经常言女人如猛兽，并常常以毒蛇的形象呈现在好色者的面前：“若犯邪淫，侵他妇女，贪受乐触，如是等种种因缘堕铁刺林地狱中。刺树……上有大毒蛇，化作美女身，唤此罪人上来，共汝作乐……刺皆下向，贯刺罪人，身被刺害，入骨彻髓。既至林上，化女还复蛇身。”② 故事中蛇、女互化明显带有惩戒好色男人的说教意味，并以此来宣扬佛教的色空观念。而到了中国的多虎地区，这种惩戒好色者的对象变成了虎。

不仅如此，女人化虎还常常是因为上天给予的报应。《太平广记》卷426引南朝宋东阳无疑《齐谐记》“吴道宗”条云：母化为“乌斑虎”，语其曰：“宿罪见遣，当有虎化事情。”后母再次化虎，为人射伤腹部，“虎还其家，不能复人形，伏床上而死”③。吴母化虎并非自愿，

① （南朝·宋）刘敬叔：《异苑》，范宁校点，中华书局1996年版，第16页。

② 《大智度论》卷16，“释初品中毘梨耶波罗蜜义”第27，载《大正新修大藏经》第25册，第177页。

③ （宋）李昉等编：《太平广记》，中华书局1961年版，第3467页。

而是因为之前有罪孽在身，受到了化虎的惩罚，为人所伤，最终死去，佛教报应观念浓厚。

这里有一个问题需要指出：虎皮被破坏之后，虎“不能复人形”。从民俗学角度讲，神异动物的皮乃是一种魔衣，可以脱化自然。人民相信每块虎皮上都有虎的灵魂，具有巨大的魔力，失去它就意味着失去灵性，不能再变回原来的灵兽（虎）①。林惠祥先生认为，古人观念中的魔术有两条基本定律：类似律和接触律。其中接触律的两条守则是：“凡由一全体分开的各部分仍于暗中互相感应，例如发虽离身，仍能影响于身体”；“凡一度接触过的两物间，仍有神秘的关系，例如衣服与人身”②。这就告诉我们，当接触律中的互相感应或神秘关系被外来力量打破的时候，魔术便随之终结。而“吴道宗”条故事中只是隐含了这种魔衣的说法，“乌斑虎”被人射伤，带有魔力能使人虎互化的虎皮被破坏，魔力消失，虎便“不能复为人形”。

到了隋代，虎化女人的传说已经完全夸大了魔衣之魔力。《太平广记》卷426引萧吉《五行记》“袁双”条云：

> 晋孝武太元五年，谯郡谯县袁双家贫，作客暮还家，道逢一女，年十五六，姿容端正，即与双为妇。五六年后，家资甚丰，又生二男，至十岁，家乃巨富。后里有新死者，葬后，此女逃往至墓所，乃解衣脱钏挂树，便变形作虎。发冢，曳棺出墓外，取死人食之。食饱后，还变作人。有见之者，窃语其婿：“卿妇非人，恐将相害。”双闻之不信。经时，复有死者，辄复如此。后将其婿共看之，述知其实。后乃越县趋墟，还食死人③。

虽然与虎皮井故事中的魔衣相反，魔衣只是为人的衣服：女人脱衣为虎，穿衣为人。但毕竟有了向虎皮魔衣转化的趋势。而这种因为魔衣而变形的故事并非始于人虎互化故事，中国最早见的类型是人鸟互化的

① 汪玢玲：《中国虎文化》，中华书局2007年版，第242页。

② 林惠祥：《文化人类学》，商务印书馆1991年第2版，第251页。

③ （宋）李昉等编：《太平广记》，中华书局1961年版，第3467页。

“毛衣女”故事：

> 豫章新喻县男子，见田中有六七女，皆衣毛衣，不知是鸟。匍匐往得其一女所解毛衣，取藏之，即往就诸鸟。诸鸟各飞去，一鸟独不得去。男子取以为妇。生三女。其母后使女问父，知衣在积稻下，得之，衣而飞去，后复以迎三女，女亦得飞去[①]。

故事的结构、情节与虎皮井故事非常相近，应该是虎皮井故事的源头。而关于穿衣为鸟、脱衣为人的直接说法则见于郭璞的《玄中记》：“姑获鸟……衣毛为鸟，脱毛为女”[②]，《荆楚岁时记》所载与此同[③]。在虎皮井故事中，只不过是虎衣代替了鸟衣，虎女代替了鸟女。而最关键之处即在于有魔力的魔衣，穿虎衣当为虎，穿鸟衣当为鸟。也正因为故事情节的相似，钟敬文先生认为“毛衣女”故事是中国最早的天鹅女故事[④]，而业师王青教授则认为虎皮井故事是天鹅女故事的中国变体[⑤]。

三　唐代虎皮井故事的兴盛

就故事的情节内容来看，较为完整的虎皮井故事文本记载最早出现于唐代，而不是丁义珍先生所说的明代。对此，朱恒夫教授认为《集异记》的“崔韬”故事是虎皮井故事的最早文本；而汪玢玲教授亦指出，尽管从故事的发生时间记录上看，最早的虎皮井故事应该是《襄阳府志》所记开元年间（713—741）的“崔生”故事，但“记录最早未必即是口传最早的”[⑥]，“崔韬”故事可能是流传最早的。笔者以为朱、汪二位学者的论述颇有道理。为方便比较，现将二文引录如下：

---

① （晋）干宝：《搜神记》，汪绍楹校注，中华书局1979年版，第175页。

② （宋）李昉等撰：《太平御览》卷927，中华书局1960年影印本，第4123页。

③ （南朝·梁）宗懔：《荆楚岁时记》，宋金龙校注，山西人民出版社1987年版，第86页。

④ 钟敬文：《中国的天鹅处女型故事》，载《钟敬文民间文学论集》下卷，上海文艺出版社1985年版，第55页。

⑤ 王青：《西域文化影响下的中国小说》，中国社会科学出版社2006年版，第347页。

⑥ 汪玢玲：《中国虎文化》，中华书局2007年版，第256页。

《集异记》：崔韬，蒲州人也。旅游滁州，南抵历阳。晓发滁州，至仁义馆宿。馆吏曰："此馆凶恶，幸无宿也！"韬不听，负笈升厅，馆吏备灯烛讫。而韬至二更，展衾方欲就寝，忽见馆门有一大足如兽，俄然其门豁开，见一虎自门而入。韬惊走于暗处，潜伏视之。见兽于中庭脱去兽皮，见一女子奇丽严饰，升厅而上，乃就韬衾。出问之曰："何故宿余衾而寝？韬适见汝为兽入来，何也？"女子起谓韬曰："愿君子无所怪。妾父兄以畋猎为事，家贫，欲求良匹，无从自达，乃夜潜将虎皮为衣，知君子宿于是馆，故欲托身以备洒扫前后。宾旅皆自怖而殒。妾今夜幸逢达人，愿察斯志！"韬曰："诚如此意，愿奉欢好。"来日韬取兽皮衣弃厅后枯井中，乃挈女子而去。后韬明经擢第，任宣城。时韬妻及男将赴任，与俱行。月余，复宿仁义馆。韬笑曰："此馆乃与子始会之地也。"韬往视井中，兽皮衣宛然如故。韬又笑谓其妻子曰："往日卿所著之衣犹在。"妻曰："可令人取之。"既得，妻笑谓韬曰："妾试更着之。"接衣在手，妻乃下阶将兽皮衣着之。才毕，乃化为虎，跳踯哮吼，奋而上厅，食子及韬而去①。

《襄阳府志》：开元中，有崔生应举过襄阳卧佛寺，适天暮，因投宿焉。见一虎入寺，脱皮变一美妇人，就崔，愿侍枕席。崔眠之，见其皮在井边，遂投井中。妇人觅皮不得，随崔至京，授县尉，历县尹，凡六年，生两子。后还官，过前寺，崔意相随日久，无他虞，告故。妇欣然，令取皮，皮故无恙。因披之，仍成一虎，大吼，回顾二子而去。后人因题其井为虎皮井②。

无疑汪教授的论说是正确的。《集异记》的作者薛用弱大约于唐宪宗

① （宋）李昉等编：《太平广记》，中华书局1961年版，第3514—3515页。

② 关于此则故事，汪玢玲教授言出于《襄阳府志》，彝族学者杨和森先生言《古今图书集成》引《襄阳府志》。而《襄阳府志》有（明）万历本，有（清）乾隆本和光绪本，因资料的匮乏，笔者没有见到明万历本，而在清乾隆本和光绪本《襄阳府志》中并未见到此则故事的记载，只在清陈梦雷编纂《古今图书集成》中辑到此则故事，但也并未说明此故事出于《襄阳府志》。故事见《古今图书集成·方舆丛编·职方典·襄阳府部》卷1158"襄阳府部外编"，中华书局影印线装本，151册，第59页。

元和末（820）前后在世，尽管该则记录中并没有明确故事发生的年代，但正如汪教授所说，记录最早未必是口传最早的。从崔韬名字的保留及崔韬父子被虎妻所食的结果来看，虎妻化虎以后，依然恢复了虎的食人本性，这则记载在保留故事的原初性方面无疑应早于《襄阳府志》。

实际上，到了唐中后期，虎皮井故事已经是非常盛行。笔者此处还搜集到几位学者没有提到的其他两则虎皮井故事异文，都见于晚唐（835年始）初期作品。一则是皇甫氏《原化记》中的“天宝选人”，故事发生在天宝年间（742—756）；一则是薛渔思《河东记》中的“申屠澄”，故事发生在贞元年间（785—805）。

《原化记》：天宝年中，有选人入京，路行日暮，投一村僧房求宿。僧不在，时已昏黑，他去不得，遂就榻假宿，鞍马置于别室。迟明将发，偶巡行院内，至院后破屋中，忽见一女子，年十七八，容色甚丽，盖虎皮。熟寝之次，此人乃徐行，掣虎皮藏之。女子觉，甚惊惧，因而为妻。问其所以，乃言逃难，至此藏伏。去家已远，载之别乘，赴选。讶就，又与同之官，数年秩满，生子数人。一日俱行，复至前宿处。僧有在者，延纳而宿。明日，未发间，因笑语妻曰：“君岂不记余与君初相见处耶?”妻怒曰：“某本非人类，偶尔为君所收，有子数人。能不见嫌，敢且同处。今如见耻，岂徒为语耳？还我故衣，从我所适。”此人方谢以过言，然妻怒不已，索故衣转急。此人度不可制，乃曰：“君衣在北屋间，自往取。”女人大怒，目如电光，猖狂入北屋间寻觅虎皮，披之于体，跳跃数步，已成巨虎，哮吼回顾，望林而往。此人惊惧，收子而行①。

《河东记》：申屠澄者，贞元九年（793）自布衣调补濮州什邡尉，之官。就路旁茅舍，有老父妪及处女环火而坐。其女年方十四五，虽蓬发垢衣，而雪肤花脸，举止妍媚。……俄然巡至女，女复令曰：“风雨如晦，鸡鸣不已。”澄愕然叹曰：“小娘子明慧若此，

① （宋）李昉等编：《太平广记》，中华书局1961年版，第3479页。

某幸未昏，敢请自媒如何？”翁曰：“某先不忍别，未许。”即以为托，澄遂修子婿之礼，祛囊以遗之。……既至官，俸禄甚薄，妻力以成其家，交结宾客。旬日之内，大获名誉。而夫妻情义益浃。其于厚亲族，抚甥侄，洎僮仆厮养，无不欢心。后秩满将归，已生一男一女，亦甚明慧，澄尤加敬焉。……澄罢官，……至妻本家，草舍依然，但不复有人矣。澄与其妻即止其舍。妻思慕之深，尽日涕泣，于壁角故衣之下，见一虎皮，尘埃积满。妻见之，忽大笑曰：“不知此物尚在耶。”披之，即变为虎，哮吼拏攫，突门而去。澄惊走避之，携二子寻其路，望林大哭数日，竟不知所之。①

比较上述四则故事的记载，我们发现：其一，对于虎化人之后是否食子这一情节，无论是稍晚于开元的天宝间故事，还是较近于薛用弱生活年代的贞元间故事，全都与其后的《襄阳府志》所记之内容一致，唯独恰处于其中间年代的薛用弱之《集异记》采用了与传统文化“虎毒不食子”相违背、最不易被世人认同的“食子及韬而去”的处理方法，迥异于三者；其二，天宝年间故事是将虎皮藏于北屋，不同于其他故事之藏于“井”，贞元年间故事有“寻妻”的表述，体现出记录者对夫妻深情的着意刻画，并在结尾强调了“收子而行”；其三，《原化记》和《河东记》两则故事中，化为虎的妻子虽然没有吃掉丈夫和孩子，但女人“目如电光，猖狂入北屋”以及“哮吼拏攫，突门而去”的表现足以让人感觉到老虎的可怕，这恐怕也应是故事原型中对虎本性描写的遗存。

综上，我们不难得出如下结论：上述三点都展示出故事在文人笔下发生渐变的痕迹，也间接证明了保留“食子及韬”情节的《集异记》中的记载应是最早的虎皮井故事，《襄阳府志》、《原化记》和《河东记》之记载，在故事的原初性方面都应是晚出之作。

四　虎皮井故事的类型学价值

不同学者从不同的角度将虎皮井故事进行归类。其中德裔美籍人

① （宋）李昉等编：《太平广记》，中华书局1961年版，第3486—3488页。

类学家艾伯华的分类较为详细，影响较大。他不仅注意到了虎皮井故事在中国的广泛流传，还特别指出此故事类型在海州、浙江、四川、山西等地的流变扩展。艾文将这类故事列为“虎妻型”（类型37），并指出故事的基本情节为：（1）一只雌虎到一个孤独的男子处，成为他的妻子；（2）另一人（或这男子本人）藏起了虎皮，虎妻遂变成了人；（3）过了许久她又得到被藏匿的皮，重又变回原形逃跑了。而故事在海州有所扩展：山上有只雌虎，每年要向它贡献一对童男童女，主人公娶它为妻。艾伯华还认为这一类型故事与“田螺姑娘”（类型35）特别相近，和“与精灵的关系”（类型112）有密切联系，在全中国范围内都有流传，是文学作品中各种狐狸精故事的基础①。丁乃通先生虽然没有单列“虎妻型”或“虎皮井型”故事，但他列出的“其他动物变的妻子”（400D型）类型已经包含了这一故事类型，其基本情节为：仙侣（老虎、狐狸、雁，等等）只是去看看男主角，没有先秘密地为他做家务。常常是男主角的亲戚找到她的衣衫藏了起来。她离开的理由是多种多样的。除了她的小孩说了激怒她的话外，也可由于她丈夫或亲戚说她是畜生。有时在她离去以前伤害或杀死她的丈夫或其他的人②。中国社会科学院祁连休教授以时间的发展顺序研究中国古代民间故事类型，并直接表明“虎妻子类型故事”兴盛于隋唐五代时期③。

虽然上述几位学者已经指出虎皮井故事在中国流传的广泛性，但都没有注意到这一故事类型对世界上流传最为广泛的“天鹅处女型故事”（AT—D361.1）所做出的贡献。汤普森早已经指出“天鹅处女型故事”“是全球性的，均匀而又深入地遍布欧亚两洲，几乎在每一地区都能找到许多文本，在大洋洲每一角落以及在北美印第安族各文化区都实际存在。还有许多文本散见于牙买加、尤卡坦和圭亚那的印第

① ［德］艾伯华：《中国民间故事类型》，王燕生、周祖生译，刘魁立审校，商务印书馆1999年版，第67—69页。

② 丁乃通编著：《中国民间故事类型索引》，郑建威、李倞、商孟可、段宝林译，李广成校，华中师范大学出版社2008年版，第78—79页。

③ 祁连休：《中国古代民间故事类型研究》卷中，河北教育出版社2007年版，第558—565页。

安人中"[①]，可见这一故事类型的世界性。而第一个注意到虎皮井故事在世界民间故事类型学中价值的是业师王青教授，他认为"虎妻子型故事"是"天鹅处女型故事"的中国变体，因为两类故事就观念及情节单元来讲十分接近，天鹅处女故事在不同的国家和地区会有不同的动物来表现，钱钟书指出过挪威传说中有披皮为獭、脱皮为女之故事[②]，因此在一些地区猛虎化为女性也并不奇怪[③]。王老师还指出"天鹅处女型故事"的最早文献出处是印度的《百道梵书》（又译作《百断梵书》），其情节单元包括：禁忌规定；禁忌触犯；天女升天；天女化为天鹅在湖中洗浴；认亲；生子；难题考验；夫妻复合。而羽衣以及穿衣为鸟、脱衣为人的情节则无疑来自中国[④]。汪玢玲教授也注意到了"虎皮井型"故事与"天鹅处女型"故事的相同之处，但关注的焦点却是故事的结局。她认为故事最终的披上原皮（或羽衣）而去，这是人兽婚、人鸟婚故事的"共同规律"：天鹅披衣飞去，"摆脱人间的羁绊，恢复其翱翔太空的自由"；虎女化虎而去，"走向山林，既是一种理想、自然的归宿，也是图腾崇拜的遗绪"。而人虎婚故事的固定结局既是"异婚短暂、人事无常、好梦不长的明证"，又是构思故事的书生们舒伸郁气的表露，同时也是"返祖归宗"的必然结果[⑤]。杨和森在评价襄阳虎皮井故事时候说："这个故事所反映的，也当是崔生同以虎为图腾的土家女子先合后离的事实。"[⑥] 但是虎皮井故事的这种结尾很可能成为《寻找失踪妻子的男人》故事（AT400）的引子。很可惜在中国众多虎皮井故事中，只有"申屠澄"条表现出这种寻妻的简单结局："携二子寻其路，望林大哭数日，竟不知所之"，还没有更为详细的情节叙述。并且，

---

① ［美］斯蒂·汤普森：《世界民间故事分类学》，郑海等译，上海文艺出版社 1991 年版，第 109 页。

② Johan Bojer，F. H. pritcharded，*Great Essays of All Nations*，p. 710. 转引自钱锺书《管锥篇》第 2 册，中华书局 1978 年版，第 809 页。

③ 王青：《西域文化影响下的中国小说》，中国社会科学出版社 2006 年版，第 349 页。

④ 具体论述见王青《天鹅处女型故事渊源再探——兼谈〈召树屯〉的情节来源及其流播渠道》，《民族文学研究》2004 年第 1 期。

⑤ 汪玢玲：《中国虎文化》，中华书局 2007 年版，第 255 页。

⑥ 杨和森：《图腾层次论》，云南人民出版社 1987 年版，第 42 页。

寻妻故事在中国民间故事中并不多见，这可能与中国封建社会中男人纳妾的制度有关。但无论如何，虎皮井故事与天鹅处女故事情节的相似是显而易见的。

流传在世界范围内的“天鹅处女型故事”主要有两种类型：一是姑娘答应嫁给英雄，穿上天鹅服成了天鹅，带英雄见她父亲，父亲刁难英雄，英雄在姑娘的帮助下解决了难题；二是英雄藏起天鹅服，使姑娘保持人形，一次英雄外出，姑娘找到羽衣，失踪①。而中国的天鹅处女型故事主要是后一种类型。艾伯华明确了中国天鹅处女型故事（类型34）的基本情节：（1）一穷青年在河边见到几个仙女；（2）他把其中一个仙女的衣服拿走，她就成了他的妻子；（3）若干年后，她找到了她的衣服，逃回天界；（4）丈夫去追她；（5）天神下令将他俩永远分开，每年只能会一次面。海州天鹅处女型故事的母题是“天仙向往人间生活，因此下凡”，母题扩展是：孩子想念母亲，听从别人劝告找到了正在洗澡的母亲，他跟她学，孩子得到了用不完的钱。这一母题又与田螺姑娘型故事（类型35）母题相似②。这其中穿衣为鸟、脱衣为人的基本情节以及田螺姑娘的脱壳为人的情节，与虎皮井故事中的穿皮为虎、脱皮为人的情节完全一样，因此应该属于同一种故事类型的变体。而田螺姑娘型故事多流传于广东、浙江以及江苏海州等沿海地区③，并且《山海经》中对于早期羽民国的想象也多在东南地区，因此笔者甚至怀疑这种穿衣为鸟、脱衣为人的传说最早即产生于东部沿海一带，并逐渐向内陆流播。

虽然穿衣为鸟、脱衣为人的情节在魏晋时期已经产生，但中国“天鹅处女型故事”的成熟作品应该是句道兴《搜神记》中的“田昆仑故事”④。而句道兴《搜神记》的著作年代一般认为是在晚唐或者五代，在此期间，中国流传最广泛的却是虎皮井故事。虎皮井故事中的穿皮为

---

① ［美］斯蒂·汤普森：《世界民间故事分类学》，郑海等译，上海文艺出版社1991年版，第108页。

② ［德］艾伯华：《中国民间故事类型》，王燕生、周祖生译，刘魁立审校，商务印书馆1999年版，第59—64页。

③ 同上书，第64—65页。

④ 参见句道兴《搜神记》，载王东明主编《搜神记四种》，陕西旅游出版社1993年版，第933—937页。

虎、脱皮为人的情节既来源于“鸟衣”故事情节，又是对“鸟衣”故事的发展，同时也对“天鹅处女型”故事在中国的成型做出了贡献。

五 海州虎皮井故事的民俗学价值

虎皮井故事最早产生于何地，已经无法确证。因为民间故事往往会随人的迁居而迅速流播他地，并且在有书面文学记载之前，故事的民间口头流传可能已经很久了，最早的书面记载地也并不一定就是故事的产生地。我们只能通过同一类型的故事比较来推测其可能的原始形态。在目前所辑到的所有虎皮井型故事中，只有海州虎皮井故事较为独特。虽然基本情节并没有太大改变，但主人公的形象却与其他同类故事完全不同，并且还保留有早期的人祭习俗，因而更有研究价值。其基本情节为：（1）有虎食人，人民供奉童男；（2）崔生代老丈之子入庙，窥虎变妇人，食狗醉，将虎皮扔到井中；（3）虎被迫为崔生妻，生二子；（4）找到虎皮，逃跑不见。

（一）人祭习俗的保留

人祭习俗的保留可以说是民间故事原始形态的体现。海州地域“有丛林社”，以人祭虎，其历史渊源或可追溯到将军崖岩画附近的社祭遗址，而秦末东海黄公“以赤刀往厌虎”的传说更是流传至今。关于此点，丁义珍先生和汪玢玲教授的文中都有提到过。汪教授还认为，《隆庆海州志》虎皮井故事保留的人祭习俗，证明了襄阳虎化人故事是湖北土家族奉祀虎图腾的早期民俗反映，只是因为后来虎皮井故事的记录者为汉人知识分子，因而略去了颇有民俗意味的人祭内容，只保留了浪漫的人虎婚故事。而故事也加上与虎和亲以除虎患的思想，将虎为山神的原始信仰改为“庙祀崔生为山神”，体现出虎图腾崇拜的势力衰落，取而代之的是对英雄人物的崇拜①。汪教授论述得非常有道理，从山神崇拜到人物的英雄崇拜，这是一个历史的跨越，更是社会文明进步的标志。但是有一点却较难理解，既然汉族地区流行的虎皮井故事已经略去了人祭内容，为什么到了16世纪，海州虎皮井故事却保留了这一早期虎图腾崇拜的人祭习俗呢？丁义珍先生认为海州虎皮井故事的口头流传

① 汪玢玲：《中国虎文化》，中华书局2007年版，第255—256页。

可能更早一些，他说："如果起源于人祭陋习久已消亡的时代，就不会有'输男祭虎'的说法表现。"① 笔者也曾怀疑海州虎皮井故事是最早口头流传的，但是从崔生形象以及故事中关于"虎食狗则醉"的传说来看，这种观点是站不住脚的。海州地方可能很早就有人祭现象，也是一个多虎的地带，当虎皮井故事流传到本地方的时候，地方人不免将这些历史上的事情附会到故事中来，对故事进行修饰润色，使其具有地方特色。崔生决定替老父之子进庙之前的情节应该是海州地域流传许久的地方故事，而窥虎、娶虎、别虎的情节则是来源于崔韬故事，应该说这是一则地方性的经过嫁接的复合型故事。

（二）崔生形象的转变

与其他同类型的虎皮井故事相比，海州虎皮井故事中的崔生不再是多才的举子形象，而是一个有正义感，能急人于危难的侠士。当崔生见到独子老父的悲痛，便毅然决定救下老父之子。虽然可能有生命危险，但崔生没有迟疑，语老父曰："吾代汝子往，勿忧也"，为民除害的侠士形象跃然眼前。由此而引出下文的得虎女为妻，同归，生子，"乡人不复祭庙而虎患亦息"。但令人不解的是，当虎女消失以后，"生亦不知所终"，于是乡人才"庙祀崔生为山神"。而在其他同类型故事中，主人公崔生多为举子形象，赴官、应举或游学途中，美丽的虎女主动到其住处，自荐枕席（《原化记》为被迫），随官生子，后改官，还至原处，虎女得皮。类似这样的情节纯粹是为了写举子的艳遇，而读书人的艳遇情节在魏晋以来的志怪小说中比比皆是，人鬼、人妖、人兽的恋爱婚姻是最常见的民间故事。相对来说，以表现侠士为主题的故事较少一些。虽然《史记》、《汉书》已有"游侠列传"，《后汉书》也多有"游侠之事"。但汉时的"游侠"多是为统治阶级服务的形象，真正能站在老百姓的立场上，为百姓服务的侠士形象在唐宋时期尤其是宋话本中才逐渐多了起来。宋时期以表现民间杂艺为主的勾栏瓦舍的兴盛为民间叙事文学的繁衍大开方便之门。海州虎皮井故事中的崔生就是这样一个以百姓利益为先的民间侠士形象，虎皮井类型故事中的崔韬也由"举子型"转变为"侠士型"。也正是这一形象的转变，成为海州虎皮井故事

① 丁义珍：《东海〈虎皮井〉传说探源》，《民间文学论坛》1985 年第 5 期。

区别于其他同类型故事的最大特色之一。

（三）虎食狗则醉的传说

海州虎皮井故事的民俗学价值还表现在“虎食狗则醉”的记载上，这对研究医学、动物学等较有参考价值。据目前资料来看，“虎食狗则醉”的最早记载应该是南宋末年，《天中记》卷60引周密的《癸辛杂识》云：“食犬则醉，虎类。能识人气，未至百步辄伏，而嗥声震山谷。须臾，奋跃搏人。人有勇者不为之动，止而坐。逡巡，弭耳而去……虎食犬则醉，犬，虎之酒也”[①]；明代彭大翼《山堂肆考》卷217亦云：“虎食犬则醉，犬，虎之酒也。”[②] 而以民间故事形式呈现的类似说法见于明人朱国桢《涌幢小品》的“虎枕不杀”条记载：

> 许榖，字本善，歙人，文穆公国之从侄也。豪健，善击剑，挽强命中。尝被酒卧岭北，有虎枕其头，醒而视之，鼻息甚酣。盖虎先食犬，口吐沫，一如醉人状。许熟视曰：“彼无忮心，乘醉杀之，不武。”遂舍之[③]。

汪玢玲教授已经注意到古人关于“虎食狗则醉”的记载。但她所引的一条材料误将“虎食人与杨柳及狗皆醉”条归人《三冈识略》[④]。事实上《三冈识略》并没有关于此条的记载，而只有“三冈续识略卷下·醉虎”条记：“壬子正月初十日，福山戍卒遇一醉虎，缚献王大将军辕门，将军剖肉分赠郡绅之小儿，食之可以稀痘。”[⑤] 同时期赵学敏《本草纲目拾遗》释此条云：“虎食人与杨柳及狗皆醉。《宦游笔记》载山人捕虎法云：虎嗜食犬，食之必醉，如人中酒……人以劣犬缚于山凹，犬嗥不已，虎闻声而前，果腹而醉，不能远去，从迹犬血而捕之，则无

---

① （明）陈耀文撰：《天中记》卷60，载《四库全书》“子部”，“类书类”，967册，第871页。

② （明）彭大翼撰：《山堂肆考》卷217，载《四库全书》“子部”，“类书类”，978册，第344页。

③ （明）朱国桢：《涌幢小品》卷9，文化艺术出版社1998年版，第206页。

④ 汪玢玲：《中国虎文化》，中华书局2007年版，第121页。

⑤ （清）董含撰：《三冈识略》，致之校点，辽宁教育出版社2000年版，第25页。

所遁矣，此缚醉虎之法也。主稀痘。”[①] 但是汪教授引吉林省民俗学会编《长白山踏查材料》记载的“虎食狗则醉”的实例却极有价值：

> 1947年东北土改时，吉林省抚松县参农靳连学领着狗看守参园，一虎闯入，吃掉此狗，醉倒一两天。虎醒来后又驰入森林。[②]

汪教授认为“食狗则醉，或因过饱，或有其他医学上的根据”[③]。而在长白山区，这种传说清朝时期已经有记载，《长白山江岗志略》云：

> 虎善食狗肉，每食一次，即卧数日夜不能起，如人饮醉相似。如食猪肉，腿即酸软。羊肉皆可，野兽肉尤妙，惟不宜五谷。查百兽之肉，气味不同，而虎独于食狗则醉，食猪则瘫，殊属令人莫解[④]。

这条材料晚于明《隆庆海州志》“虎皮井故事”的记载。虽然关于“食狗则醉”的传说始于南宋末年，但都没有明确的地理位置。《隆庆海州志》却告诉我们明代海州人不仅知道虎“醉”的弱点，并早已利用这个弱点捕猎老虎。而直到清末，以海州为背景的《镜花缘》依然保留着这一传说内容：“猫以薄荷为酒，蛇以茱萸为酒。虎以犬为酒，鸠以桑葚为酒”[⑤]，可见这一传说的流传久广。

总体来说，海州虎皮井故事不仅是对唐以来同类型故事的继承与创新，更体现了民间故事的地方特色，对研究当地的民风民俗有非常可贵的参考价值。至今，海州每年阴历四月初八，还举行传统的“白虎山庙会”，庙会上一些摊贩的叫卖声也颇具特色：“戴虎帽，穿虎鞋，老虎

---

① （清）赵学敏：《本草纲目拾遗》卷9，闫冰、靳丽霞、陈小红、赵静校注，中国中医药出版社1998年版，第390—391页。

② 汪玢玲：《中国虎文化》，中华书局2007年版，第122页。

③ 同上。

④ （清）刘建封撰：《长白山江岗志略》，孙文采注，载李澍田主编《长白汇征录·长白山江岗志略》合编本，吉林文史出版社1987年版，第349页。

⑤ （清）李汝珍：《镜花缘》，人民文学出版社1981年版，第651页。

不吃虎小孩”；而每年正月十五“云台山庙会”上，常常见到大人带着扮演的虎孩朝山进香，孩子身穿虎衣，头戴八角虎头帽，认为这样就是虎的孩子，老虎就不会伤害他；此外，海州还有小孩子拜石虎为“石干大”、“石干妈”的习俗，以求虎神保护①。所有这些都是海州地域虎崇拜历史悠久的体现。而海州虎皮井故事也在民间代代相传，经久不息。

第三节 舀海故事考

海州流传的民间故事中，关于海岛的传说也非常多。清康熙以前，海州孔望山以东的山岛多在海中，岛上居民较少，且多为以打鱼为生的渔民。而渔民的生活很大程度上依赖于海洋气候的变化，因大海风浪而翻船死人的事件常常发生，因此关于人民同大海搏斗的故事在民间颇为常见。在海州地域至今依然盛行的此类故事中，“舀海”的传说最具代表性。它继承了中国传统的“精卫填海”、“愚公移山”等百折不挠的精神，接受了佛教中关于“抒海索宝”的故事情节，同时又区别于元以来民众广为熟知的“张生煮海”故事。它是海州地域人民长期劳动生活的智慧结晶，体现了该地区人民不畏艰险与自然抗争的历史。故事的基本情节如下：

很久以前，小岛上只生活有父女二人。父亲高大海，早年丧妻，女儿名唤高姑。父亲每天出海打鱼，女儿在家织网、种菜，日子虽说清苦，倒也愉快。一天，高大海捕鱼特别多，非常高兴，回家途中，遇到龙王出门游玩，虾兵蟹将前呼后拥，大海恶浪翻卷，小船被吞没了。从太阳落山到太阳又从东边升起，高姑仍不见爸爸回来。这时，一群海燕衔来高姑绣给爸爸的烟荷包，高姑明白了一切，对着大海哭诉：“狠心的大海啊！我要和你拼，我要和你斗，舀干大海水，也要把爸爸找回来！”于是，高姑把种在山崖下的大葫芦，开成两个大水瓢，蹲在海边，一瓢一瓢地舀啊，舀啊……

① 参见丁义珍《东海〈虎皮井〉传说探源》，《民间文学论坛》1985年第5期。

舀了一年，龙宫里金龙玉柱左右摇；

舀了两年，龙宫上的琉璃瓦往下掉；

舀了三年，龙宫左歪右斜要倾倒；

舀了四年，龙王坐不住了！

老龙王见高姑寻父的心如铁石一样坚，倘若海水真被舀干，自己就活不成了。于是急忙派兵遣将，遍寻海底，终于在龙潭里找到了高大海的尸体，让一群海燕送到了高姑身边。从此这个小岛，就被人们称作“高姑舀”或“高公岛”。①

从故事的结尾来看，这应该是一个关于山川名胜的传说。高公岛与高姑舀哪一个名字更为先？故事的雏形又是怎样的呢？我们可以从地方志中关于“高公岛”的早期记载来考察“舀海”故事的产生发展过程。

一 舀海故事的产生

明《隆庆海州志》“山川”卷有关于“高公岛”的记载：“高公岛在海中，去东海城八十里”②，但并没有“舀海”故事的相关记载。而清《嘉庆海州直隶州志》“山川”卷引李普元《东海志》却有关于“高孝女”的记载，其文云：

唐代有高孝女，父文灿，商于登莱，溺海死。孝女求其尸，七日夜遇老人，引至父尸处，因名其地为高公岛。【案】：“普元世居东海，必有所据”。【又案】：“《晋书·安帝纪》隆安五年（401）六月，宁朔将军高雅之击孙恩于郁洲岛，岛之得名当由于此。”③

从唐仲冕“案”来看，高公岛之得名当始于东晋末年高雅之在此地击

① 包殿贵搜集整理，载江苏人民出版社编《连云港民间传说》，江苏人民出版社 1981 年版，第 61—63 页。

② （明）张峰纂修：《隆庆海州志》卷 2《山川志》，载《天一阁明代方志选刊》第 14 册，1962 年 12 月上海古籍书店据宁波天一阁藏（明）隆庆刻本影印，第 5 页。

③ 仲其臻等整理：《嘉庆海州直隶州志》卷 11《山川考》，南京大学出版社 1993 年版，第 530 页。

败孙恩农民起义军之历史事件。但史书中并没有关于高公岛的记载，可能因为此岛较小的缘故，沿用郁洲岛之名以囊括之。而高公岛地名的附会传说在唐代的时候已经开始，只不过唐时期的高家父女并非渔民，而是商贾，父“商于登莱”而不幸溺死海中。然而，在这则记述中并没有出现孝女与海搏斗、求父尸等情节，因此，海州舀海故事的形成当晚于唐，至于是究竟在什么时候，由于材料所限目前尚无法判定。但是，根据其主要的故事情节，我们仍可探寻到一些可能与该故事产生、演变、最终定型的线索。有关于父亲被溺死、孝女求父尸的类似故事情节，《后汉书·列女传》早有记载：

> 孝女叔先雄者，犍为人也。父泥和，永建初为县功曹。县长遣泥和拜檄谒巴郡太守，乘船堕湍水物故，尸丧不归。雄感念怨痛，号泣昼夜，心不图存，常有自沈之计。所生男女二人，并数岁，雄乃各作囊，盛珠环以系儿，数为诀别之辞。家人每防闲之，经百许日后稍懈。雄因乘小船，于父堕处恸哭，遂自投水死。弟贤，其夕梦雄告之：“却后六日，当共父同出。”至期伺之，果与父相持，浮于江上。郡县表言，为雄立碑，图像其形焉。①

这一故事又见于东晋干宝《搜神记》“犍为孝女”条②。为了寻得父亲尸体，“雄”甚至不惜自己的生命，这种“至孝”当真可歌可泣。然而，这则故事的发生地远在地处四川的犍为，即使传衍附会，在地理位置上也不大可能传入海州地域。而《后汉书·孝女传》中的“曹娥”故事引起笔者的注意：

> 孝女曹娥者，会稽上虞人也。父盱，能弦歌，为巫祝。汉安二年五月五日，于县江溯涛婆娑迎神，溺死，不得尸骸。娥年十四，乃沿江号哭，昼夜不绝声，旬有七日，遂投江而死。至元嘉元年，

---

① （南朝·宋）范晔：《后汉书》，中华书局1965年版，第2799—2800页。

② （晋）干宝：《搜神记》，汪绍楹校注，中华书局1979年版，第140页。

县长度尚改葬娥于江南道旁，为立碑焉[1]。

孝女“曹娥”之事发生在“会稽上虞”，与海州地域同为东部沿海，在地域上更为接近。笔者怀疑海州舀海故事的主体部分是“犍为孝女”和孝女“曹娥”故事讹变、叠加而成的。“曹”与“高”在发音上十分接近，在口头流传过程中，发生讹变的可能性极大，而地理风俗传统上，曹娥故事被舀海故事借鉴也更加合情合理。《后汉书》中的曹娥故事以孝女“投江而死”作结，但在《晋书·隐逸传》“夏统”条中则记载夏统为会稽永兴人，太尉贾充问其能否作其乡间词曲，统曰：

……孝女曹娥，年甫十四，贞顺之德过越梁宋，其父堕江不得尸，娥仰天哀号，中流悲叹，便投水而死，父子丧尸，后乃俱出，国人哀其孝义，为歌《河女》之章[2]。

乡间曲中的“后乃俱出”表现父女二人的亲情感动了上天。这一故事中更合乎民心的结尾被嫁接，构成唐代高孝女故事的主体情节。这两则孝女故事对于自古就有浓厚的重孝观念、津津乐道于“孝女”故事（东海孝妇）的海州民众来说，具有极大的吸引力。尽管唐代高孝女故事记述简略，但人物身份背景已经出现了海州地方化的迹象。

综上，笔者认为，从孝女曹娥故事到唐代高孝女故事，海州舀海故事的主要框架逐渐明朗、定型，人物身份也最终脱离故事原型，成为符合海州地方文化特色的渔民高家父女相依为命的感人故事，也由此有了高公岛的传说。

高公岛为何又演变为高姑舀呢？这里不仅仅是因为二者音近的问题，还因为“山川名胜的命名往往是与它的形状特征分不开的”[3]。高公岛从远处望去，就像一个人蹲在海边弯腰舀着海水。正是因为这样一个特殊的形状特征，引起了当地人民的自然幻想。美国著名的美学家乔

① （南朝·宋）范晔：《后汉书》，中华书局1965年版，第2794页。

② 《晋书》卷94，“隐逸列传”，第2429页。

③ 程蔷：《中国民间传说》，浙江教育出版社1989年版，第123页。

治·桑塔耶纳曾就自然风景引起人们幻想的问题作过论述："自然风景是一种无定形的东西；它几乎时时都是气象万千，可以让你的眼睛有大量自由去取舍、突出和组合它的种种因素，况且风景寓意丰富，而感情刺激又颇为暧昧。……杂乱无章的自然风景是不能用任何别的方法来欣赏的。它没有真正的统一，所以需要幻想来供给它这样或那样的形式。"① 而高公岛并非完全是幻想，因为此前本就有关于"高孝女"的故事在民间流传。因此当山岛的形状特征带给人们的幻想与高孝女故事结合以后，便产生了颇有地方特色的"高姑舀海"传说。

但海州舀海故事又不仅仅是将对山体形状特征的幻想与高孝女故事简单的累加，其"舀海"的具体情节更是受到了佛教故事中"抒海求宝"传说的影响。

二　舀海故事对佛教"抒海求宝"故事的情节继承

作为佛教最早的传入地之一，海州当地民众具有相对丰富的海上航行经历和经验，因此佛教中有关海洋的故事更容易在当地盛行，并对当地的其他民间故事产生影响。舀海故事中的主人公为了寻得父亲的尸体，誓用葫芦瓢舀干海水的内容就很明显直接来源于佛教故事中的"抒海（即舀海）"情节，只是舀海所求宝物为父亲的尸体，反映普通大众的实际生活，而"抒海"所求宝物多为宝珠：

> 我念往昔有一商主，入海采宝。而于海内得一贵重摩尼之宝，其价正直百千两金。得已忽然还堕海中。时彼商主，即持一杓，发大精进勇猛之心，抒大海水，欲令干竭，求摩尼宝。时海神天，见于彼人，杓抒海水，将置陆地。见已，即作如是念言："此人愚痴，无有智慧。大海之水，无量无边，其人云何以杓欲抒置于陆地？"而彼海神即说偈言："世间多有众生辈，为贪财利种种为。我今见汝大愚痴，更无有人过汝者。八万四千由旬海，今欲以杓抒令干。困乏徒自丧一生，所抒未多命便尽，所抒之水如毛渧，此大海广而

①［美］乔治·桑塔耶纳：《美感》，缪灵珠译，中国社会科学出版社1982年版，第90页。

> 甚深。汝今无智不思惟，耳珰欲取须弥作。”尔时商主复向海神而说偈言：“天神此为不善言，乃欲遮我干竭海。神但定意正观我，不久抒海当令空。仁住于此长夜停，是故心应大忧恼。我誓精勤心不退，必竭大海使令干。我无价宝堕此中，是故要枯大海水。水若尽底还获宝，得已当回归向家。”时彼海神，闻是语已，心生恐怖，作如是念：“此人如是精进勇猛，抒此海水，必当竭尽。”时彼海神，如是念已，即还商主无价宝珠①。

商主抒海的原因是因为所得摩尼宝珠堕海中，抒海的工具是“杓”。海神于是嘲笑商主“愚痴”之举动，以一杓之力当何时抒干海水？但当得知商主誓以“精进勇猛”之心，竭尽“抒此海水”之时，心生畏惧，将宝珠奉还。故事中只有将要抒海的举动，还没有抒海的过程。同类故事还见于《摩诃僧祇律》中记载的婆罗门得宝珠，误丢海水中，甚为忧恼：“我要当抒海求觅此宝。”便上岸求得好木，做成“木魁”（即长柄“木勺”）后，“褰衣袒臂……便抒海水。抒着岸上，水还入海”。海神被婆罗门的“专精”之心所感动，于是还给他宝珠②。此二则故事中抒海的工具都是普通的木勺，并且都在抒海之初，海神即还宝珠。而在《生经·佛说堕珠着海中经》中，抒海的工具有所改变——器。虽然并没有交代具体为何物，但肯定为佛家宝物，也可能是专门用来抒海的工具：“水自然趣，悉入器中……若今弈水，不久竭海。”③ 可见此“器”的“弈水”功能强大，与中国早期道教神话中“小中寓大”的观念极为相像④，对后世小说创作影响较大，尤其是《西游记》，故事中许多仙家宝物（如袋、瓶等）都可以容纳百川。此外，《生经》抒海故事中的反面形象并不是泛泛而谈的海神，而是“海龙神”，这也许是中国化海龙王多为恶势力代表的源头。

---

① 《佛本行集经》卷31，“昔与魔竞品”第34，载《大正新修大藏经》第3册，第797页。

② 《摩诃僧祇律》卷4，载《大正新修大藏经》第22册，第260页。

③ 《生经》卷1，“佛说堕珠着海中经”第8，载《大正新修大藏经》第3册，第75页。

④ 相关论述详见王青《中国小说中相对性时空观念的建立》，《南京师范大学学报》（社会科学版）2004年第4期。

以上所举三则佛经故事只是提到了抒海，对抒海过程并没有详细描述，而海神的最终还珠也并非是海水被“抒”。因此并没有为“高姑舀海”故事情节的形成提供完整的借鉴，海水将被舀干后海龙神才还宝的情节也是见于其他佛经故事记载。如《贤愚经·大施抒海品》言菩萨千辛万苦得到宝珠，却为龙辈偷偷拿走，菩萨睡醒以后，见珠不在，自思：

“此中无人，必是海龙，持我宝去。我为此珠，经涉遐崄。今垂还国，满我所愿。虽取我珠，吾终不放。会当尽力，抒此海水。誓心克志，毕命于此。若不得珠，终不空归。”思惟已定，即行海边。得一龟甲，两手捉持，方欲抒海。海神知意，来问之曰：“海水深广三百三十六万里，正使一切人民之类，尽来共杼，不能使减，况汝一身，而欲办此？”菩萨答言：“若人至心，欲有所作，事无不办。我得此宝，当用饶益一切群生，以此功德，用求佛道。我心不懈，何以不能？”是时首陀会天，遥见菩萨，一身一意，独执勤劳，欲用充济安乐一切，我曹云：“何不往佐助？”展转相语，来至其所。菩萨下器，一切诸天，尽以天衣，同弇水中。菩萨出器，诸天举衣，弃着余处。一反抒海，减四十里；二反抒之，减八十里；三反抒之，减百二十里。其龙惶怖，来到其所，语言止止：“更莫抒海。”菩萨寻休，龙来问言：“汝求此宝，用作何等？”菩萨答言：“欲用给济一切众生。”……龙闻其语，出珠还之。①

菩萨的精诚感动了诸位天神，共同帮助其抒海，“一反抒海，减四十里；二反抒之，减八十里；三反抒之，减百二十里”，逼得海龙神在无奈的情况下，只好求饶，“更莫抒海”，最终将宝珠送还。类似情节在《六度集经》中也有记载，普施得宝珠，为海龙神骗取之，于是决定抒海，并且感动天神，“天即下助其抒水，十分去八”。但普施抒海故事却增添了海神试图以其他宝物送还而不能的情节：“海神悔怖，即出众宝，

① 《贤愚经》卷8，“（四〇）大施抒海品”第35，载《大正新修大藏经》第4册，第408页。

空其诸藏，以与普施。普施不受曰：‘唯欲得吾珠耳。’诸神还其珠。”① 《经律异相》记载“大意求明月珠”故事结尾同样也增添了类似内容：大意的精诚，感动“四天王”来助其抒水，“抒水三分已二……海神便出众宝以与大意。大意不取。……海神知其意盛，便出珠还之”②。海龙神以其他宝物作为交换的内容增加无非是为了突出主人公所持有“海宝”的重要性，是其他任何宝物所不能比的，恰似孙悟空在东海龙宫中选取兵器，最终等到镇海之宝“定海神针”。

这三则抒海的故事中都有海水将被抒干，龙王无奈退还宝物的内容。而这一情节被“高姑舀海”故事借鉴，演变为“舀了一年，龙宫里金龙玉柱左右摇；舀了两年，龙宫上的琉璃瓦往下掉；舀了三年，龙宫左歪右斜要倾倒；舀了四年，龙王坐不住了！”

“高姑舀海”故事的后半部分“舀海”情节应该直接来源于佛经故事的“抒海”，并没有受到元代盛行的“张生煮海”故事影响，因此故事的产生年代或较“张生煮海”故事更早一些。但也并不是说“高姑舀海”与“张生煮海”就没有联系，因此我们还有必要将两个故事作一下比较。

三　高姑舀海与张生煮海的比较

煮海型故事最经典的名作是元杂剧《张生煮海》③，其基本的情节为：潮州书生张羽携书童借宿石佛寺。夜晚抚琴，被东海龙王第三个女儿琼莲听到，产生爱慕之心，两人相恋，私订终身，约定八月十五日夜晚到东海边迎娶。龙王嫌弃张生是个穷书生，加以阻挠。中秋节晚上，张生来到东海边寻找琼莲，遇见一道姑。道姑告诉他琼莲没能来的原

---

① 《六度集经》卷1，“布施度无极章”第1，“（九）昔者菩萨从四姓生”，载《大正新修大藏经》第3册，第152页。

② 《经律异相》卷42（居士部），“居士子大意求明月珠五”，载《大正新修大藏经》第53册，第221页。

③ 《张生煮海》的研究可参见徐朔方《浅谈〈张生煮海〉》，载《元杂剧鉴赏集》，人民文学出版社1983年版；林建《龙与〈柳毅传书〉和〈张生煮海〉》，《中山大学学报》1987年第1期；胡世厚《李好古及〈张生煮海〉》，《河南大学学报》（社会科学版）1991年第2期；邓绍基《元杂剧〈张生煮海〉校读散记》，《阴山学刊》1992年第1期，等等。

委，并送给他银锅、金钱和铁杓，教他煮海，锅里水浅，海水就会随之变浅。最后张生把东海煮得沸腾起来，龙王无奈，被迫将女儿许配与他完婚①。

高姑舀海的故事与张生煮海的故事同在东部沿海地区流传，都有向龙王索“宝”的情节。但由于文人创造并被搬上舞台等诸多原因，张生煮海故事的流传地区较广，而且杂剧中的张生本为潮州人，煮海地点却选在沙门岛（今山东登莱县）②，故事本身已经表明了它可能流传的地区。海州位于潮州和沙门岛之间，但海州的舀海故事却与煮海故事有较大差距。

（一）所用工具有较大差异

张生“煮海”的工具是道姑赠给的银锅、金钱和铁杓，用铁杓舀海水在锅，放金钱在水内，大海随着锅里海水的变少而变浅。很明显这种想象是典型的模拟巫术，认为两种相似物会有同样的结果，煮干了锅里的水就等于煮干了海里的水。张生用这种简单易行的巫术方式很快取得了斗争的胜利，并反映出他所使用的煮海工具具有“攻击性的、克敌制胜的魔力”③，与《生经·佛说堕珠着海中经》中菩萨抒海所用的“弈水器”性质相似。而这种带有浓厚巫术色彩的表演较为符合普通大众的审美心理，也是《张生煮海》得以广泛流传的原因之一，因而对这本杂剧的研究也不能忽视道姑这个配角。

高姑“舀海”所用的工具却相对简单，即自己种的葫芦开成的水瓢。这个最简单的工具与佛教“抒海求宝”故事中所用的“杓”、“魁”等相似。但高姑的舀海并没有得到任何神外力的帮助，因而在故事叙述的过程中用了“一年”、“二年”、“三年”、“四年”的表达方式，体现了高姑与大海搏斗的坚强信念。并且这种坚强的信念与“抒海”故事

---

① 李好古：《张生煮海》，载《元人杂剧选》，人民文学出版社 1956 年版，第 175—200 页。

② 林建认为，“或许故事的原主角就是从潮州发配到沙门岛煮盐的囚徒，只是由于口头传说转为文人创作，主角才跟着变为书生的，而李好古改编时又忽略了祖籍问题，保留了原主角的潮州籍贯”，见林建《龙与〈柳毅传书〉和〈张生煮海〉》，《中山大学学报》1981 年第 1 期。

③ 乌丙安：《中国民间信仰》，上海人民出版社 1996 年版，第 261 页。

中的菩萨、婆罗门等的“专精之心”是相同的。从这两个角度来看，与其说张生煮海故事来源于佛教“抒海求宝”故事，还不如说高姑舀海故事是对佛教“抒海求宝”故事的直接继承。

（二）反映社会主题不同

张生煮海是借助于巫术的力量，而高姑舀海却完全依靠自己的努力。虽然最终的结局都是使反面角色妥协而取得斗争的胜利，但是张生煮海故事却没能摆脱唐以来才子佳人模式的固有束缚，在煮海情节中过多地涉及了张生、琼莲二人对爱情的大胆追求。尤其是作为普通书生的张生，为了求得美满姻缘，竟然同法力无边的龙王抗争，最后不得不在仙姑的帮助下，才能够与琼莲结为夫妻。可以说张生煮海故事依然是文人创作的书生理想型故事。实际上，在中国古代文学作品中，书生这一群体大多是以弱者的形象出现。因此要实现自己的理想，往往都要依靠外力，或中状元，或遇贵人帮助、仙人指点等。张生就是这一群体的典型代表。

而作为普通劳动者的高姑却不同。父女二人在孤岛上相依为命，父亲出海打鱼，高姑除了做饭等必要的日常家务以外，还要担负起织网、种菜等繁重的体力劳动。因此可以说高姑是生活中劳动人民的强者形象。当父亲被出玩龙王掀起的风浪吞没以后，高姑感叹命运的不公，毅然决定通过自己的努力寻找父亲的尸体。四年时间的“舀海”最终取得了与大海搏斗的胜利。故事在向我们展示高姑坚强形象的同时，也蕴涵了劳动人民同自然抗争的主题：要实现生活理想，就必须付出艰辛的劳动，甚至是日复一日、年复一年重复同样的工作。由此而言，高姑舀海必定是劳动人民自己创作的故事，它非常贴近普通大众的生活，因而能够深深地植根于民间百姓的生活中，并流传至今。

与“张生煮海”相比，“高姑舀海”更具有民间故事的传奇性。所谓传奇性，是指“故事情节与人间现实有直接的联系，大致具有生活本身的形式，故事发展合乎生活的内在逻辑；同时又通过偶然、巧合、夸张、超人间的情节来引起故事的发展”，民间故事的传奇性情节“有利于表现历史生活中多方面的奇情异事”，虽然虚构幅度较大，但绝不是空中楼阁，而是在深厚的生活基础上概括、提高的结果，是以夸张的形式展示事物的普遍性和本质[1]。而张生煮海故事却更多地掺入了魔术色彩，因而较为远离普通大众的生活。

四　舀海故事的价值

海州地方盛行的高姑舀海故事虽然没有得到广泛流传，也很少见于其他地方记载。但总体而言，其价值却是不容忽视的。

（一）对佛教“抒海求宝”故事的情节继承

有关佛教“抒海”的论述多见于对张生煮海故事的研究[2]。煮海故事的产生可能与我国早期沿海地区的煮盐业有关，而海州本身也是煮盐业较为发达的地区：桓宽《盐铁论》记有“朐卤之盐”[3]；《史记·货殖列传》言“彭城以东、东海、吴、广陵……有海盐之饶”[4]；《南齐书·州郡志》：“郁洲在海中……土有田畴鱼盐之利”[5]。

但为什么煮海故事却没有在煮盐业较为发达的海州地域得以广泛流传呢？

海州东临黄海，是最早的佛教传入地区，佛教“抒海求宝”故事很早就在这一地区广泛流传。“抒海”即“舀海”，都是用一种较为简陋的杓、瓢等工具与海龙王斗争。“高姑舀海”故事即是在模仿高公岛山体特征的基础上，综合了佛经“抒海求宝”、唐代高孝女寻父尸的故事情节而形成的富有海州地方特色的民间故事。也因为故事浓厚的地方色彩，限制了向其他周边地区流播的可能性，因而不能像作家创作的张生煮海故事那样流传开。但张生“煮海”的过程毕竟是以制胜性巫术来征服自然的浪漫幻想[6]，是对佛经“抒

---

① 此处参见屈育德《神话·传说·民俗》，中国文联出版公司1988年版，第85—131页。

② 如刘守华认为煮海这一故事最早是由印度的佛经故事演变而来，见刘守华《中国民间故事史》，湖北教育出版社1999年版，第576页。业师王青教授认为“煮”即“抒”的音转，见王青《西域文化影响下的中国小说》，中国社会科学出版社2006年版，第235页。

③ （汉）桓宽：《盐铁论》，上海人民出版社1974年版，第8页。

④ （汉）司马迁：《史记》，中华书局1959年版，第3267页。

⑤ （南朝·梁）萧子显：《南齐书》，中华书局1972年版，第259页。

⑥ 江帆：《以制胜巫术征服自然的浪漫幻想——“煮海宝”故事解析》，《忻州师范学院学报》2002年第5期。

海”故事的魔术化，应该说“它已完全脱离佛教，而发展成一个中国类型的神异故事”[①]。因此不像高姑舀海故事那样表现出对佛经故事的直接继承性。

（二）对“填海”故事的精神继承

“填海”情节在中国本土很早就已经产生。《山海经·北山经》云：“发鸠之山，其上多柘木。有鸟焉，其状如乌，文首，白喙，赤足，名曰‘精卫’，其名自叫。是炎帝之少女，名曰女娃。女娃游于东海，溺而不返，故为精卫。常衔西山之木石，以湮于东海。”[②] 精卫鸟面对自然的强大、敢于抗争的填海精神，自古以来就一直是人们歌颂的对象，晋代陶渊明的“精卫衔微木，将以填沧海”的名句也已耳熟能详。故事所表达的是一种积极向上的力量，是一种有进无退、不达目的誓不罢休的无畏和坚韧。

高姑舀海故事是劳动人民的集体创作。高姑形象从商贾之女转变为渔人之女，在体现劳动人民集体智慧的同时，也反映了作为渔民群体的基本生活状态。孤单的渔人驾舟航行在辽阔的大海上，在突然遇到的强大自然风暴面前，根本无法掌控自己的命运，船翻人溺的事情时有发生。但劳动人民不断向自然挑战的愿望是永不停歇的。

高姑“舀海”之锲而不舍精神与精卫“填海”是一脉相承的。在不借助外力的情况下，面对变幻莫测、百川之宗的大海，敢于凭一己之力提出挑战。这里可以借用袁珂先生评价精卫填海的话：“从人们的理智上看来，她（精卫）这工作当然是徒劳无益的。但从感情上看来，沧海固然浩大，然而小鸟坚韧不拔的想要填平沧海的气概却比沧海还要浩大，此其所以为悲壮，为值得赞美。”[③] 精卫鸟“填海”的愿望虽然没能实现，但高姑与大海的斗争却取得了胜利，这是劳动人民在与自然抗争面前的美好理想。这种美好的理想结局既是民间故事得以长久流传的原因，同时也是其价值体现。对此，恩格斯曾有过论述，他说民间故事书同《圣经》一样可以培养人们的道德感，使人们能够“认清自己

① 白化文：《龙女报恩故事的来龙去脉——〈柳毅传〉与〈朱蛇记〉比较观》，《文学遗产》1992 年第 3 期。

② 袁珂：《山海经校注》，巴蜀书社 1996 年版，第 111 页。

③ 袁珂：《古神话选释》，人民文学出版社 1982 年版，第 90 页。

的力量、自己的权利、自己的自由”，并激起人们的勇气[①]。高姑舀海不仅使长期生活在海边的渔民阶层认识到自己的力量，还激起他们不断与大海抗争、向大海挑战的勇气。

① 恩格斯：《德国的民间故事书》，载《马克思恩格斯论艺术》，人民文学出版社1966年版，第401页。

第五章

海州文化对明清文人小说创作的影响

在明清白话小说中，与海州联系最为紧密的是《西游记》和《镜花缘》[①]。小说创作者吴承恩和李汝珍曾有过在海州地域长期生活的经历，对当地民间传说、风俗人情等非常了解，因而在小说的故事内容、人物形象塑造等方面多受其影响。《西游记》是我国第一部长篇神魔小说，糅合了原始巫教、神话传说以及民间道教、民俗佛教等因素，展示了一幅多神信仰的宗教图；《镜花缘》则综合了前代的殊方异域传说，通过主人公的海外游历，将这些殊方异域传说串联起来并加以渲染，表达作者的社会伦理道德观念。而这些也正是海州文化边际性特点的最有力体现。

第一节 《西游记》与海州

《西游记》以唐玄奘西游取经故事为原型，综合了《大唐西域记》、《大唐慈恩寺三藏法师传》、《大唐三藏取经诗话》、《大唐三藏法师取经记》、《唐三藏》、《唐三藏西天取经》杂剧以及《西游记》杂剧、《西游记平话》、《二郎神锁齐天大圣》等相关内容，融合了海州地方有关陈光蕊的传说故事，结合海州地域的有关风俗风物，由与海州有密切关系的淮安人吴承恩创作完成，成为我国古代小说史上影响深远的神魔小

---

① 本章内容所言《西游记》无特别注明之外，皆指百回本白话小说《西游记》（人民文学出版社 1990 年版。文中所引《西游记》内容也依此版本）；《镜花缘》所依版本为人民文学出版社 1981 年版。

说代表作①。

一　吴承恩与海州

自20世纪70年代始至2004年《西游索故》的出版②，海州地方学者李洪甫先生从未间断过对吴承恩与海州关系的梳理。吴承恩本为淮安人，他是否来过海州？他的《西游记》创作又是否与海州有不可忽视的联系呢？答案是肯定的。

读吴承恩遗留下来的诗词，许多诗句都能够反映出吴承恩曾经来过被誉为海上仙山的海州云台山。如《射阳先生存稿》中《长兴作》一首有云："会结吾庐沧海上，钓竿轻掣紫金鳌"，同书《驻云飞·翰体》曰："人世蓬瀛，两袖天香近九重，宝带银鱼控，宫烛金莲送。荣谈笑总夔龙，退食从容。日上花砖，阁下文章静，身在瑶台第一层。"③如果不是身临其境的人，便写不出这样寓情于景的诗章，更谈不上有山海相连的歌赋。苏兴教授曾撰文《追踪〈西游记〉作者吴承恩南行考察报告》，从吴承恩七古诗《赠裴鹤洲晋列卿兼逢初度歌》中"海上仙人青凤裘，翩然驾鹤来瀛洲"以及五古诗《古意》中"日出沧海东，精光射天地。……朝登众山顶，聊复饮其气"等诗句来证明吴承恩曾经到过云台山，并且对云台山的传说印象很深。同文中还认为"傲来国"中的"傲来"是淮安、海州一带的方言或渔民号子，因此推断"傲来国"也是海州花果山对岸的地方④。吴承恩还十分注意对海州史迹的研究，例如唐代海州刺史李邕写的《婆罗树碑记》，到明代碑石早已无存，而沔阳陈玉叔却在吴承恩家发现这块碑石的拓本⑤。

---

① 李时人教授曾认为《西游记》的成书过程大体可以划分为三个阶段，这三个阶段分别以《大唐三藏取经诗话》、《西游记杂剧》和《西游记平话》作为标志。见李时人《〈西游记〉的成书过程和孙悟空形象的渊源》，载江苏省社会科学院文学研究所编《西游记研究》，江苏古籍出版社1984年版。

② 李洪甫：《西游索故》，中国文史出版社2005年版。

③ 见刘荫伯编《〈西游记〉研究资料》，上海古籍出版社1990年版，第57—61页。

④ 苏兴：《追踪〈西游记〉作者吴承恩南行考察报告》，《东北师范大学学报》（社会科学版）1979年第1期。

⑤ （清）吴玉搢：《山阳志遗》，载刘荫伯编《西游记研究资料》，上海古籍出版社1990年版，第6页。

据李洪甫先生考证，清代著名的金石学家吴玉搢在《金石存》中说他能辑存到云台山郁林观的石刻是因为“宗人”吴恒明的帮助，并且吴恒明的名字也明确记载于海州云台山吴氏家谱。而与吴恒明同辈的吴恒宣曾自号“郁洲山人”，并著述《云台山志》十卷，书扉页上却署名“淮安吴恒宣”，因此淮安和云台山两地的吴氏应该为同一宗族。淮安人吴进则说云台山“即林园”（今俗称“吴庵”）的主人是他家兄吴用晦，而吴进也于乾隆十二年（1747）在“朐山友人家”发现了《射阳山人存稿》[①]。李先生还认为最早的《西游记》古版善本——明代金陵世德堂本《西游记》所署作者名“华阳洞天主人”就是吴承恩，“华阳洞天”即是地处海州云台山水帘洞东侧的华严洞和朝阳洞。李先生的根据是：明代海州人张朝瑞写的《云台山三元庙碑记》里数说着云台山上的著名洞天——洞之为二仙、为水帘、为华严、为朝阳；而几乎所有的地方志、山志都对水帘、华阳、朝阳三洞津津乐道[②]。如果李先生所述无误，那么吴承恩可能不仅来过云台山，甚至还有可能长期在此隐居过。

而海州云台山地区至今还流传着许多关于吴承恩写作《西游记》的传说。《吴承恩上云台》故事描述了吴承恩为了写孙猴子的老家，来云台山采集了云台山地区“石猴精吃蟠桃”、“娲遗石”以及水帘洞中的“神泉（俗称海眼子，可直通东海）”等相关故事，并住在三元宫里，用了三年时间写出了《西游记》[③]；《文笔峰》故事讲述了吴承恩在“水帘洞”中边喝酒边改稿《西游记》，不觉大醉，老猴子为了让天下人都知道美猴王，派小猴子偷走并扔掉了《禹鼎志》书稿以及写作用的笔砚，从此有了“万卷书”（巨石）、“文笔峰”、“笔架石”、“仙砚石”等胜迹[④]。这些民间传说不会是空穴来风，应该是在吴承恩来云台山的事实基础上渲染而成的。

---

① 李洪甫：《西游索故》，中国文史出版社2005年版，第155页。

② 同上书，第172页。

③ 丁义珍搜集整理：《上云台》，载姜威编《〈西游记〉外传》，上海文艺出版社1986年版，第190—195页。同故事也载于《连云港民间传说》，江苏人民出版社1981年版，第1—5页。

④ 薛鸿迎搜集整理：《文笔峰》，载《连云港民间传说》，江苏人民出版社1981年版，第67—70页。

二 唐僧与海州

《西游记》第8回、第9回之间有一章附录内容《陈光蕊赴任逢灾江流僧复仇根本》言唐太宗依古法开科招贤，榜文“行至海州地方，有一人，姓陈名萼，表字光蕊，见了此榜，即时回家……”（第57页），由此引出了唐僧的出生、救母、寻父等情节，在成为一代高僧后，经过观世音的指点，毅然踏上了西天取经之路。而在绝大部分明刻本《西游记》相关作品中，并没有唐僧出身的故事，只有朱鼎臣《唐三藏西游释厄传》第四卷插入陈光蕊故事的粗略陈述①。因此也有学者认为附录内容不是吴承恩所作，亦非《西游记》原有内容②。然而，《西游记》的第十一回写到，萧瑀举荐僧众的时候，内中一个得道高僧：“父是海州陈状元，外公总管当朝长。”而唐太宗听说陈玄奘姓名以后，“沉思良久道：‘可是学士陈光蕊之儿玄奘否？’”（第83—84页）由此来看，唐僧是海州陈光蕊之子的传说也是吴承恩早已熟悉的。

（一）陈光蕊的传说

关于陈光蕊及其岳父殷开山的传说故事在海州云台山地区盛传已久。《嘉庆海州直隶州志》卷29“寺观录”记载明万历二十四年（1596）张朝瑞《东海云台山三元庙碑记》云：“海内号大灵山者四，而云台列其一，其山四面距海，各数十里，巅曰青峰顶，奉三元之神，而宫其上。……世传三元之先，家东海，今大村盖有陈子春遗冢。子春者名光蕊，实始诞三元云”③。同书卷11“山川考”载清人姚陶的《登云台山记》云：“小村，为唐宰相殷开山故里。殷有女，赘陈状元光蕊为婿，生三子，即三元兄弟。——盖世俗相传也……北望青峰顶，绀宫巍焕，即三元殿也……由殿东石径上里许，为水帘洞；洞中石泉极浅，冬夏不竭，泉甚甘美。云为三兄弟修真处。”④

---

① （明）朱鼎臣：《唐三藏西游释厄传》，人民文学出版社1984年版，第75—96页。

② 蔡铁鹰：《〈西游记〉成书研究》，中国文联出版社2001年版，第242—246页。

③ 仲其臻等整理：《嘉庆海州直隶州志》卷29《寺观录》，南京大学出版社1993年版，第1153页。

④ 仲其臻等整理：《嘉庆海州直隶州志》卷11《山川考》，南京大学出版社1993年版，第503—504页。

而事实上，海州有没有状元陈光蕊是有疑问的，《嘉庆海州直隶州志》卷31“拾遗录”辨此事曰：

> 赵一琴云，尝读干宝《搜神记》，三元大帝为东海人，父萼字光蕊，一字子春，唐贞观己巳及第，丞相殷开山妻以女，生三子，官天地水，因尊为三元三官三品。所著经三种，曰《宝诰》，曰《女青》，曰《降笔》。《宝诰》所云，驾五色祥云，行九气清风，在云台山上，放大毫光，广大慧力是也。愚谓此皆耳食之说，不为典要。干宝，晋人，岂能预知唐事。《搜神记》非僻书，无言三官语，贞观纪年无己巳，唐赵傪《进士登科记》无陈光蕊名，《新唐书·宰相世系表》无殷开山名，而廷试贡士，贞观时亦无此制也①。

上海大学李时人教授曾在《文学遗产》发表《略论吴承恩〈西游记〉中的唐僧出世故事》一文，认同海州地方志书中的这一观点，并认为唐僧出生故事在元代就已被吸收进唐僧取经故事体系中②。

赵一琴是一位读书的教官，曾任无锡训导，称“尝读”干宝《搜神记》，《搜神记》中记载陈光蕊及殷开山的故事。但我们今天所见之《搜神记》版本中并没有关于陈光蕊故事的记载，晋代的干宝更不可能“实录”唐代殷开山之事。或许赵一琴所阅《搜神记》版本是唐后期的注本也未可知。但至少到了明朝，有关这一传说在海州地域已经流传甚广是可以肯定的。明顾乾在《云台三十六景》“塔影团圆”中云：“云台山有前顶、后顶，皆称仙境，此为前顶登山之始，团圆宫内肖三元大帝三藏禅师像，盖其昆仲四人也，并肖帝父、母像，祖墓在其侧。”③顾乾是万历十四年（1586）的岁贡，而吴承恩约死于万历十年（1582），由此来看，吴承恩也一定了解云台山区关于陈光蕊一家的美

---

① 仲其臻等整理：《嘉庆海州直隶州志》，卷31《拾遗录》，第1243页。

② 李时人：《略论吴承恩〈西游记〉中的唐僧出世故事》，《文学遗产》1983年第1期。

③ 《云台新志》第二册卷8《胜迹》，载《中国方志丛书》之《华中地方》第157号，据（清）许乔林纂辑，（清）道光十一年修，（清）光绪二十四年重刊本影印，成文出版社有限公司印行，第415页。

丽传说。

从现存的《西游记》相关材料来看，元朝杨景贤的《西游记杂剧》最早将唐僧的籍贯演变为海州弘农县人，其母殷氏是大将殷开山之女。第一出《之官逢盗》中观音语："现今西天竺有大藏经五千四十八卷，欲传东土。诸佛议论，着西天毗卢伽尊者托化于中国海州弘农县陈光蕊家为子，长大出家为僧，往西天取经阐教。争奈陈光蕊有十八年水灾，老僧已传法旨于沿海龙王，随所守护。"① 这样唐僧就由内地人士演变为沿海居民，并为小说《西游记》中有关唐僧的籍贯奠定了基础。这段材料同时也表明了陈光蕊及殷开山的民间传说至少可以追溯到元代《西游记杂剧》之前。

（二）陈光蕊故事原型

陈光蕊及其妻忍辱报仇的故事原型可追溯至《太平广记》卷一二二引《乾子》"陈义郎"条：

> 陈义郎，父彝爽，与周茂方皆东洛福昌人。同于三乡习业，彝爽擢第，归娶郭愔女，茂方名竟不就，唯与彝爽交结相誓。唐天宝中，彝爽调集，受蓬州仪陇令。……固请茂方同行……去仪陇五百余里，磴石临险，巴江浩渺，攀萝游览，茂方忽生异志……抽金锤击彝爽，碎颡，挤之于浚湍之中……茂方曰："事既如此，如之何？况天下四方人一无知者，吾便权与夫人乘名之官，且利一政俸禄，逮可归北。"……妻不知本末，乃从其计。到任，安帖其仆，一年已后，谓郭曰："吾志已成，誓无相背。"郭氏藏恨，未有所施……居无何，已十七年，子长十九岁矣，……挈其子应举。是年东都举选，茂方取北路，令子取南路，……有鬻饭媪留食，再三瞻瞩。食讫，将酬其直，媪曰："不然，吾怜子似吾孙姿状。"……明年下第，归长江，其母……引子于静室，具言之："此非汝父，汝父为此人所害，吾久欲言，虑汝之幼，吾妇人，谋有不臧……"其子密砺霜刃，候茂方寝，乃断吭，仍挈其首诣官。连帅义之，免

① （元）杨景贤：《西游记杂剧》，载隋树森编《元曲选外编》第二册，中华书局1959年版，第633页。

罪，即侍母东归。其姑尚存，且叙契阔，取衫子验之，歔欷对泣，郭氏养姑三年而终①。

陈义郎的故事在淮海民间传说中被改编，其父叫陈光蕊，光蕊岳父叫殷开山②。殷开山，实有其人，乃大唐开国功臣，世居江南，《新唐书》为其作传，曾被赐爵陈郡公，后迁丞相府掾，晋爵“郧国公”，死后入高祖庙③。但其故里是否在海州云台山小村，史书中并无记载。皆因他曾当过“丞相府掾”，又有甚至高于丞相的开国之功，吴承恩以此为据，构思了状元陈光蕊在丞相府门前骑马游街的故事场面，并有幸被殷温娇小姐的绣球打中，而后结婚生子，有了去西天取经的唐三藏！

南开大学宁稼雨教授在《淮安三官传说对唐僧出世故事影响》一文中转述了他采集的淮安民间文学，并认为这个传说对陈光蕊的故事有明显的影响：

有个李公子，考中状元以后，被封为镇江府知府。他在赴任途中，误入贼船，被杀，其妻因不屈从于强人的淫威而投水殉节，后来遇救。公子也被龙王所救，龙王还将自己的三位龙女嫁给他为妻。一年后，三位龙女各生了一个男孩，取名为天官、地官、水官。后来，李公子带领三官寻找母亲和原配夫人，原配夫人与老母已入尼姑庵修道，并已死去。李公子便将三官留在三眼井后的尼姑庵为其守墓④。

---

① （宋）李昉等编：《太平广记》，中华书局1961年版，第858—859页。与“陈义郎”情节较为相似的故事还可参见南宋周密的《齐东野语》卷8“吴季谦改秩”。

② 《淮阴师专学报》（社会科学版）1980年第2期发表了张传藻、颜景常《从唐玄奘和孙悟空籍贯问题看淮海民间传说对〈西游记〉的影响》一文，文中论述道：淮海民间流传着地方文人改写过的《太平广记》，其中一篇《陈义郎》与宋《太平广记》中《陈义郎》名同实异。淮海化了的陈义郎父叫陈光蕊，光蕊岳父叫殷开山……笔者未能见到淮海民间流传的《太平广记》，但陈义郎故事应该是受海州地域流传的陈光蕊故事影响。

③ （宋）欧阳修、宋祁撰：《新唐书》，中华书局1975年版，第3766—3767页。

④ 宁稼雨、冯雅静：《西游趣谈》，中国人民大学出版社2007年版，第125—126页。

这一故事与海州云台山区流传的陈光蕊故事确有许多相似之处。海州民间传说中的陈光蕊故事基本情节是：陈光蕊是为了能够娶殷温娇才去考状元的；殷温娇被蜘蛛精所劫；陈光蕊娶了龙王三个女儿；龙王帮助陈光蕊救出殷温娇；三龙女生的孩子为“三官”，殷温娇生的孩子为唐僧，一家团圆①。这两个民间传说故事很难确定哪一个更早一些，但可以肯定的是，吴承恩不仅熟悉《西游记杂剧》中陈光蕊的相关故事，同样也很熟悉淮安地区和海州云台山区的这两个传说故事，并综合改编，才有了《西游记》中海州陈光蕊故事，使之符合小说故事情节的发展线索。

(三) *唐僧与唐玄奘*

小说《西游记》中，唐僧前世为如来二徒弟金蝉子，《西游记》中屡有交代。十一回韵语云：“灵通本讳号金蝉，只为无心听僧讲，转托尘凡苦受难，降生世俗遭罗网”（第 83 页）；十二回“又见得法师坛主乃是江流儿和尚，正是极乐中降来的佛子，又是他原引送投胎的长老……”（第 86 页）；第九十九回诸神交上玄奘的灾难簿，上写着“金蝉遭贬第一难”（第 712 页）；第一百回“如来道：汝前世为我之二徒，名唤金蝉子……”（第 721 页）。只因无心听禅，金蝉子被贬到海州弘农县陈光蕊家为子，以普通人的肉身去西天求取《大藏经》，弘扬佛法。

而历史上取经的唐玄奘却是河南人，《旧唐书》以为是洛州偃师人②，《续高僧传》、《大慈恩寺三藏法师传》皆说其祖籍陈留，出生地为缑氏③。玄奘俗姓陈，法号三藏。而海州地域流传的陈光蕊传说故事中，陈光蕊之子名“三元”或“三官”，与“三藏”混淆，并由此产生了取经僧的父亲是海州人的附会。

---

① 具体故事情节可参见丁义珍搜集整理《三元宫和团圆宫》，载《连云港民间传说》，江苏人民出版社 1981 年版，第 43—51 页。

② （后晋）刘昫：《旧唐书》，中华书局 1975 年版，第 5108 页。

③ （唐）释道宣：《续高僧传》卷 4，“译经·玄奘传”，载《大正新修大藏经》第 50 册，第 446 页；（唐）慧立、彦悰著：《大慈恩寺三藏法师传》，孙毓棠、谢方点校，中华书局 2000 年版，第 4 页。

三　海州云台山与小说《西游记》中的花果山

在章回小说《西游记》之前的所有文本中，花果山在取经路上的西域。如《大唐三藏取经诗话》中的《行程遇猴行者处第二》、《西游记杂剧》第九出《神佛降孙》等都有交代。而吴承恩在创作小说《西游记》的时候，却将其移入东方的汪洋大海中。

那么小说《西游记》中的花果山是否就是海州云台山呢？我们来看小说中关于花果山的描述：

> 东胜神州海外有一国，名曰傲来国。国近大海，海中有一座名山，唤为花果山。此山乃十洲之祖脉，三岛之来龙。自开清浊而立，鸿蒙判后而成。真个好山！（第2页）

在描述花果山的赋中还明确指出了山的位置，有辞赋为证。赋曰：

> 势镇汪洋，威宁瑶海。势镇汪洋，潮涌银山鱼入穴；威宁瑶海，波翻雪浪蜃离渊。水火方隅高积土，东海之处耸崇巅。丹崖怪石，削壁奇峰。丹崖上，彩凤双鸣；削壁前，麒麟独卧。峰头时听锦鸡鸣，石窟每观龙出入。林中有寿鹿仙狐，树上有灵禽玄鹤。瑶草奇花不谢，青松翠柏长春。仙桃常结果，修竹每留云。一条涧壑藤萝密，四面原堤草色新。正是百川会处擎天柱，万劫无移大地根（第2页）。

赋中的花果山“势镇汪洋”，又处“百川会处”，高耸于“东海”之上，位置与海州云台山恰好相符；而“瑶草奇花不谢、青松翠柏常春”的描述也正是海州云台山独特的地理环境所造成的南北相接的小气候特点的体现；所谓鹿、狐、鹤以及仙桃、修竹、藤萝等更是海州云台山最常见的动植物。而云台山直至康熙年间一直处在海洋之中，在以农业经济为主的古代中国，是很少将其划入版图内的，无怪吴承恩将花果山近国“傲来国”认为是“海外”。董作宾云：“此山的形势，也似乎是花果山的背景。游览过此山的吟咏记载，有很多的人，我们一看，就可以知道云台山的价值了。”①

从目前海州云台山所发现的古迹来看，其中有许多也正是小说《西游记》中的故事原型。

“水帘洞”是小说《西游记》中对花果山描述最为具体的一个场景。海州云台山上的“水帘洞”名称也是由来已久，它早在与吴承恩同一时代的明朝海州人张朝瑞写的《云台山三元庙碑记》中已经作为名胜来咏叹，“洞之为二仙、为水帘、为华严、为朝阳”②，吴承恩也应该非常熟悉。而洞中俗称“海眼子”的“神泉”传说可直通东海，也成了小说中孙悟空去东海龙宫作客的常用之路。董作宾在《读〈西游记〉考证》的一文中也认为云台山的水帘洞就是小说《西游记》中水帘洞的原型，他说：“因看《淮安府志》的时候，偶然见《艺文》里有《朱世臣题云台山水帘洞》的标题，想到水帘洞是美猴王的发祥地，也算这部《西游记》的出发点。”③

小说《西游记》用了整整三回内容（二十四至二十六回）敷陈唐僧师徒留宿万寿山五庄观后的人参果纠纷。关于此点，笔者较为赞同李洪甫先生的论述，他认为小说中的地仙之祖即是海州云台山“三官”信仰中的地官，而镇元大仙修道场所“五庄观”的原型即云台山上的“大仙庵”，“万寿山”即“万寿庵”。1983年，李洪甫先生于云台山上发现了嘉靖二十一年一位叫“林下越朐”的人所刻写的石碑《大仙庵游记》。碑文记述了作者游览了云台山的“大仙庵”，并考究史绩，指出山上“早有”的“庙址”以及“有仙居道成”。碑文中还记述了所知大仙庵最早的“清风”“师祖生于正统丙辰（1436），卒于弘治壬子（1492）”。大仙庵庵址在今三元宫大殿东侧，紧挨着清风古刹以及明月庵。而小说中着重描述的镇元大仙的两个徒弟，一为清风、一为明月，这与三元宫建筑群里的“清风古刹”和“明月庵”尤其是与祖师法号

① 董作宾：《读〈西游记考证〉》，载胡适《中国章回小说考证》，上海书店1980年据实业印书馆1942年版复印，第375页。

② 仲其臻等整理：《嘉庆海州直隶州志》卷29《寺观录》，南京大学出版社1993年版，第1154页。

③ 董作宾：《读〈西游记考证〉》，见胡适《中国章回小说考证》，上海书店1980年据实业印书馆1942年版复印，第374页。

“清风”不能说毫无关联。而镇元大仙师徒与唐僧师徒由争斗到和好的过程，也是云台山三元宫中道与佛并糅、更迭经历的演绎①。

除此以外，小说《西游记》还有许多场景甚至人物形象都能在海州云台山上找到原型。而目前学术界也基本认同小说《西游记》中的花果山即是海州云台山，那么吴承恩为什么将海州云台山与西天取经故事联系在一起呢？应该说这并不是偶然因素造成的。除了云台山区长久流传着陈光蕊的传说故事之外，其根本原因还在于海州是最早的佛教传入地区，海州朐港又是早期海上丝绸之路的重要港口。而历史上的西天取经之路又与陆上丝绸之路叠合，因此作为海上丝绸之路重要港口的海州很容易使人联想到与取经应该有联系。

四　海州地域娲遗石、无支祁传说与孙悟空形象的塑造

小说《西游记》中主人公孙悟空形象的塑造虽然继承了诗话、杂剧等故事中的猴行者形象，但与海州云台山上的娲遗石形象以及流传于淮河下游的水神无支祁传说不无关联。我们先来看小说中孙悟空出世的相关描述：

> ……那座山正当顶上，有一块仙石。其石有三丈六尺五寸高，有二丈四尺围圆。三丈六尺五寸高，按周天三百六十五度；二丈四尺围圆，按政历二十四气。上有九窍八孔，按九宫八卦。四面更无树木遮阴，左右倒有芝兰相衬。盖自开辟以来，每受天真地秀，日精月华，感之既久，遂有灵通之意。内育仙胞，一日迸裂，产一石卵，似圆球样大。因见风，化作一个石猴，五官俱备，四肢皆全……（第2页）

在海州云台山间青峰顶上，三元宫西侧停车场向东约500米处，有一块大石高5米余，宽7米余，极像一个驼背的老猿猴。大石中间开一缝，缝下紧接着一块1米余的椭圆形石块，石头上部酷似猴头，底部无所依托，上不着天，下不靠地，完全悬空地夹在两块石头中间，很像从

---

① 此处内容参见李洪甫《西游索故》，中国文史出版社2005年版，第34—39页。

大石头里迸出来的，土人传说是女娲炼石补天剩下来的石头，俗称“娲遗石”。而在大石缝前，有一块半卵形石块，边缘破碎，参差不齐，朝向“娲遗石”。“娲遗石”周围植被稀少，与《西游记》“灵根孕育源流出”一回中所说的孙猴子出生地“四周更无树木遮拦”极为相似，并且大石的实际尺寸与《西游记》中的记载也颇为相近。因此，这一处景观应该是吴承恩创作孙悟空出生故事的原型。

女娲补天之后遗石于人间的传说无从考论，而后来《红楼梦》同样也采用了这一神话传说，顽石同样也是在青梗峰下，并由颠僧跛道带来金陵，应该是对小说《西游记》中补天神话的继承。

海州云台山区为何有“娲遗石”的相关传说呢？这与海州地域流传的女娲补天神话传说有关。考察女娲补天神话，古籍中多言“炼五色石”以补苍天，并未具体言明地区。笔者以为女娲神话即源出自海岱地区，女娲所炼“五色石”即是《尚书·禹贡》中所言“五色土”：“海岱及淮惟徐州。……厥土赤埴坟。草木渐包。……厥贡惟土五色”①，海州西北方向的“秦山”今天依然多见五色石。而神话中的“天柱折……”可能是东夷民族在桃花涧古祭坛的某次祭祀活动中，“三足祭坛”在暴风雨中倒塌景象的描述，“天”即是三足祭坛的象形字（将另文阐述）。有学者认为海州桃花涧古祭坛边将军崖岩画中最大的人物头像是女娲头像，将军崖岩画中最突出的一组人物头像为女娲引绳造人传说的原型②。

“娲遗石”的传说只是小说《西游记》中孙悟空出世的原型。而孙悟空身上的神性却来源于淮河水神无支祁。实际上，《吴越春秋》、《搜神记》、《补江总白猿传》、《陈巡检梅岭失妻记》等关于猿猴的记载可能或多或少都有孙悟空的肢体和细胞，但作为水神的无支祁传说则更为突出。《太平广记》卷467引《古岳渎经》第八卷云：

> 禹理水，三至桐柏山，惊风走雷，石号木鸣；五伯拥川，天小

① 《尚书·正义》，（汉）孔安国注，（唐）孔颖达等正义，黄侃经文句读，上海古籍出版社1990年版，第79页。

② 李洪甫：《连云港将军崖岩画与女娲的古史传说》，《东南文化》1988年第2期。

> 肃兵，不能兴。……禹因囚鸿蒙氏、章商氏、兜卢氏、犁娄氏。乃获淮、涡水神，名无支祁，善应对言语……形若猿猴，缩鼻高额，青躯白首，金目雪牙，颈伸百尺，力逾九象，搏击腾踔，疾奔轻利。……颈锁大索，鼻穿金铃，徙淮阴之龟山之足下，俾淮水永安流注海也①。

“徙淮阴之龟山之足下”之“龟山”很可能指海州地域的云台山。因为云台山旧称复釜山，复釜是倒置的锅底，状如龟背②。今天我们远看云台山主脉，酷似一只大海龟停滞不前。胡适先生根据周豫才先生的考证，指出宋代民间有“僧伽降无之祁”的传说，而曲词中“把张僧拏在龟山上”的无支祁却是一个女妖，无支祁“无论是古的今的，是男性女性，始终不曾脱离淮泗流域”③。

应该说，无支祁的神话传说是在大禹治理淮水成功的基础上衍生出来的。也因为大禹治水传说在淮河一带的盛行，吴承恩在《西游记》中也几次提到有关大禹治水之事，如第三回在谈到金箍棒来历的时候，说金箍棒是“大禹治水之时，定江海浅深的一个定子”（第 19 页），第七十五回孙悟空与老魔斗法，夸耀自己的金箍棒时也提到“棒是九转镔铁炼，老君亲手炉中煅。禹王求得号‘神珍’，四海八河为定验。……名号‘灵阳棒’一条，深藏海底人难见”（第 553 页）。淮河水神无支祁被大禹征服，安置在淮水的入海口，以保证淮水平安流入大海。这一传说之所以在民间生生不息，与淮河下游尤其是入海口附近经常发生洪水有关，它反映了人们美好愿望的同时，也成为古代小说创作者的理想素材，被吴承恩移植到《西游记》中的孙悟空形象上。这一点在第六十六回《诸神遭毒手》中有所反映，孙悟空“奔盱眙山”，“过淮河”，到“大圣禅寺山”，请国师王菩萨降魔：“弟子无依无倚，故来拜请菩萨，大展威力，将那收水母之神通，拯生民之妙用，同弟子去救师父一

---

① （宋）李昉等编：《太平广记》，中华书局 1961 年版，第 3845—3846 页。

② 李洪甫：《云台山、吴承恩与〈西游记〉》，江苏省旅游局编印 1983 年版，第 55—56 页。

③ 胡适：《中国章回小说考证·西游记考证》，上海书店 1980 年据实业印书馆 1942 年版复印，第 335—336 页。

难!”国师王道：“你今日之事，诚我佛教之兴隆，理当亲去；奈时值初夏，正淮水泛涨之时。新收了水猿大圣，那厮遇水即兴；恐我去后，他乘空生顽，无神可治。”（第485页）

对此，也有学者提出反对意见，认为孙悟空的家乡是一个虚构的神话世界，讨论孙悟空家乡问题实际上是在讨论一个伪问题[①]。但吴承恩小说中“花果山”的创作不可能是凭空捏造，或许“傲来国”是一个虚构的名称，但“花果山”的原型应该是存在的。从海州云台山山海相接的地理位置以及当地流传的娲遗石与无支祁传说来看，海州云台山即是孙悟空的老家。

五 小说《西游记》中的海州生活习俗

作为富有地方特色的白话小说，《西游记》在许多回中对海州地方人民的生活习俗有所描述，尤其是表现了山海相连这一独特地理环境中的山民、渔民们的生活习俗。开篇第一回写美猴王出世，外出学道，众猴大设筵宴，“采仙桃，摘异果，刨山药，黄精[②]，芝兰香蕙，瑶草奇花”（第4页）。这些食物云台山区山民们常常采摘以谋生。云台山因其地理位置独特，山中的小环境四季如春，野果飘香，尤其是其他地区难得的冬桃，至今山上依然随处可见，冬日里摘吃别有一番风味。而山药、黄精等可作食物的草本植物在云台山上更是随处可见[③]，山民们常常采挖招待远方贵客。而这样一座美丽富饶的仙山却在大海中，美猴王的外出学道也只有海路可行：“折些枯松，编作筏子，取个竹竿作篙，独自登筏，尽力撑开，飘飘荡荡，径向大海波中”，到了南赡部洲地界，“只见海边有人捕鱼、打雁、挖蛤、淘盐……”（第5页）。至今海清寺塔碑碣上仍然有“南赡部洲”字样，而从海清寺塔嵌刻的记碣文来看，至少在北宋时期，海州即属于南赡部洲地界。《海清寺塔紦会记碣》文曰：“南赡部洲大宋国海州东海县造塔……”《海清寺塔单和记碣》文

① 朱兰芝、刘晶：《海客谈瀛洲，烟涛微茫信难求——〈西游记〉研究中的所谓孙悟空“家乡”之争》，《山东社会科学》2007年第6期。

② 黄精：百合科，多年生草本，野生山坡林下，分布于我国东北、华北地区，可入药。

③ 云台山物产具体可参见周文军《云台山资源经济》，海洋出版社2001年版，第20—22页。

曰："南赡部洲大宋国海州怀仁县东南保新兴村……"① 至于"捕鱼、打雁、挖蛤、淘盐"则是古海州渔民们维持生计的基本手段。因为滩涂的开发，海州地域现今雁已经不常见，而捕鱼、挖蛤、淘盐则是生活在海边人们的致富手段。

海州多山，自然也少不了猎户。秦昭襄王时曾招募夷朐猎虎能手猎杀巴蜀白虎②，东海黄公能"制蛇御虎"③，《太平广记》卷457引《广异记》的记载更直接表明了海州地方多猎户："海州人以射猎为事，曾于东海山中射鹿……"④ 小说《西游记》第二十八回《花果山群猴聚义 黑松林三藏逢魔》写孙悟空因为三打白骨精，被唐僧赶逐回花果山，群猴一个个向他哭诉："自大圣擒拿上界，我们被猎人之苦，着实难捱！怎经他硬弩强弓，黄鹰猎犬，网扣枪钩……这两年，又被打猎的抢了一半去也。"行者道："他抢你去何干？"群猴曰："说起这猎户，可恨！他把我们中箭着枪的，中毒打死的，拿了去剥皮剔骨，酱煮醋蒸，油煎盐炒，当做下饭食用。或有那遭网的，遇扣的，夹活儿拿去了，教他跳圈做戏，翻筋斗，竖蜻蜓，当街上筛锣擂鼓，无所不为的玩耍。"（第201—202页）这简直就是一幅活生生的猎人生活图，尤其是耍猴，海州地域至今依然盛行。

除了以上所述生活习俗外，小说《西游记》还表述了海州地域古老的抛绣球风俗。第八回后的附录《陈光蕊赴任逢灾》，陈光蕊中状元跨马游街，遇到丞相殷开山之女殷温娇"高结彩楼，抛打绣球卜婿"（第57页），才有了唐僧的出世。关于海州地域的抛绣球风俗，《嘉庆海州直隶州志》有一段详细的记载：

《古今诗话》：海州士人李慎言尝梦至一处，水晶宫阙，高插云

---

① 仲其臻等整理：《嘉庆海州直隶州志》卷28《金石录》，南京大学出版社1993年版，第1109—1110页。

② （晋）常璩撰：《华阳国志校补图注》，任乃强校注，上海古籍出版社1987年版，第9页。

③ （晋）葛洪等撰：《古今逸史精编·西京杂记等八种》，熊宪光选辑、点校，重庆出版社2000年版，第117页。

④ （宋）李昉等编：《太平广记》，中华书局1961年版，第3743页。

霄，池中菡萏盛开，芳香沁骨。有宫女十余人，曳云绡雾縠之衣，抛球为戏。口歌新声十余阕……“侍宴黄昏晓未休，玉阶夜色月如流。朝来自觉承恩醉，笑倩旁人认绣球。”“堪恨隋家几帝王，舞裀蹂尽绣鸳鸯。如今重到抛球处，不是金炉旧日香。”后为友人山阳蔡绳述之，蔡为传以记其略。【按】沈括《梦溪笔谈》与此略同。惟赵德麟《侯鲭录》又载一阕云：“隋家官殿锁清秋，会见婵娟扬绣球。金钥玉箫俱寂寂，一天明月照高楼。”国朝（清）张鸿烈《和海州李君梦水殿抛球曲》二首（《淮南诗钞》）“花月扬州一旦休，邗江不接汴官流。玉钩斜畔沉冷香，犹有书生梦打球。”“几处行官侍晋王，凄清水殿戏鸳鸯。琼花一落球场散，岁岁野塘春草香。”①

六　海州地域宗教特点与《西游记》的宗教观

海州地域自古以来从未有过统一的宗教信仰，而是多种宗教在此不断斗争、融合。虽然佛教很早就在海州登陆，但自传入以来，始终与当地的其他各种民间宗教信仰搅糅在一起，没有形成有严格教理教义的宗派，主题为佛教信仰的孔望山摩崖石刻中的多神题材即是最有力的证物。相反，一些简单易行、信仰较为自由的民俗佛教、民间道教以及其他一些民间神灵信仰等却在海州地域滋生蔓延。

海州地域宗教复杂性特点在小说《西游记》中的体现较为明显。从全书的故事情节内容来看，《西游记》中的宗教容纳了包括原始巫教、佛教、道教、儒教以及一些民间信仰中的神灵，它“所反映的是一个非常杂乱的宗教观念”，“与其说是正统的宗教教义，不如说是民间信仰和宗教艺术的综合”，而“世俗人们心目中的宗教就是这样一个巫术、神话、宗教的混合物”②。这种“杂乱的宗教观念”正表现了海州地域宗教的复杂性特点，前文道教文学、佛教文学以及民间文学的三章相关

① 仲其臻等整理：《嘉庆海州直隶州志》卷31《拾遗录》，南京大学出版社1993年版，第1213—1214页。

② 宁稼雨、冯雅静：《西游趣谈·西游记的宗教观》，中国人民大学出版社2007年版，第266—269页。

内容也正说明了这一点。海州地域的道教和佛教都以民间、民俗为主，小说中真正提到教派教理的内容也几乎不见，只在三十三回《外道迷真性 元神助本心》写已入佛门的孙悟空变作全真道人，自称来自蓬莱仙山，骗取小妖手中的宝贝紫金红葫芦和羊脂玉净瓶（第242—243页）。孙悟空为什么单单愿意化作全真道人呢？这并不是偶然现象。金、元以来，全真教道士在东部沿海一带广招弟子，炼丹饮药，并参与了抗金斗争，可能影响了吴承恩的小说创作。

小说《西游记》中这种较为杂乱的宗教观念反映在佛道斗争上，是互有胜负：孙悟空学了道法以后依然逃不出如来佛的手掌心（第七回），归入佛门后取经途中却斗不过小小妖魔（第十五回以后）；万寿山五庄观镇元大仙几次活捉唐僧师徒（第二十四至二十六回），而车迟国斗法则是唐僧师徒步步占先（第四十五回）。佛与道的斗争不以身份高低而论，比的是谁的法术更高一筹。而这种带有巫术性质的各种法术往往各类人物都能施展，唐僧会念咒、妖怪能移山、土地常遁地、悟空可换头，如此等等的巫术内容即使佛祖如来也曾使用，仅仅写出“唵、嘛、呢、叭、咪、吽”几个字就可作为咒语，让五行山“生根合缝”（第七回），而取经路上的孙悟空更是常常念动咒语，役使土地神。除此以外，小说《西游记》中还有一些以表现灵魂信仰为主的内容，如孙悟空魂入地府勾销生死簿、唐太宗魂游地府等。

对于多神信仰的宗教观，吴承恩又是如何取舍的呢？从小说《西游记》全书来看，宗教尤其是道教、佛教成了束缚自由的工具，这一点在孙悟空的身上表现得最明显。花果山上乐得逍遥，做自己的美猴王；到了仙宫不懂官阶品级，被封“弼马温”，因此“打出御马监”，自封齐天大圣，过着无拘无束的生活。这些都是作为猴族的本真描写。自入佛门以来，孙悟空虽然也时有表现猴子的本性，但无奈“紧箍咒”非同凡响，因此不得不屈从于唐僧的絮叨说教；而西天取经被封“斗战胜佛”后，便不再想着花果山的儿孙们。由此而言，吴承恩在小说中对那些具有明确教理教义的宗教极尽了挖苦讽刺，因为它们束缚了原本属于人的自由。孙悟空的经历即表现了宗教对人性本真的扼杀，孙悟空最终也成了缺失本性的佛教徒。从宗教信仰角度而言，吴承恩倡导的是那种信仰较为简单自由、没有太多束缚的民间宗教。而海州地域的多神民间宗教信仰恰恰符合了吴承恩的宗教观，因此在《西游记》中也多有体现。

第二节 《镜花缘》与海州

仙道小说《镜花缘》的作者李汝珍自青年时代起便生活在海州，并续娶海州大族许氏为妻，对海州风土人情非常熟悉。而《镜花缘》就是李汝珍以海州板浦及云台山小蓬莱为背景，并采拾地方风物传说和古迹史乘，用海州地方乡土俚语写成的一部长篇小说。对于这样一部产生于封建社会晚期的古典名著，鲁迅、郑振铎、胡适、林语堂等人都曾有过研究，而其"内容奇幻、风貌独特"[①] 的本质特征却在小说第二十三回借林之洋信口胡编的《少子》一书说出来：

> 这部《少子》乃圣朝太平之世出的，是俺天朝读书人做的，——这人就是老子后裔。老子做的是《道德经》，讲的都是元虚奥妙；他这《少子》虽以游戏为事，却暗寓劝善之意，不外"风人之旨"。上面载着诸子百家，人物花鸟，书画琴棋，医卜星象，音韵算法，无一不备；还有各种灯谜，诸般酒令，以及双陆、马吊、射鹄、蹴球、斗草、投壶，各种百戏之类，件件都可解得睡魔，也可令人喷饭[②]。

一 李汝珍的海州情结

李汝珍（约1763—约1830），号松石道人，直隶大兴人。1782年随哥哥李汝璜来到板浦镇，居住在板浦场盐课司大使衙门里，1788年始受业于音韵学家凌廷堪。1797年开始写作《镜花缘》，1801年、1805年两次去河南做官，1815年《镜花缘》一、二稿于板浦完成，并

---

① 李时人：《李汝珍及其〈镜花缘〉》，春风文艺出版社1999年版，第1页。

② 李汝珍：《镜花缘》，人民文学出版社1981年版，第163—164页。本节引《镜花缘》内容皆出此版本。

送请许乔林“斧正”，1817年定稿，次年刊刻于苏州，1821年再版。这期间李汝珍大多时间居住在海州板浦，与海州二许结为好友，共同研究音韵学，并在他们的帮助下完成了《李氏音鉴》、《授子谱》等传世著作。在海州板浦期间，李汝珍还结交了一批棋友，常与沈桔夫、颜鉴堂、吴云门、程时斋等举行“公弈”①。据胡适先生考证，李汝珍是一个科举上不曾得志的秀才，“他的踪迹似乎全在大江南北，他娶的夫人是海州人，或者他竟在海州住家了”，虽然李汝珍并未入海州籍贯，但长期定居于海州板浦，直至终老②，因此海州的风土习俗等必然对《镜花缘》的创作有莫大的影响③。

李汝珍来海州之前，前妻早殇，到板浦不久，续娶当地文士许乔林的堂姐为妻，而后生子。许家为板浦名门望族，也是盐业世家。李汝珍的舅兄也是一名鹾商，曾著有《案头随录》一书（此书许绍籧的祖父曾看过，后失落），书中不止一次记述李汝珍随着作者漂洋出海，在海上谈天说地，讲述奇闻怪事，并商讨怎样编部书出来。不仅如此，李汝珍还醉心于大海环绕、雄伟幽深的云台山美景，在与作者同游云台山的时候，经过大村看到了塔影山光，悬崖飞瀑，流连不忍离去，叹曰，“死后愿卜佳城于此”。因此小说里的主人公唐敖遨游小蓬莱后，因醉心于小蓬莱的美景，最终留下遗文，“了道成仙”④。

正因为对海州如此的熟悉眷恋，李汝珍在小说《镜花缘》中也多次提到了海州丰富的物产。第五回谈到武太后因想侄儿武八思，命兵部送“榴开见子”的石榴花二百株交八王爷查收，“此花后来送至东海郡，附近流传，莫不保护，所以沭阳地方至今仍有异种，并有一株而开五色者。每花一盆，非数十金不可得，真可甲于天下”（第27页）；第二十三回通过酒保端上来的菜写海州的豆制品，唐敖等三人淑士国饮酒，酒

---

① 参见孙佳讯《〈镜花缘〉公案辨疑》，齐鲁书社1984年版，第3—6、140—142页。

② 关于李汝珍是否终老海州的问题，孙佳讯先生认为许乔林编选的《朐海诗存》中未采录李汝珍的诗，就是李汝珍未终老海州的铁证。而李汝珍夫人的娘家后人许绍蘧也曾认为李汝珍为扬州人。参见孙佳讯《〈镜花缘〉公案辨疑·后记》，齐鲁书社1984年版，第144页。

③ 参见胡适《〈镜花缘〉考证》、孙佳讯《镜花缘补考》，载《中国章回小说考证》，上海书店1980年据实业印书馆1942年版复印，第513—518、564—571页。

④ 参见孙佳讯《〈镜花缘〉公案辨疑》，齐鲁书社1984年版，第16—17页。

保端上了四样菜："一碟盐豆、一碟青豆、一碟豆芽、一碟豆瓣。……酒保答应，又添四样：一碟豆腐干、一碟豆腐皮、一碟酱豆腐、一碟糟豆腐"（第166页）；第九十一回通过紫芝与潘丽春的谈话海州葛藤粉天下第一："葛根最解酒毒，葛粉尤妙……惟有海州云台山所产最佳，冬月土人采根做粉货卖，但往往杂以豆粉，惟向彼处僧道买之，方得其真"（第684页），九十三回当兰言害怕"病酒"之时，秦小春道："只要有了云台山的葛粉，怕他怎么！"（第702页）。可见李汝珍对云台山上的葛粉赞赏有加，而至今云台山仍是葛藤粉的主要产地。而在九十六回酉水阵中，酒保的粉牌上列举了天下五十五种名酒，其中特别包括了"海州辣黄酒"（第728页）。如果不是长期生活在海州这个地方，是无法将这些物产写得如此具体的。可以说，李汝珍是一个地道的海州人。

二 海州独特的山海环境与小说中的海外仙境

《镜花缘》全书一百回，第八回到第四十回叙述唐敖、林之洋、多九公的海外游历，第四十三回到第五十四回讲述唐小山的海外寻父，全书的涉海内容共四十五回，第四十回之前的海外游历故事历来被公认为全书的最精华部分。而这些海外仙山、仙境的描写是与海州独特的山海景观分不开的。

海州湾是我国黄海海岸中部的一个开敞海湾，七千年前覆盖在亚洲东北部的巨大冰川开始融化，海州地域的海平面迅速上升，山脉多没于海水中；直至清代康熙五十年前后，云台山脉才与大陆相连。这样一种山海相连的环境使得海州地域一直处于大陆性气候和海洋性气候的边缘。而从南北气候带来看，海州地处中纬度暖温带南缘，常年平均气温14℃左右，年平均降水量1000毫米以上，全年大于0℃的日照时数为1600小时以上，因此能够满足各种植物的生长需要。并且由于这里的山峦重叠，在向阳的山谷盆地里，又形成了类似亚热带的小气候区域，气候温暖湿润，存在着一个较为完整的暖温带植物生态系统，生长南方草木，形成了一处具有独特气候、独特生态的区域①。

---

① 具体可参见李洪甫、刘洪石《连云港山海奇观》，地质出版社1986年版，第8—10页。

在这样一处有着古老历史的山海相连环境中，云台山不仅群峰叠嶂，洞幽涧深，激流飞瀑，山上更是常年密林丛生，奇珍异兽、奇花异草遍布山林，并尤多松树、灵芝、海仙花等①。不仅如此，海州湾海域还常现海市蜃楼，也给修仙之人留下了无尽的遐想。因此云台山也一直是服药修仙的道教徒们向往之所。

李汝珍正是受这样一种仙境环境的影响，创作了这部“主题倾向、人物形象、情节结构都是道教的”② 仙道小说《镜花缘》。

小说开篇就为我们描述了这样一个充满浓郁氛围的神仙世界。海上有三神山：蓬莱、方丈、瀛洲，而蓬莱山薄命岩上红颜洞乃百花仙子所居。西王母寿诞之时，百花、百果、百草等仙子齐往祝寿，筵宴中还有织女、麻姑、嫦娥等众仙女。麻姑的传说在海州地域由来已久，东海道士王远在蔡经家里与麻姑会面，“麻姑撒米成珠”③。百花仙子与麻姑乃好友，常会聚下棋，以致下属未能寻见她而擅自听命于人间帝王醉酒后“百花齐放”的号令，引出了众仙被罚下界投胎等内容（第一、二回，第1—11页）。而在花仙临行之际，好友更是以仙药、仙草相赠：“小仙等无以奉饯，特赠灵芝一枝。此芝产于天皇盛世，至今二百余万年，因得先天正气，日月精华，故仙凡服食，莫不寿与天齐”，“我等偶于海岛深山觅得回生仙草一枝，特来面呈，以为临别之赠。此草生于开辟之初，历年既深，故功有九转之妙，洵为希世珍奇。无论仙凡，一经服食，不惟起死回生，并能同天共老”（第六回，第34页）。

这样一个神仙世界的氛围营造仅仅是为下文唐敖的海外游历并最终仙去奠定基础。唐敖因从探花被贬回秀才，“遂有弃绝红尘之意”（第七回，第38页），随舅兄林之洋一同出海经商。《弃嚣尘结伴游寰海　觅胜迹穷踪越远山》一回便写唐敖初到大洋，“四围眺望，眼界为之一宽”（第八回，第45页），好似明白了自己的归处。海船一路经过君子国、大人国、黑齿国、女儿国、轩辕国等二十多个海外奇异国度，林之洋上岸经商，唐敖则与见多识广的船老大多九公到处游览，见识了许多奇花异草、奇禽异

---

① 海州云台山的动植物资源具体可参见周文军《云台山资源经济》，海洋出版社2001年版，第186—276页。

② 刘雪梅：《论道教思想对〈镜花缘〉的影响》，《明清小说研究》2003年第2期。

③ （宋）李昉等编：《太平广记》，中华书局1961年版，第369—370页。

兽、奇风异俗，还经历了许多奇异之事。李汝珍对这些海外国度的描述有所选择，有的一回写了数个国度，如二十七回连续写了结胸国、长臂国、翼民国、豕喙国、伯虑国、巫咸国凡六个国度。有的数回演绎一个国度，如写女子国用了五回的篇幅（第三十二至三十六回）。但在这些海外奇异国度的叙述背后，李汝珍始终不忘记穿插一些对长生药的描写，唐敖也由于机缘巧合，误食这些长生药，最终“了道成仙”。第九回《服肉芝延年益寿　食朱草入圣超凡》描写了一个长生的世界，唐敖吃的“肉芝”，可“延年益寿，并可了道成仙”（第 50 页），而“刀味核”“吃了，可成地仙”（第 52 页），“朱草”“服了，皆能入圣超凡”（第 53 页）。吃了这许多仙品以后，唐敖力大增，“路旁有一残碑，倒在地下，约有五七百斤。随即走近，弯下腰去，毫不费力，轻轻用手捧起”，不仅如此，“回想幼年所读经书，不但丝毫未忘，就是平时所作诗文，也都如在眼前”（第 53 页）。此外，李汝珍还在第十五回言吃了“飞鱼”不但可以医痔，还能成仙（第 96 页），在第十六回云“无继国”里的人，“虽不能生育，那知死后其尸不朽，过了一百二十年仍旧活转。……活了又死，死了又活，从不见少”（第 104 页）。

在不断地对神仙世界铺垫之后，主人公唐敖真正进入了神仙世界“小蓬莱”，并从此不归。《蓬莱岛二老游山》、《入仙山撒手弃凡尘》两回描述唐敖、多九公初入“小蓬莱”，“绕过峭壁，穿过崇林，再四处一看，水秀山青，无穷美景；越朝前进，山景越佳，宛如登了仙界一般”（第三十九回，第 279 页），唐敖以为“此山处处都是仙境……到处松实柏子，啖之满口清香，都是仙人所食之物……”并言“自登了此山之后，不但利名之心都尽，只觉万事皆空。……竟有懒入红尘之意了”（第四十回，第 280 页）。最终在小蓬莱石碑前留下七言绝句而去：“逐浪随波几度秋，此身幸未付东流。今朝才到源头处，岂肯操舟复出游!”并于诗后写道：“某年月日，因返小蓬莱旧馆，谢绝世人，特题二十八字。唐敖偶识”（第四十回，第 282 页）。

对这样一个令人神往的神仙世界，李汝珍在第四十六回《施慈悲仙子降妖　发慷慨储君结伴》中再次重申。唐小山寻父，初入蓬莱，暗暗点头道：“看了此山景致，凡念皆空，宛如登了仙界。如此洞天福地，无怪父亲不肯回来。此处不独清修幽僻，而且前面层岩错落，远峰重叠，一望无际，不知有几许路程”（第 337 页）。晚上回来告诉舅母：“甥女今日细观此山，层岩峭壁，怪石攒峰，错错落落，接连不断，虽无屋宇，到处尽可藏身；就是那些松阴茂林之下，也可栖止；设遇现成石洞，那更好了。至所食之物……此山果木甚多，柏子松实，处处皆有，岂有腹饥之患！”（第 338—339 页）。

“小蓬莱”神仙境地的描述，大多学者都相信它是以云台山为背景而创造的。现今云台山上有两处“小蓬莱”石刻，一处在花果山“照海亭”东，嶙峋怪石围成一块空地，其中有一块四无连接的孤立巨石，像悬于海上的一座小山头，镌有“小蓬莱”三字；一处在东磊延福观大殿后的石壁上，篆书，字径 30 厘米，笔力刚健，铁线银钩。这两处石刻是否刻于《镜花缘》之前尚待确定，但自唐代以来，许多诗人都将云台山当作蓬莱山描写，其中包括著名诗人刘长卿和苏东坡①。刘长卿《登东海龙兴寺高顶望海简演公》：“烟开秦帝桥，隐隐横残虹。蓬莱如在眼，羽人那可逢”②；宋代大诗人苏轼来海州，作《次韵陈海州抒怀》：“郁郁苍梧海上山，蓬莱方丈有无间。旧闻草木皆仙药，欲弃妻孥守市阛。”③ 由此来看，海州云台山很有可能在唐宋时候已经被认为是“小蓬莱”了，而李汝珍《镜花缘》中的一些景物也以海州“小蓬莱”的山海景观为蓝本。而在延福观的东南方，有一块巨大镜石，约 2 米宽、3 米高，石面平滑如镜，上缀天然云母矿脉，每当朝霞映上石面，则流光溢彩，反射晶莹。《镜花缘》结尾处有一副对联：“镜光能照真才子，花样全翻旧稗官”（第一百回，第 760 页）。李汝珍受这块镜石的影响，把天上人间的交界处写为小蓬莱，以镜花水月贯穿全书并作为书名④。

李汝珍把海州云台山区当作海外仙境的描写是有特定历史原因的。海州处于中国东部漫长的海岸线中段，是东西南北经济文化的会聚地，

---

① 彭云：《小蓬莱初探》，载连云港市《镜花缘》研究会编《镜花缘研究论文选》1997 年内部印刷。

② 《全唐诗》第 246 卷，中华书局编辑部 1999 点校本，第 1545—1546 页。

③ （宋）苏轼：《苏轼诗集合注》，（清）冯应榴辑注，黄任轲、朱怀春校点，上海古籍出版社 2001 年版，第 568 页。

④ 参见俞素娥、张良群主编《古今连云港》，中国文史出版社 1998 年版，第 286 页。

镜石

小蓬莱胜境

自古以来长久地与世界其他国家保持联系。秦始皇曾由此开始了向海外探索的冒险，尤其是汉武帝时期海上丝绸之路的开辟，更是使海州成为与其他国家保持友好往来的纽带。而李汝珍写作《镜花缘》的清嘉庆时期，中国长久地处于“闭关自守”状态，只把自己当作“天朝上国”，国力渐衰。这个时候，李汝珍塑造了唐敖、林之洋、多九公等有勇气出洋周游，并敢于把眼光向外看的儒商形象，更是想通过他们在海外奇异国度的经商及奇异经历来告诉人们，海外有更广阔的天地，不同国家有不同的物产、不同的需求，只有与其他国家互通有无，才能使自己的国家发展壮大。因此《镜花缘》也称得上是一部“把目光投向海外的广阔天地”[①] 的长篇小说，“小蓬莱”仙境也是李汝珍面对渐趋衰落的清中后期经济文化所构筑的理想国度。

三 海州板浦的盐业生产生活方式与儒商文化

海州自古拥据山海之利，《史记》已经记载了这里“有海盐之

① 胡邦炜：《忽闻海上有仙山，山在虚无缥缈间——试论〈镜花缘〉的思想意义》，《湖北大学学报》（哲学社会科学版）1984 年第 6 期。

饶"[1]，出土的简牍资料也表明了西汉时期海州地域就曾设立过盐铁官[2]，可见盐业经济在海州的历史悠久。而据《宋史·食货志》记载："海州板浦、惠泽、洛要三场，岁鬻盐四十七万七千余担。……东南盐利，视天下为最厚……视去盐道里远近而上下其估，利有至十倍者"[3]，因此"江、淮间虽衣冠士人，狃于厚利，或以贩盐为事"[4]。也因为交通便利，海州逐渐成为盐业商人的主要集散地之一，以海州为中心的淮盐在人们的日常生活中扮演着越来越重要的角色，以至于"虔州运路险远，淮盐至者不能多，人苦淡食"[5]。明朝时期，淮盐优质可口的特性使得淮盐供不应求，据《明史》记载："淮盐惟纳米麦，浙盐兼收豌豆、青稞。因淮盐直贵，商多趋之。"[6] 除了盐以外，如此众多的商人拥居海州的另一个重要原因是茶。来海州经商的盐商，往往也兼作茶叶生意："茶之为利甚博，商贾转致于西北，利尝至数倍……初，商人以盐为急，趋者甚众，及禁江、淮盐，又增用茶……京师若须海州茶者，入见缗五十五千……陕西须海州茶者，纳物实直五十二千……河北次边、次东缘边次边，皆不得射海州茶"[7]，"海州、荆南茶善而易售，商人愿得之，故入钱之数厚于他州"[8]。

越来越多的外来商人不断涌入海州的同时，也将外地的生活习俗带来海州，尤其是作为淮北盐商集散中心的板浦地区，地方虽小，但十分繁华，其风俗习惯和文化传统也与周边其他地区有别。《嘉庆海州直隶州志》则描述了海州地域不同地域的风俗差异：

---

① （汉）司马迁：《史记》，中华书局 1959 年版，第 3267—3268 页。海州盐业经济可参见刘兆元《海州民俗志》，江苏文艺出版社 1991 年版，第 436—456 页。

② 主要参见南京博物院《海州西汉霍贺墓清理简报》，《考古》1974 年第 3 期；南京博物院《江苏连云港市海州西汉侍其繇墓》，《考古》1975 年第 3 期；李洪甫《江苏连云港市花果山出土的汉代简牍》，《考古》1982 年第 5 期。

③ （元）脱脱等撰：《宋史》，中华书局 1977 年版，第 4438 页。

④ 同上书，第 4441 页。

⑤ 同上书，第 4443 页。

⑥ （清）张廷玉等撰：《明史》，中华书局 1974 年版，第 1973 页。

⑦ （元）脱脱等撰：《宋史》，中华书局 1977 年版，第 4479—4481 页。

⑧ 同上书，第 4483 页。

> 南镇鹾贾所居，盐艘所经，颇有淮楚气习。西镇纯乎齐、莒风概，食以子为精，衣以茧布为华，实由地瘠民贫，唯知力农务本。读者补弟子员而止者，无力以赴乡举也……赣榆近山东，沭阳近淮安，各得其风土之所近。赣性劲爽，而于文艺较胜，惜其鲜有陶熔；沭尚义侠，而以讦讼为长……①

有学者已经注意过海州地域的这一特殊风俗现象："所谓'西镇纯乎齐莒风概'，是说海州西部乡镇当时还保存着封建社会农村自然经济形态下的民俗民情……而'南镇鹾贾所居，盐艘所经，颇有淮楚气习'，却点出了《镜花缘》成书时代海州地区社会经济文化的新变化、新特色。"②

但海州地域原来的文化风俗并非如此，《隆庆海州志》记曰：

> 士朴而不文，实而不诈，安分而不奔兢，颇有古风。民俗勇悍而不畏强御，纤检而不事奢华。惜名节，保身家，而不务刁讼。至于阴司官府之短长者，则绝无矣。土虽广远而瘠薄，海产鱼盐。民多逐末，故田野不辟，米粟不丰。小民不出境事商贾，不习工艺，虽本土贸易之事亦皆外来人为之，故民多贫。市无贩妇，郊无游女，婚姻论财，乡野有一二为之者，士大夫则彼此简朴，全不责彩礼之往来……③

旧《淮安府志》、明张峰《海州志》所记与此略同④。这里所表现的海州人民主要经营"海产鱼盐"，不长于农事，也"不出境事商贾"，与古代农业社会下的淳朴风俗相似。而到了清代，随着海州板浦盐市的兴

---

① 仲其臻等整理：《嘉庆海州直隶州志》卷10《风俗考》，南京大学出版社1993年版，第461—462页。

② 李明友：《淮楚气息与齐莒风概》，《明清小说研究》1999年第4期。

③（明）张峰纂修：《隆庆海州志》卷2《山川志》，载《天一阁明代方志选刊》第14册，1962年12月上海古籍书店据宁波天一阁藏（明）隆庆刻本影印，第19—20页。

④ 仲其臻等整理：《嘉庆海州直隶州志》卷10《风俗考》，南京大学出版社1993年版，第459页。

盛，板浦设有盐关，从事盐运业的人逐渐增多，并且这些从事盐运业的“鹾贾”主要以徽商为主体。这些实力雄厚的徽商们大都豪侈风雅，他们的生活文化习俗影响了板浦地区的生活习俗和社会风尚。清陈宣《海州志》对当地风俗的转变发出了感叹：“州之风俗，前人称士朴民淳。今朴者群然横议矣，淳者竟为刁讼，深可慨叹。”① 但徽商们豪侈风雅的特点对长期生活在板浦地区的李汝珍创作《镜花缘》中的儒商形象却有直接的影响：

> 徽商“贾而好儒”，走的是一条“以商入文、以文入仕、以仕保商”的路子。实际生活中的休宁人戴震、歙县人凌廷堪，年轻时都做过商贾，后来力学有成，分别成为乾嘉学派的大师或主将。小说《镜花缘》中的唐敖、多九公，也是亦儒亦贾，先前曾是读书人，有满腹才学，唐敖还中过探花，后来又都走上了去海外经商的道路。这在“万般皆下品，唯有读书高”等封建正统观念浓厚的地区和人群中，是件难以想象的“甘居下流”之事。据说徽州有一种风俗，一般男孩子长到十三四岁，多少识了些字，就要出门去做生意。倒是女孩子偏要博学多识，博得个才女的声名，把诗词传刻，向女流中夺萃。清顺治末年丁耀亢所作的《续金瓶梅》中，对徽州这一习俗及扬州“养瘦马”风俗都有详细描写，书中还出现了“女学馆”、“女开科”、“女状元”等情节……海州当地人传说李汝珍续娶的许氏是才女，说《镜花缘》是“做给女奶奶看的”（徽州老奶奶多识字），也不是无稽之谈。②

李汝珍在《镜花缘》中描述了三个海外经商的儒商形象，个个栩栩如生，而又各有不同的特点，这与李汝珍长期接触的儒商世家有关系。李汝珍的老师凌廷堪、舅兄许桂林等都是定居在板浦的徽商，家里也有出海商船，他们的言行为《镜花缘》的儒商形象提供了创作素材。

小说主人公唐敖，早年追求功名，寒霜继暑，虽然每每应试，但未

① 仲其臻等整理：《嘉庆海州直隶州志》，卷10《风俗考》，第460页。

② 李明友：《淮楚气息与齐莒风概》，《明清小说研究》1999年第4期。

曾有过功名，最后好不容易“连捷中了探花”，却又被人告发曾“与叛逆结盟”，出仕后“恐不免结党营私”，于是依旧罢为秀才。经历了这一番打击，唐敖幡然悔悟，决心随舅兄漂洋去海外（第七回，第38—40页）。而其舅兄林之洋，年轻时也曾追求功名，但早已将秀才岁考的痛苦看作比女子缠足还难受（第三十三回，第237页），更视岁考为“活地狱”（第二十二回，第153页），因此很早就弃儒经商，成为周游列国成功商人。

值得一提的是李汝珍还描绘了多九公这样一位“久惯漂洋，海外山水全能透彻”，“异花奇草、野鸟怪兽无有不知”（第八回，第46页）的人物形象。多九公“幼年也曾入学，因不得中，弃了书本，做些海船生意……儒巾久已不戴”，但“为人老成，满腹才学”，是一位经验丰富的“管船拿柁”手（第八回，第47页）。李汝珍为什么会将这样一位一生漂洋过海，并且上知天文、下知地理，连最稀奇古怪的事情都能说出个来龙去脉的人物作为主要形象来描述呢？笔者以为这与早年海州板浦南城地区多“水手”这一特殊的行业有关。

与板浦相接的南城，到海州城本来要过十几里海路。这条海路虽然较短，但时有较大风浪吞没船只，因而名叫“黑风渡”。在这样的背景下，南城就出了许多专门“吃海饭”的人。李汝珍在板浦的时候，黑风渡虽然已经淤塞，但板浦的东、北方向依然是大海。小说在第五十三回写林之洋一行人来到门户山，多九公回忆了以前来到此处时当地老人曾告诉他此处海路被淤塞的情况：“当日大禹开山，曾将此山开出一条水路，舟楫可通，后来此山叫作门户山。谁知年深日久，山中这条道路，忽生淤沙，从中塞住，以致船只不通，虽有‘门户’之名，竟无可通之路。此事相沿已久，不知何时淤断。”（第396页）这里所述的水路即是以南城到海州城的这段海路为原型的。因为出海做生意往往会遇到一些海上突发情况，这就需要一些熟练的水手，更重要的是一些屡经风险、精明干练的船老大。此前凡是由此地出海做生意的商船，所雇佣的水手和船老大多为南城人。李汝珍对南城这些专门“吃海饭”的人应该是非常熟悉的，因此在林之洋、唐敖出海做生意时，便邀来了多九公这样一位富有海洋知识的舵工相帮照应。

从这三位曾经为商的人物形象塑造来看，李汝珍笔下的商人形象始终不曾脱离儒家文化的影响。他们的海外贸易，是唐朝时期对外贸易，也是清嘉庆时期海州活跃的商业活动的真实写照。李汝珍赞美那些敢于从“唯有读书高”的观念中解脱出来，并从事社会“末业”的商人，并鼓励这一群体将眼界放宽到海外的大千世界中去。而小说中所表达的这样一种敢于冲破束缚的思想，在“闭关锁国”的清中后期无疑是具有历史意义的。

四　海州社会俗弊与小说揭示的社会不良风气

清乾隆二十年（1765），海州板浦设立盐运分司后，边远的板浦小镇很快成为盐务、漕运、河工集中之地，并发展成苏北三大盐运内港码头之一。而李汝珍来海州之时，正是板浦盐业最盛、文人荟萃之时，当时小小的板浦镇竟然有垣商[①] 133 家。马路旁商店林立，盐河上舟楫穿梭。这些垣商既是盐滩的所有者，掌握盐的生产，又有仓储运销经营权，常常对盐民、船工等劳动者盘剥克扣，称得上是名副其实的奸商。不仅如此，垣商们均住城镇，并有各自的商号，有的以自己的名字为商号，有的另取吉祥的文字，如郑享嘉、江春元、吉公泰、大有晋、同仁泰、太和等等。他们从盐业生产经营中获取暴利，富比王侯，过着花天酒地的奢侈生活，凡饮食、衣服、车马、玩好，莫不斗奇争巧，务极奢侈。垣、运两商及一些富家子弟，更是声色犬马，竞尚奢丽，筵宴不绝[②]。

海州板浦富商们的这种生活作风直接影响了当地的社会风气。海州曾有“穿海州、吃板浦、南城古财主”的顺口溜，板浦的俗谚中也有“当裤子，吃黄鱼”，“宁可舍掉二亩地，也要看大戏”这样的可笑之人。除此以外，海州地域至今还流行着结婚算命、下葬选风水、求运卜卦等迷信活动，诸如婚丧嫁娶等大摆席宴的行为更是屡见不鲜，尤其是子女初生时的十二朝、满月、百日、周岁等，皆需宴请亲友，并以豪侈为荣。

---

① 历史上各个盐产销集散地均有盐仓，每个盐仓周围均有矮墙（垣）屏护，又叫盐垣或盐包垣。清中后期，办盐的场商亦可建垣自储，又被称作垣商。

② 此处内容可参见王志坚编著《淮盐今古》，中国文史出版社 2005 年版，第 115—116 页。

青年以后的李汝珍长期生活在海州板浦，对当地的这种社会风俗应该非常了解。况且，李汝珍的一生虽然信奉儒学，“但生性‘最好诙谐’，玩世不恭，对现状不满，时而发牢骚，说些冷嘲热讽的话”①，因此他想在《镜花缘》中“借一些想象出来的海外奇谈来讥评中国的不良社会习惯”②，于是有了文中的君子国、女儿国、两面国、犬封国等。

《镜花缘》最初提到社会不良风气的是在第十二回《双宰辅畅谈俗弊 两书生敬服良箴》，君子国的两位“宰辅”至少谈了十种“俗弊”：停柩选择风水，“欲令子孙兴旺”；生子张筵演戏，“望其无灾无病，福寿绵长”；将子女送入空门，以“蒙神佛护佑”；因口角因财产争讼，“亦由本人贪心自取”；宴客罗列珍馐，“以价贵的为尊”；招引三姑六婆，上庙朝山；后母“铺谋设计”，“希冀独吞家产”；妇女缠足，“系为美观而设”；算命合婚，“希冀运转时来”；“世俗最尚奢华”，“莫不失之过侈”（第十二回，第71—79页）。

在这十种社会俗弊中，李汝珍批评最多的是奢侈浪费现象，如选风水、生子、宴客、尚奢华等，而浪费现象最严重的是宴客吃喝。小说中也不止一次地提到讲究吃喝的问题，尤其是犬封国人，“于‘吃喝’二字却甚讲究。每日伤害无数生灵，想着方儿，变着样儿，只在饮食用功。除吃喝之外，一无所能，因此海外又叫‘酒囊、饭袋’”（第十五回，第95页）。而这种吃喝上极尽奢侈在第十二回揭露得十分细腻：

> 桌椅既设，宾主就位之初，除果品、冷菜十余种外；酒过一二巡，则上小盘、小碗，——其名南唤“小吃”，北呼“热炒”，——少者或四或八，多者十余种至二十余种不等；其间或上点心一二道；小吃上完，方及正肴，菜既奇丰，碗亦奇大，或八九种至十余种不等……更可怪者，其肴不辨味之好丑，惟以价贵为尊。因燕窝价贵，一肴可抵十肴之费，故宴会必以此物为首。……不论菜之好丑，亦不辨其有味无味，竟取价贵为尊，久而久之，一

① 孙佳讯：《〈镜花缘〉公案辨疑》，齐鲁书社1984年版，第9页。

② 胡适：《〈镜花缘〉考证》，载《中国章回小说考证》，上海书店1980年据实业印书馆1942年版复印，第532页。

经宴会，无可卖弄，势必煎炒真珠，烹调美玉，或煮黄金，或煨白银，以为首菜了（第75—76页）。

李汝珍的这段描述真可谓是击中时弊。不仅如此，李汝珍还讨厌那些饮食讲究奢华、饮酒无度之人。那些讲究饮食之人死后冥官或“罚他去变野狗嘴，教他不能吃好的……变了狗嘴，已是难想好东西吃了，况且又是野狗嘴，每日在那野地吃的东西可想而知”（第八十一回，第596页）。而对饮酒无度之人，李汝珍却也从女性的角度来讥讽。第八十四回末八十五回起处写花再芳、闵兰荪等人逞强饮酒，花再芳连酒带菜吐了一地，紫芝“取了一双牙箸，在地下夹起一物，放在花再芳口边……再芳果真把嘴张开，吞了下去”，众人因问为何物，紫芝道：“刚才我夹起的，是整整一个虾仁。再芳姐姐当时大约吃得匆忙，未曾嚼烂，刚才吐出，还是一个整的，此刻她又整吞进去”；而当紫芝看见闵兰荪用牙杖剔牙的时候云：“你的牙缝甚宽，塞得东西甚大，你拿小小牙签去剔，岂非大海捞针么？”于是取了一双牙箸，放入闵兰荪口中，“朝着牙缝向外狠狠一夹”，“原来却是整整的一个肉圆子”（第629—630页）。在李汝珍的笔下，即使是女性也成了不辨酒菜好坏、只顾吃喝的无度之人，竟然连“肉圆子”也能塞进牙缝当中，真真是可笑之极。

因有茶、盐之利，海州板浦也是外地商人的集散地，而商人群体中必定多一些鄙吝、贪婪、奸诈、虚伪之人。李汝珍对这样一批人非常痛恨，除了“一毛不拔”的毛民国人（第十五回，第102页）、“两面三刀”的两面国人（第二十五回，第177页）之外，第六十一回《小才女亭内品茶　老总兵园中留客》作者将矛头直接指向那些昧着良心做生意的奸商：“江、浙等处以柳叶作茶；好在柳叶无害于人，偶尔吃些，亦属无碍。无如人性狡猾，贪心无厌，近日吴门有数百家以泡过茶叶晒干，妄加药料，诸般制造，竟与新茶无二。渔利害人，实可痛恨……所用药料，乃雌黄、华青、熟石膏、青鱼胆、柏枝汁”，用这些药料泡制之茶，其色艳、其味香、其性淫，人常饮之，或“患呕吐、作酸、涨满、腹痛等症”（447页）。为谋暴利，奸商竟能想出如此“妙招”，这与“耕者让畔，行者让路”（第十一回，第65页）的君子国中的经商之道形成鲜明对比。第这种现象的存在“反映了作者所生活的当时中国社会，必然是市场盛行欺诈，必然是‘寡人好货’、苞苴贿赂公行”（见《镜花缘》前言，第4页），而君子国也只是一个海外的理想国。

板浦地区的商业活动而外，李汝珍对海州其他地区的社会俗弊也有涉及。明张峰《海州志》记载海州地域人民“病不医药，多事祷禳”①，并且云台山区僧道众多，来此求仙问卦、祈福消灾之人甚多，尤其是一些没有防范意识的农家妇女，更是给了好色之徒可乘之机。除了“以男作女”的假“三姑六婆”乘良家美丽女子上山朝庙之际“暗中奸骗”（第十二回，第77页）之外，李汝珍最痛恨的是那些奸僧淫道，并毫不隐地指出：“天下少一僧或少一道，则世间即多一贞妇。此中固贤愚不等，一生未近女色者，自不乏人；然如好色之辈，一生一世，又岂止奸淫一妇女而已。”（第十二回，第73页）

李汝珍还看到了男女不平等的社会现象，尤其是对妇女缠足问题更是深恶痛绝，因此在女儿国一章中也让林之洋尝到了裹脚的滋味。初缠足时“只觉得脚上如炭火烧的一般，阵阵疼痛……放声大哭到‘坑死俺了’”，“未及半月，已将脚面弯曲折作两段，十指俱已腐烂，日日鲜血淋漓”，不知不觉，“那足上的腐烂的血肉都已变成脓水，业已流尽，只剩几根枯骨，两足甚觉瘦小”，其间因不肯缠足还“打肉”、“倒挂梁上”，最终偌大一双大脚变成了“骨软筋酥”的“金莲”，走起路来，“像酒醉一般，毫无力气”（第三十三回、第三十四回，第236—241页）。胡适对李汝珍的女性观有过评价：“李汝珍所见的是几千年来忽略了的妇女问题，他是中国最早提出这个妇女问题的人，他的《镜花缘》是一部讨论妇女问题的小说”，“几千年来，中国的妇女问题，没有一人能写得这样深刻，这样忠厚，这样怨而不怒，《镜花缘》里的女儿国一段是永远不朽的文学”，“他（李汝珍）的女儿国一大段，将来一定要成为世界女权史上一篇永永不朽的大文”②。此前尽管明朝时期吴承恩的《西游记》中已经有了关于女儿国的文学虚构，其中的女儿

① 仲其臻等整理：《嘉庆海州直隶州志》卷10《风俗考》，南京大学出版社1993年版，第459页。

② 胡适：《〈镜花缘〉考证》，载《中国章回小说考证》，上海书店1980年据实业印书馆1942年版复印，第531、543、560页。

国王更温婉多情一些①，但胡适先生对《镜花缘》中女儿国这种略显夸张的称述，却真切地反映出作品所蕴涵的对女性问题的深切关注。

除此以外，李汝珍还对海州地域的选风水、争讼、后母等社会现象极尽挖苦讽刺，他主张朴素简约，反对封建迷信。从这个角度来说，《镜花缘》又是一部针砭时弊的讽刺小说。

总体而言，《镜花缘》不仅自始至终叙写的海外仙境是以海州云台山区山海相连的自然风景为原型，就是书中的生活风俗、人物形象以及人物的方言口语等也是海州的，可以说《镜花缘》是一部地地道道的海州小说。

① 王青教授曾考证过有关女儿国的史实是如何演变为传说与文学虚构的。具体论述可参见王青《女儿国的史实、传说与文学虚构》，《南京师范大学学报》（社会科学版）2008 年第 3 期。而关于《西游记》与《镜花缘》中所描述的女儿国差异可参见毛志勇《女儿国的两个系统——兼论吴承恩与李汝珍的女性审美观》，《明清小说研究》2000 年第 1 期。

结 束 语

海州位处齐鲁、楚、吴越等文化的交界，海洋文化与内陆文化的交界，本土文化与外来文化的交界，表现出明显的边际特征。这种多缘交界的边际特点非常罕见，虽然不能称得上是一个文化区域，但不同的文化在这里经过长期的碰撞、融合，却也形成了海州文化的独特性——俗文化占主导。这种独特的文化特征也影响了海州的文学创作。总体来看，海州文学在“俗”的特点上表现得尤为明显，尤其是宗教故事和民间传说，无不多神、仙、鬼、怪等内容，表现出思维奇特、想象丰富的特点。即使偶有一些属于正统文学的诗词歌赋也难免流露出求仙归隐思想。因此笔者选取了海州地域的道教故事、佛教故事和民间传说作为主要考察对象，在此基础上论证它们对明清以来以海州为背景的文人小说创作的影响。

从原始社会遗迹将军崖岩画、大伊山墓葬群的发现，到藤花落古城堡遗址的发掘，证明了海州地域人类活动历史的悠久。而孔望山摩崖石刻题材中佛、道以及世俗内容的融合更是反映了汉末时期海州地域宗教信仰的多样性。虽然道教原始经典《太平经》于曲阳神泉上所得，但真正有明确教义教理的道教教派在海州却并没能得到发展。相反，却是那些源于早期巫教以及灵魂信仰的星占卜算、祭祀祛禳等活动在此地十分盛行。更因为海州地域山海相连的特殊地理环境，海市蜃楼的景象常于人们心头萦绕，通过食气辟谷、炼丹服药等以追求长生为目的的方仙道信仰也在秦皇汉武求仙活动的影响下得以蔓延。当佛教随海上丝绸之路传入海州地域的时候，由于当地久已流行的方仙道及其他民间信仰在人们心目中的根深蒂固，佛教徒根本无法以固有的方式传教，为求生存，于是大量吸收方仙道及其他民间信仰中的世俗因素。此后由于南北战乱不断波及海州地域，译注经书的工作也并未能在当地展开，因而海州地域也未能成为佛教发扬光大之地。相反，世俗化的佛教却因为与当地固有的民间信仰较为接近而得以在当地广为流传。可以说，海州地域的佛教信仰一直处于较为尴尬的状态。云台山区常常庙观合一，僧道杂居，并一直延续至今，而最典型的三元宫建筑群也经过多次易名，现今名海宁禅寺。

海州地域宗教的复杂性也影响了当地流传的宗教故事内容，保留在各种杂记、方志及志怪小说等作品中的海州地方宗教故事集中体现了“俗”的特征。而各种民间传说更是融炼了普通百姓的生活，对主人公的神话结局也表达了人们对理想生活的美好向往：窦娥向天叫冤，实现了三桩无头誓愿，表明了自己的清白；崔生为了解救百姓，智斗妖虎，被奉为山神；高姑敢于与自然斗争，最终也寻到了父亲的尸体。

就是这样一些带有神、仙、鬼、怪色彩的故事影响了明清时期的文人小说创作。如果说《西游记》是一部融合了原始巫教、佛教、道教以及其他许多民间信仰的神魔小说，那么《镜花缘》就是一部地地道道的以追求长生为主线的仙道小说。最可贵的是，这两部小说都在主人公的长途跋涉里，描述了形形色色的奇异国度，只不过是陆路与海路的区别。唐僧师徒最终修得正果，唐敖也“了道成仙”。而这一切都是与海州文化的特殊性密不可分的。

另外，海州地域位于多条河流的入海口处，诸如鲧禹治水、沧海桑田甚至是女娲补天神话或许都与当地有密切关联。而史籍中所载的苍梧也常常指海州云台山，齐南部的牛山（或云牛首山）应该也指现在东海县的牛山，乘槎亭的传说更是由来已久。至于如何弄清楚这些问题，只好留待以后作补充说明。

当然，对于一个地区民间文化的研究，仅仅依靠文本材料是不够的。田野考察是目前流行的最主要方式，对于诸如服食、丧葬、礼仪、节日、住宅、生育甚至各种民间信仰等，都可以通过这种方式来完成。20 世纪 80 年代，钟敬文重倡民俗学，而费孝通的《江村经济》无疑给村落文化的研究指明了方向。海州地域目前还保留着诸如丧葬等许多独特的古老习俗，这些更是笔者以后学术生涯中无法回避的重要课题。笔者将沿着这条道路勤勤恳恳地走下去，以期能为苏北地方文化研究略尽绵薄之力。

附　录

海上丝绸之路及佛教传入说疏证

一　我国早期的航海

我国东部沿海居民在向海洋索取丰富食物的同时，也很早就发明了桴、瓠、筏甚至独木舟等海上航行工具。浙江沿海河姆渡文化层曾出土过7000年前的木制船桨，这是新石器时代中国沿海居民具备航海活动能力的有力证据。并且舟山群岛也发现有属于河姆渡文化的遗址，说明因为航海活动的开展，这些岛屿同大陆已经有了密切的联系。可以说，“早在新石器时代，我国沿海地区，如辽东半岛、山东半岛以至东南沿海一带，已经开始内河与海上的航运事业”①。虽然早期的航海还不能远向深海，但正是沿海岸线的航行，使东南部沿海一带居民很早就有了来往。刘明贤在研究古代丝绸之路的时候指出：“东冶（福州）至交趾海上航线又应是源于新石器时代晚期的史前壮举‘越人大迁徙’从山东沿东南海岸航行经徐闻、合浦过交趾到东南亚的远洋航线中必不可少的海上航线之一。邓端本先生在《百越民族史》中转引外国学者狄逊《人类种族史》、《南越马来族与华南古民族的关系》、《西欧族源初探》等论文得出的结论：‘在新石器时代晚期开始，便有山东拔齿人及其他百越诸族，陆续向南方迁移到菲律宾、印度尼西亚及汤加群岛，再散布到太平洋诸岛’，‘越人在无文字记载之前，在大迁移的过程中，早就开辟了我国东南沿海至东南亚各地的远洋航线’。”②

从甲骨和钟鼎上刻有的“舟”字来看，殷商时期中国已经出现了较为稳定的木板船。“殷墟遗址上出土过产于远洋的鲸鱼胛骨，使人联想

---

①　唐嘉弘、张建华：《海上丝绸之路疏证》，《南方文物》1997年第2期。

②　刘明贤：《合浦徐闻两港在古代海上丝绸之路中的特殊作用》，载吴传均主编《海上丝绸之路研究：中国·北海合浦海上丝绸之路始发港理论研讨会论文集》，科学出版社2006年版，第313页。

到殷人已可能到海外远航了。”①《史记·齐太公世家》记载武王伐纣时姜尚与诸侯盟誓曰：“苍兕苍兕（【索隐】曰：本作“苍雉”。按：马融曰“苍兕，主舟楫官名”。又王充云“苍兕，水兽，九头”。今誓众，令急济，故言苍兕以惧之），总尔众庶，与尔舟楫，后至者斩!”② 表明商末各沿海诸侯国已经将舟楫作为主要的交通工具。而春秋战国时期，“处于长江三角洲的吴国成了航海和造船的大国，当时航海由单纯利用海流漂航发展到开始使用风帆、橹桨，凭借季风通航”③。沿海各诸侯国已经有了强大的海军，并擅长水战。《史记·吴太伯世家》曰吴王“齐鲍氏弑齐悼公。吴王闻之，哭于军门外三日，乃从海上攻齐。齐人败吴，吴王乃引兵归”④；《史记·越王勾践世家》记载越国灭吴后，范蠡惧怕勾践忌其功高，“乃装其轻宝珠玉，自与其私徒属乘舟……浮海出齐，变姓名，自谓鸱夷子皮。耕于海畔，苦身戮力，父子治产……自谓陶朱公”⑤；《越绝书》记载“勾践伐吴，霸关东，徙琅琊，起观台，台周七里，以望东海。死士八千人，戈船三百艘……亲以上至勾践，凡八君，都琅琊二百二十四岁”⑥，这些都说明了越国与齐国之间沿海航线的通畅。总的来说，战国时期东南部沿海可以通畅的重要港口有碣石、转赴、琅琊、会稽、东瓯、番禺等。

秦汉时期，造船技术和航海技术可以说有了质的飞跃。秦始皇为了求取仙药，曾四次巡海，为拓展东南沿海海岸线做出了贡献，同时也刺激了造船技术和航海技术的提高。汉武帝重视航海活动，派严助、朱买臣建立水军，北起渤海，南迄今越南沿岸的海上航线都畅行无阻。汉武帝还于“昆明池”中建造高大的“楼船”，为对外贸易提供了交通上的保证，“粤欲与汉用船战逐，乃大修昆明池，列馆环之。治楼船，高十

---

① 参见陈高华、吴泰、郭松义《海上丝绸之路》，海洋出版社 1991 年版，第 3—4 页。

② （汉）司马迁：《史记》，中华书局 1959 年版，第 1479 页。

③ 吴传均：《海上丝绸之路的回顾与前瞻》，载吴传均主编《海上丝绸之路研究：中国·北海合浦海上丝绸之路始发港理论研讨会论文集》，科学出版社 2006 年版，第 16 页。

④ （汉）司马迁：《史记》，中华书局 1959 年版，第 1473 页。

⑤ 同上书，第 1752 页。

⑥ （东汉）袁康、吴平辑录：《越绝书》，乐祖谋点校，上海古籍出版社 1985 年版，第 58 页。

余丈。旗织加其上，甚壮”[①]。而《汉书·艺文志》也载有《海中五星占验》十二卷、《海中星经杂事》二十二卷、《海中五星顺逆》二十八卷、《海中二十八宿国分》二十八卷、《海中二十八宿臣分》二十八卷、《海中日月彗虹杂占》十八卷等与航海有关的书籍[②]。说明汉朝时期的航海不仅拥有了出色的航海技术，还能够利用星象、日月等天文知识来计算日程、辨别方向。实际上，东亚地区的海陆位置造成了典型的季风带，使这一带冬季主要偏北风，利于使用风帆向南航行，而夏季主要偏南风，便于海船向北航行。这样沿海居民就能够利用季风的有利因素，往来于南北各沿海地区。

二 海上贸易的发生

恩格斯说：“发生了直接以交换为目的的生产，即商品生产。随之，不仅发生了部落内部及境界上的贸易，而且也发生了海外贸易。”[③]

西汉时期，社会逐渐安定，生产发展，商贸活动频繁。当时北自渤海、黄海，南至东海、南海都有商船航行，海外货物已经源源不断地进入中国，海外贸易的范围已日趋扩大。据《汉书·地理志》记载，汉武帝派人“入海市明珠、璧琉璃、奇石异物，赍黄金杂缯而往”[④]。1978年合浦县北插江盐堆1号墓（西汉）出土了金串球手链，1996年中国历史博物馆馆长俞伟超先生鉴定该器，认为其造型风格是印度的，应从印度传入。20世纪70年代初至80年代末，合浦地区还相继出土了绿色玻璃璧、玻璃珠、玻璃龟形器、淡绿色玻璃杯、淡蓝色玻璃杯、金饼、龙首金带钩以及玛瑙、水晶饰品、外国货币等[⑤]。

也有学者认为我国的对外贸易应该早于汉代。如杨文衡在研究丝绸之路始发港的时候指出，“我国的对外贸易要比《汉书》记载的早，因为只有

---

① （汉）班固：《汉书》，中华书局1962年版，第1170页。

② 同上书，第1764页。

③ 恩格斯：《家庭、私有制和国家的起源》，人民出版社1965年版，第157页。

④ （汉）班固：《汉书》，中华书局1962年版，第1671页。

⑤ 参见吴传均主编《海上丝绸之路研究：中国·北海合浦海上丝绸之路始发港理论研讨会论文集》文前摘选自1985年第10期《人民画报》“海上丝绸之路示意图”图例解，科学出版社2006年版。

民间的海外贸易大量出现后，朝廷才会派出译使万里远航”[①]；陈炎也认为“西南丝路是与海上丝路相衔接的，早于张骞开通的西北丝路几个世纪”[②]；傅举有通过《逸周书》中关于“正南瓯邓、桂国、损子、产里、百濮、九菌，请令以珠玑、玳瑁、象齿、文犀、翠羽、菌鹤、短狗为献”[③]的记载，认为“这些货物都是中国所缺少的，是当地人从海外贸易所得”，因而《汉书》中记载的海上丝绸之路的开通并不是始自汉代[④]；刘迎胜则认为“1983年发掘了广州解北路向岗山南越国第二代王文帝赵昧墓中有大象牙5枚，应该是非洲象牙，说明，先秦时期很可能中国与印度洋西部地区及非洲就有直接或间接的接触”[⑤]；莫克基（R. Mookerji）在《印度航业史》中谈道：“有证据可使吾人信公元前第七及第六世纪，印度与巴比伦有海上通商之事，尤以前第六世纪为盛……同时，印度商人亦有家于支那海岸者。”[⑥]而公元前5世纪左右，“中国的丝织品已经通过各种运输渠道远销地中海东岸。古希腊历史学家希罗多德（约公元前484年—前425年）在《历史：希腊波斯战争史》一书中，把中国称为‘赛里斯’（Seres），意为产丝之国；公元前4世纪，印度孔雀王朝一个官员所著的《考铁利亚》（Kautiliya）一书中，有中国丝货贩至印度的说法”[⑦]。曾昭璇认为，公元前425年前后，中东巴比伦人曾记载到达南海，这和希腊记载中国丝绸在此时由海路输入相符[⑧]。

---

① 杨文衡：《丝绸之路始发港古今价值观》，载吴传均主编《海上丝绸之路研究：中国·北海合浦海上丝绸之路始发港理论研讨会论文集》，科学出版社2006年版，第38页。

② 陈炎：《海上丝绸之路与中外文化交流》“序”，北京大学出版社1996年版。

③ 黄怀信、张懋镕、田旭东撰：《逸周书汇校集注》（修订本），黄怀信修订，李学勤审定，上海古籍出版社2007年版，第913—915页。

④ 傅举有：《从考古资料看合浦海上丝绸之路的兴起与发展》，载吴传均主编《海上丝绸之路研究：中国·北海合浦海上丝绸之路始发港理论研讨会论文集》，科学出版社2006年版，第217—221页。

⑤ 刘迎胜：《丝路文化·海上卷》，浙江人民出版社1995年版，第21页。

⑥ R. Mookerji, *A History of Indian Shipping and Maritime Activity*, pp. 88－89. 转引自张星烺编注，朱杰勤校订《中西交通史料汇编》（全四册），中华书局2003年版，第1842页。

⑦ 陈高华、吴泰、郭松义：《海上丝绸之路》，海洋出版社1991年版，第5页。

⑧ 参见曾昭璇《广州——古代“海上丝绸之路”的起点》，载《岭南史地与民俗》，广东人民出版社1994年版，第47—73页。

笔者赞同以上关于海外贸易早于汉的说法，但同时要指出的是，早期的海上贸易应该是来自民间海商，而非官方的正式贸易，因为民间海商的往来往往比官方贸易更早、更频繁。而“官方海上丝绸贸易应该起始于西汉后期，也即公元前111年到公元前1年的110年之间”[①]，“在西汉政府派遣贸易使团下海之前，中国显然已经有许多民间海商航行于南海至印度洋的航线，并积累了有关这条航线的航海知识和经验，否则，西汉王朝是不会盲目冒险派使团出海贸易的”[②]。但在航海还主要依靠季风和海流方向的早期，这种民间的海商贸易地点也往往带有随意性，中国沿海各海港地区都有可能成为商贸集散地，尤其是产丝地区。

三 南海丝绸之路的形成

“海外交通的基本动力是贸易”[③]。为了能够与大汉有更好的贸易往来，在西域大月氏等国家的阻挠的情况下，天竺国、大秦国和大汉朝一起努力开辟了南海的贸易通道。《后汉书·天竺传》“和帝时，数遣使贡献，后西域反叛，乃绝。至桓帝延熹二年、四年，频从日南徼外来献”[④]，说明印度起先同大汉的友好往来大多是通过西域丝绸之路的，后因西域反叛，陆路交通受阻。直到公元159年，才改走海路到达汉境。《后汉书·大秦传》记载大秦“与安息、天竺交市于海中，利有十倍。其人质直，市无二价。谷食常贱，国用富饶。邻国使到其界首者，乘驿诣王都，至则给以金钱。其王常欲通使于汉，而安息欲以汉缯彩与之交市，故遮阂不得自达。至桓帝延熹九年，大秦王安敦遣使自日南徼外献象牙、犀角、玳瑁，始乃一通焉”[⑤]。武帝时期原本经西域去大秦的陆上丝路一度受大月氏和安息的阻挠，他们企图垄断中国丝绸的中转贸易，以便从中渔利，中国和大秦之间的商货往往要经过印度海船转运，这就迫使出产丝绸的中国和消费丝绸颇多的罗马努力开辟直接贸易的通道。为突破此阻碍，汉武帝多次到沿海巡视，最后派官员携带丝

---

① 刘明金：《从“障塞”一词看海上丝路的起始年代》，《湛江海洋大学学报》2002年第2期。

② 陈高华、吴泰、郭松义：《海上丝绸之路》，海洋出版社1991年版，第8页。

③ 刘迎胜：《丝路文化·海上卷》，浙江人民出版社1995年版，第21页。

④ （南朝·宋）范晔：《后汉书》，中华书局1965年版，第2922页。

⑤ 同上书，第2919—2920页。

绸、瓷器、黄金等商品，从合浦、徐闻南入海，到印度东海岸进行贸易，打通了海上丝绸之路的东段[①]。大秦王安敦于东汉桓帝年间（164）遣使到达交趾的日南，与东汉建立了联系，接通了海上丝绸之路的西段。而陈高华等人认为这段记载“可能是罗马帝国的商人冒充使者，反映了罗马帝国的商人想直接同汉帝国进行贸易的愿望”[②]。姑且不论事实如何，上述史料反映出早在汉代罗马人在贸易厚利的驱使下，已经通过海路到达南海。张绪山在研究罗马帝国沿海路向东方探索的时候指出，“公元一世纪，罗马人已经注意到了印度与中国的贸易交往；公元二世纪，罗马人的活动范围扩展到孟加拉湾东海岸地区和整个印支半岛，并从海陆两路到达中国，同中国建立起了直接的贸易关系”[③]。据《厄里特里亚航海记》记载：“沿岸北上，一直到达一个具有一座名叫秦尼（Thinai）的内陆大城市的地方。此地通过两条不同的道路向印度出口丝线和丝绸。……至于人们沿海岸北上而到达的秦尼地区，它的名字、方位和贸易特征足可以使人看出系指中国，即一个与赛里斯地区的称呼完全相同或相毗邻的地区。”[④]《伪托克利芒蒂纳（Clementine）的看法》记载：“赛里斯人首先是居住在大地尽头的，他们拥有一整套法律，严禁凶杀、卖淫、盗窃和崇拜偶像。在这一辽阔的国度内，既没有寺庙也没有偶像，既没有妓女也没有通奸者。那里从不会把盗贼传庭公审，从来也没有人记起那里曾有人被谋杀死。”[⑤]

由此来看，公元2世纪的时候，由于古罗马人的努力向东方探索和欧洲人的远洋航行，南海丝路已经基本形成。除了外部因素以外，中国南海地区的早期人员构成也是南海丝路形成的重要因素之一。因为“秦始皇在南征岭南的过程中，把大量的战国商人和战国商人子孙作为‘七

① 参见（汉）班固《汉书》，中华书局1962年版，第1761页。

② 陈高华、吴泰、郭松义：《海上丝绸之路》，海洋出版社1991年版，第7页。

③ 此处参见张绪山《罗马帝国沿海路向东方的探索》，《史学月刊》2001年第1期。

④ 《厄立特里亚海航行记》，载“中外关系史名著译丛”［法］戈岱司《希腊拉丁作家远东古文献辑录》，耿昇译，中华书局1987年版（2001年重印），第17页。

⑤ 《伪托克利芒蒂纳（Clementine）的看法》，载“中外关系史名著译丛”［法］戈岱司《希腊拉丁作家远东古文献辑录》，耿昇译，中华书局1987年版（2001年重印），第58页。

科谪'的对象，谪戍至商品经济极度落后的岭南地区"[1]，正是他们努力地与西方人进行货物的贸易，才直接促进了汉初"海上丝绸之路"的萌芽和发展。可以说南海丝路的形成并不是一朝一夕完成的，而是经过了"由初级到高级、由简单到先进"[2] 的这样一个发展过程。

四　由南北上的丝绸之路

我国是世界上最早发明养蚕和纺织丝绸的国家，海外客商用珍珠玛瑙等宝物与中国贸易的主要对象也是丝织品。除了张骞开辟的西北陆路丝绸之路以外，在中国东南沿海地区，南经南中国海，进入印度洋，到达波斯湾和阿拉伯半岛等许多国家，这条海岸线可以称之为海上丝绸之路。实际上，由于南海、东海、渤海海岸线的通畅，这条海上丝绸之路往往延伸到东北沿海的渤海湾地区。因为中国早期的丝绸纺织中心除了四川、河南以外，更重要的是战国时期齐国的领地临淄（今属山东）及周边地区。华德公参照世界上桑树的分布，通过对驯养家蚕和利用蚕丝的分析研究，认为"居住在泰山周围的东夷人及其传说中的首领太昊氏（伏羲）、少昊氏是最早利用蚕丝和驯养家蚕的"[3]；陈炎指出："我国养蚕织绸的技术，以山东半岛最早，也最为著名"[4]，并且日本人世代视徐福为"蚕桑"之神，研究也证实了徐福入海的最后起航地是秦时琅琊郡朐港[5]；朱亚非也说："自春秋战国以来，山东地区特别是以临淄为中心的齐地纺织业突飞猛进的发展，为陆上和海上丝绸之路的开辟提供了保证。"[6] 为了避免陆路可能遇到的各种阻碍，许多海外客商非常有可能沿着浅海岸水域逐步北上，穿过东海，到达黄海北部海湾或直至渤海南部海湾进行货物贸易。

《汉书·地理志》记载："殷道衰，箕子去之朝鲜，教其民以礼义，

---

① 高凯：《秦代谪戍岭南商人对中原商业经济意识的传播》，《史学月刊》2000 年第 4 期。

② 唐嘉弘、张建华：《海上丝绸之路疏证》，《南方文物》1997 年第 2 期。

③ 华德公：《从史籍看东夷人最早利用蚕丝和驯养家蚕》，《浙江丝绸工学院学报》1993 年第 3 期。

④ 陈炎：《海上丝绸之路与中外文化交流》，北京大学出版社 1996 年版，第 57 页。

⑤ 同上书，第 257 页。

⑥ 朱亚非：《山东早期的纺织业与北方海上丝绸之路》，《管子学刊》1993 年第 1 期。

田蚕织作。”[①] 周代，中国的养蚕业和丝绸纺织业逐渐发展：西周青铜器上铸有5个奴隶可换“匹马束丝”的铭文[②]；“太公望封于营丘（今临淄），地潟卤，人民寡，于是太公劝其女功，极技巧，通鱼盐，则人物归之，繦至而辐凑，故齐冠带衣履天下，海岱之间敛袂而往朝焉”[③]。春秋战国时期，齐桓公在管子的鼓励下，大力发展养蚕业：“桓公问于管子曰：‘请问教数？’管子对曰：‘……民之通于蚕桑，使蚕不疾病者，皆置之黄金一斤，直食八石’”[④]；越王勾践为了复国，更是吸取丝织业发达的齐国经验，号召全国大力发展蚕丝业，并“身自耕作，夫人自织”[⑤]。这些都直接刺激了东部沿海地区的丝织业的大发展。正是因为沿海中北部地区的丝业的发达，织出美丽迷人的丝织品，才引得许多购买丝绸的海外商人不惜多行海程，直接到丝绸盛产地挑选最美的商品，以获得更多的利润。

五　关于海上丝绸之路的争论

20世纪八九十年代至21世纪初，关于海上丝绸之路的争论可谓盛极一时。讨论的焦点主要集中在对海上丝绸之路所涉及的范围以及这条丝路的起止时间上，此类专著有：陈炎著《海上丝绸之路与中外文化交流》、卢苇著《中外关系史》、陈高华著《海上丝绸之路》、日本长泽和俊著《丝绸之路史研究》、张维华主编《中国古代对外关系史》、石源华主编《中外关系三百题》等[⑥]。除此以外，还有一些相关的论文如：袁钟仁《古代广州地区是东西方经济文化交流的重要枢纽》，陈炎《古

① （汉）班固：《汉书》，中华书局1962年版，第1658页。

② 陈高华、吴泰、郭松义：《海上丝绸之路》，海洋出版社1991年版，第5页。

③ （汉）司马迁：《史记》，中华书局1959年版，第3255页。

④ 《管子》卷22，浙江人民出版社据1937年宋哲元影明万历间凌汝亨刻本，朱黑两色套印本1987年版，第19页。

⑤ （汉）司马迁：《史记》，中华书局1959年版，第1742页。

⑥ 陈炎：《海上丝绸之路与中外文化交流》，北京大学出版社1996年版；卢苇：《中外关系史》，兰州大学出版社1996年版；陈高华：《海上丝绸之路》，海洋大学出版社1991年版；［日］长泽和俊：《丝绸之路史研究》，天津古籍出版社1990年版；张维华主编：《中国古代对外关系史》，高等教育出版社1993年版；石源华主编：《中外关系三百题》，上海古籍出版社1991年版；等等。

代浙江在海上“丝绸之路”中的地位——兼论浙江历代的海外丝绸贸易》，黄天柱《古泉州港与海上丝路的关系》，涂裕春《古丝绸之路与各民族的融合》，黄启臣《广东是“海上丝绸之路”的东方发祥地》，邓家倍、任建芬《广州不是中国汉代海上丝绸之路始发港》，邓端本《广州外贸渊源及早期发展》，覃主元《汉代合浦港在南海丝绸之路中的特殊地位和作用》，梁旭达、邓兰《汉代合浦郡与海上丝绸之路》，周家干《合浦乾体古港作为“海上丝绸之路”始发港探源》，郝新建《连云港市的“前世今生”——无法割断的海洋文化渊源》，杨万秀《论广州港在海上“丝绸之路”的地位和作用》，闫晓青《南海神庙——中国古代海上丝绸之路的重要遗迹》，赵焕庭《番禺是华南海上丝路最早的始发港》①，等等。大部分学者都承认海上丝绸之路是中国古代长期存在过的东西方海上贸易之路，兴起于西汉后期而兴盛于唐代中期，所涉及的范围主要以南海为主，而从山东沿海港口出发的海上丝绸之路多认为是东北海丝路，主要贸易对象是朝、日、韩等国。

笔者以为还有一点需要指明，从南海出发，沿东海北上至黄海甚至渤海湾一带的海岸线是畅通的，海外商人在南海丝绸供应不足的情况下

① 袁钟仁：《古代广州地区是东西方经济文化交流的重要枢纽》，《暨南学报》（哲学社会科学）1994年第2期；陈炎：《古代浙江在海上“丝绸之路”中的地位——兼论浙江历代的海外丝绸贸易》，《商业经济与管理》1982年第4期；黄天柱：《古泉州港与海上丝路的关系》，《浙江丝绸工学院学报》1993年第3期；涂裕春：《古丝绸之路与各民族的融合》，《西南民族大学学报》（人文社会科学版）2004年第2期；黄启臣：《广东是“海上丝绸之路”的东方发祥地》，《广东蚕业》2002年第1期；邓家倍、任建芬：《广州不是中国汉代海上丝绸之路始发港》，《广州社会主义学院学报》2004年第1期；邓端本：《广州外贸渊源及早期发展》，《学术研究》1987年第2期；覃主元：《汉代合浦港在南海丝绸之路中的特殊地位和作用》，《社会利学战线》2006年第1期；梁旭达、邓兰：《汉代合浦郡与海上丝绸之路》，《广西民族研究》2001年第3期；周家干：《合浦乾体古港作为“海上丝绸之路”始发港探源》，《广西地方志》2002年第5期；郝新建：《连云港市的“前世今生”——无法割断的海洋文化渊源》，《海洋世界》2006年第3期；杨万秀：《论广州港在海上“丝绸之路”的地位和作用》，《学术研究》1990年第6期；闫晓青：《南海神庙——中国古代海上丝绸之路的重要遗迹》，《南方文物》2005年第3期；赵焕庭：《番禺是华南海上丝路最早的始发港》，《地理科学》，2006年第1期；朱龙、董韶华：《登州港与东方海上丝绸之路》，《中国海洋大学学报》（社会科学版）2004年第4期；韩湖初、杨士弘：《关于中国古代“海上丝绸之路”最早始发港研究述评》《地理科学》2004年第6期；等等。

最有可能沿海北上，直接从丝绸出产地购买商品。按赵春晨对“海上丝绸之路”内涵的界定[①]，应该说，这也是一条丝绸之路。当然，随着中国瓷器制作工艺的渐趋成熟，丝路也可能成为瓷器之路[②]，但这条海路一直是畅通的。

海上丝绸之路争论的另一个焦点是：与陆路丝绸之路相比，谁先谁后。

这一焦点的争论颇有分歧，主要观点有三种：（一）同时发生：曲鸿亮认为陆、海两条丝路差不多是同时发生的[③]；北京大学东语系教授陈炎认为丝绸在公元前就分陆海两路同时外传[④]。（二）海上丝绸之路晚起：王元林认为“受海上自然环境与造船、航海水平的影响，海上丝路的航线不断延伸……最终以海上丝路成为联系中外的主旋律”[⑤]；而李成林则认为，虽然汉代以前南海古航线已经存在，但直到“黄门”译长和“应募者”这批大航海家才破天荒第一次航行了古航线的全程[⑥]。（三）海上丝绸之路早起：曾昭璇等认为，以广州为起点的海上丝绸之路于先秦时期成立，秦代兴起[⑦]；而刘明金认为官方海上丝绸贸易应该起始于西汉后期，但在官方贸易之前，民间贸易就早已开始[⑧]。

笔者以为丝绸的外传可能有多条途径，不同历史时期下受不同外部

---

① 赵春晨：《关于“海上丝绸之路”概念及其历史下限的思考》一文中认为“海上丝绸之路”“是以丝绸贸易为象征的、在中国古代长期存在的、中外之间的海上交通线及与之相伴随的经济贸易关系”，《学术研究》2002 年第 7 期。

② 王建辉：《“海上丝绸之路”应称为“瓷器之路”》，《求索》1984 年第 6 期。

③ 曲鸿亮：《论丝绸之路的双向发展》，载联合国教科文组织考察泉州三周年“海上丝绸之路与伊斯兰文化”国际研讨会论文集《海上丝绸之路研究》第一册《海上丝绸之路与伊斯兰文化》，福建教育出版社 1997 年版，第 215 页。

④ 陈炎：《东海丝绸之路和中外文化交流》，《史学月刊》1991 年第 1 期。

⑤ 王元林：《浅议地理环境对北方、南方陆上丝路及海上丝路的影响》，《新疆大学学报》（哲学·人文社会科学版）2006 年第 6 期。

⑥ 李成林：《公元前后的中西古航线试探》，《学术月刊》1980 年第 3 期。

⑦ 曾昭璇、曾新、曾宪珊：《论中国古代以广州为起点的“海上丝绸之路”的发展》，《历史地理论丛》2003 年第 2 期。

⑧ 刘明金：《从“障塞”一词看海上丝路的起始年代》，《湛江海洋大学学报》2002 年第 2 期。

条件的限制，丝绸之路或以陆路为主，或以海路为主。但总的来说，丝绸之路的官方贸易记载应该比实际的民间贸易要晚很多，只有民间贸易受到统治者重视的时候，官方贸易才可能开始。而早期的民间丝绸贸易多以海路为主，尤其是汉代以前，沿海各国家对海路的管理不严格，贸易商可以省去很多不必要的麻烦，甚至逃掉税收。并且一旦遇到某一国家的阻挠，往往可以绕过这片海域而直接驶向目的地。而陆路则往往设有很多关卡，必须穿过其中一个国家的领土才能到达另外一个。前文提过的大秦国和天竺国就是为了避免安息和大月氏的阻挠，直接从海路到达汉朝的。再有，与陆路使用的车、马等交通工具相比，海船不仅货载量大，还可以利用海流和季风的动力，减少许多人力、物力，节省许多不必要的开支，因为商人的对外贸易主要是以经济为目的，不像张骞通西域主要是为了政治外交，所以更多的早期海外贸易商人更愿意从海路来华贸易。在汉武帝以前，从洛阳至南方海域的陆路交通不方便，多崇山峻岭，靠车马等运输工具不可行。但从南海绕道东海直接北上，至黄海湾北部即可到达出产丝绸的中心地区，海州湾的两处天然良港琅琊港和朐港自然成为海外商人来华贸易的最佳之所。况且，从海州湾朐港登岸，有历史上秦时期留下来的交通官道，可直接通达洛阳等地，因此朐港显得格外的重要，它处在两大产丝中心的交界处，向北可以到达山东临淄，向西可以到达河南洛阳，是海外客商取道来华的最重要港口之一。

六　佛教随海上丝绸之路传入

佛教传入中国最早的官方记载应该是《后汉书》中楚王英“尚浮屠”和汉明帝遣使求法：

> 英少时好游侠，交通宾客，晚节更喜黄老，学为浮屠斋戒祭祀。八年，诏令天下死罪皆入缣赎。英遣郎中令奉黄缣白纨三十匹诣国相曰：“托在蕃辅，过恶累积，欢喜大恩，奉送缣帛，以赎愆罪。”国相以闻。诏报曰：“楚王诵黄老之微言，尚浮屠之仁祠，洁斋三月，与神为誓，何嫌何疑，当有悔吝？其还赎，以助伊蒲塞桑门之盛馔。”因以班示诸国中傅。英后遂大交通方士，作金龟玉

鹤，刻文字以为符瑞①。

世传明帝梦见金人，长大，顶有光明，以问群臣。或曰："西方有神，名曰佛，其形长丈六尺而黄金色。"帝于是遣使天竺问佛道法，遂于中国图画形像焉。楚王英始信其术，中国因此颇有奉其道者。后桓帝好神，数祀浮屠、老子，百姓稍有奉者，后遂转盛②。

由此我们知道汉明帝之前，佛教已经传入中国，并与道教一起受到上层社会的信奉。但佛教是怎样传入中国的，是不是如《后汉书》中所言"遣使天竺问佛道法"，还是更早通过其他途径传入呢？学术界争论颇多，主要有海路传入说、陆路传入说和多元渠道传入说。

（一）陆路传入说

张骞通西域，打通了西北方向的陆上丝绸之路，佛教随之传入中国。持这种观点的人亦颇多。例如，日本佛教史学者冢本善隆认为："东西交通的开始，使佛教经由中亚传入中国成为可能。追求利润的西方商人和随着佛教热而勃兴的佛教文化沿着已开辟的丝绸之路，从12世纪开始渐次地不断地流入甘肃、陕西、河南。"③ 白鸟库吉认为佛教自陆路传入："佛教究竟何时何地传入中国？后汉明帝永平十年建立白马寺或稍前楚王英信仰佛教，即后汉初佛教传入中国无疑。……其传入的道路只有一条，即见于《汉书》的所谓'罽宾、乌弋山离道'。"④ 镰田茂雄指出："西域交通开辟后，洛阳最先成为佛教中心，后传到丹阳、彭城、广陵等地。"⑤ 现代学者汤用彤先生认为："佛教东渐首由西域之大月支、康居、安息诸国，其交通多由陆路，似无可疑。即在两晋，天

① （南朝·宋）范晔：《后汉书》，中华书局1965年版，第1428—1429页。

② 同上书，第2922页。

③ ［日］冢本善隆：《中国佛教通史》春秋社1979年版，第54—59页，转引自吴廷璆、郑彭年《佛教海上传入中国之研究》，《历史研究》1995年第2期。

④ ［日］白鸟库吉：《西域史研究》，岩波书店1981年版，第497页，转引自吴廷璆、郑彭年《佛教海上传入中国之研究》，《历史研究》1995年第2期。

⑤ ［日］镰田茂雄：《简明中国佛教史》（郑彭年译，力生校），上海译文出版社1986年版，第25页。

竺僧徒来华亦大多数不取海程。”① 以上学者都从丝绸之路开辟的角度来研究佛教传入途径的，这种看法无疑是正确的，但他们忽视了更早些时候海上对外贸易对佛教传入的促进作用。

（二）海路传入说

佛教由海路传入最早由梁启超提出：“佛教之东来，非由陆而由海，其最初根据地不在京洛而在江淮。”② 但这种说法一提出，便遭到汤用彤的否定：“梁任公谓汉代佛法传入，先由海道，似不可信也”，“英之信佛，非即可证明自海道移植。而地方思想固亦北方之风气，其所推论，按之事实，失之远矣”③。但其后依然有许多学者认同佛教由海上输入的观点。20世纪90年代，吴廷璆、郑彭年二位学者撰文专门论证佛教由海上传入，他们认为：“佛教由海路传入中国比陆路早，至迟在后汉初年即汉光武帝之子楚王英信佛之前就由海路传入江淮。佛教从西域传来不早于后汉末年，至晋代方始兴盛起来。历来关于佛教初传中国的传说，都是由于佛教与道教对抗，互竞兴教的先后，便将佛教东传的年代愈推愈远，所有引据都是出于虚构臆测，不足信。”他们的论证思路是：（1）《汉书·地理志》的记载说明西汉已经通过南海与印度甚至大秦有了海上丝绸之路；（2）公元前后大月氏还未信仰佛教，而佛教已经传入中国，说明佛教最早从西域传入是不可信的；（3）据历史文献与考古发现，南方佛教兴盛，这是佛教从海上输入的旁证；（4）魏晋以后佛教教徒自海上往来中印之间者颇多，说明这条海上的佛教传入路线非常有可能④。福建社会科学院研究员陆芸在研究海上丝绸之路的论文中说过：“沿海地区即使不是最初的传入地，也可算是重要中心。当外国僧人或中国僧人取道海路来到中国港口城市后，不可避免要进行

① 汤用彤：《汉魏两晋南北朝佛教史》，中华书局1983年版，第59页。

② 梁启超：《中国佛教研究史》，中国社会科学出版社2008年版，第25页。何新也认为“江淮地区是佛教进入中国后获得大规模流行的地区”，见何新《诸神的起源：中国远古神话与历史》，三联书店1986年版，第192页。

③ 汤用彤：《汉魏两晋南北朝佛教史》，中华书局1983年版，第59—61页。近年也有学者提出反对意见，如温玉成《“早期佛教初传中国南方之路”质疑》，《四川文物》，2000年第2期。

④ 参见吴廷璆、郑彭年《佛教海上传入中国之研究》，《历史研究》1995年第2期。

休整，有的干脆就在当地修建庙宇或直接去当地佛寺进行研习，宣扬佛法。同样，当僧人们取道海路前往他国时，由于候船、季风等因素的影响，也不得不在港口等候，港口城市的佛寺和居民也就受到了不同程度的影响。”① 佛教通过海路传入说的根据就是最早的佛教是在沿海地区广泛传播。

（三）多元途径说

季羡林最早提出了佛教直接从印度传来的见解。他说：“中国同佛教最初发生关系，我们虽然不能确定究竟在什么时候，而且据我看法，还是直接的；换句话说，就是没有经过西域小国的媒介，先从海道来的，也可能从陆路来的。”② 吴焯也认为佛教先传入中国内地，然后传入西域，同时他也指出：“印度佛教由海路传入中国，最早亦当在桓帝末世，此时中原地区已流行佛教，并有译经的胡僧，则海路迟于陆路，固不待言。”③ 荷兰学者许理和（Erich Zurcher）在《佛教征服中国》中说：“事实上，佛教何时传入中国，已不可得知。它可能从西北慢慢渗入，经由横跨欧亚的丝绸之路上的两条支线从敦煌进入中国，并且从那里穿过河西走廊进入‘关中’和华北平原”，但他在论述彭城地区佛教传入的时候，也不排除佛教同样沿海路传入的可能性④。张晓华则直接指出：“佛教是逐渐地而且是从不同的方向、通过不同的方式传来的。在北方，由印度经中亚，沿丝绸之路进入中国内地；在南方，通过海上丝绸之路传至广州、交州等地，再进入中国内地，传入时间大致为两汉之际。而且无论以何种方式传入，都与中国同当时的印度与中亚等地的

① 陆芸：《海上丝绸之路在宗教文化传播中的作用和影响》，《西北民族大学学报》（哲学社会科学版）2006 年第 5 期。

② 季羡林：《浮屠与佛》，载季羡林《中印文化关系史论文集》，三联书店 1982 年版，第 333 页。同文中还提到“浮屠”是印度古代俗语，而“佛”来源于吐火罗文，从中国早期“浮屠”的称呼来看，中国的佛教是直接传入中国的（第 335 页）。1990 年季羡林又写了《再谈浮屠与佛》一文，强调“浮屠”与“佛”两个词语的先后关系，纠正了 1947 年《浮屠与佛》一文中关于“佛教直接传入中国”的观点，此文发表于《历史研究》1990 年第 2 期。

③ 吴焯：《佛教东传与中国佛教艺术》，浙江人民出版社 1991 年版，第 162 页。

④ ［荷］许理和：《佛教征服中国》，李四龙、裴勇等译，江苏人民出版社 1998 年版，第 34—38 页。

商业活动密切相关。”[①] 而陈寒不仅同意佛教通过陆路、海路两条路线传入中国，还指出了印度僧人来华的路线，他说：“6世纪前印度佛教输入汉地，以贵霜的分崩、月氏人的东迁为源头，以陆海两条丝路商道为主要路线，经数百年语言文化的碰撞冲突，最终在隋唐时期得以完全中国化。印度僧人经海上丝绸之路来华的路线主要有两条：一条是印度—狮子国（今斯里兰卡）—耆婆（爪哇）—占城（林邑）—广州；另一条是经狼牙修（亦名棱迦修、郎迦戌，今泰国北大年一带）—扶南（今柬埔寨）—广州。”[②] 俞伟超在《东汉佛教图像考》中列举了许多汉代佛教考古资料，其大概分布于内蒙古、山东、四川、新疆等地，说明佛教于西汉传入中国而于东汉后期渐渐扩大，并且是多途径传入的[③]。

从以上各位学者的不同意见来看，中国的佛教传入应该是有许多渠道，只是不同的传播渠道在时间上有先后，还可能因为各国家之间关系的时好时坏而时断时续。

七 佛教随丝绸之路最早传入东部沿海

不能否认，佛教的传入与外商对华贸易有着密切的关系，“可以说哪里有印度或中亚的商人，哪里就有佛教，中印海上贸易，必然促进佛教向中国传播”[④]。在陆路丝路通畅以后，中原与西域各国之间思想文化交流日益频繁，佛教徒们随之进入内地的可能性非常大。但由于道路的坎坷和交通工具的限制，佛教徒们要想到达洛阳经济中心，依然会面临重重的艰难险阻，因此也有许多佛教徒选择海路来华。乘船顺风不仅速度快，而且沿途可以经过许多地方，自由地选择上岸地点。况且，在陆路丝绸之路未通以前，南海、东北海域的海上贸易早已经开始，佛教徒们很有可能已经随着海商来到中国沿海地区。前文笔者也说明了与海外贸易联系紧密的丝绸之路在中国东北沿海产生，这就表明佛教徒很早

① 张晓华：《对佛教初传中国内地的时间及路线的再考察》，《史学集刊》2001年第1期。

② 陈寒：《略论六世纪前佛教入华的源头、路线和语言》，《唐都学刊》2002年第2期。

③ 俞伟超：《东汉佛教图像考》，《文物》1980年第5期。

④ 吴廷璆、郑彭年：《佛教海上传入中国之研究》，《历史研究》1995年第2期。

就在东部沿海港口登陆，并在那里授徒宣佛，佛教从海路传入应该早于陆路。但这时候的佛教徒来华大多只是个别现象或说私人行为，还没有得到官方认可，更没有形成大的宗教团体，因此没有引起多数人的注意，当然也不排除当时沿海地区方仙道兴盛的因素。随着佛教徒在沿海地区的日益增多，汉朝统治者也渐渐注意到了佛教与中国文化的共通之处，这时候佛教才有了在上层社会传播的可能性。

附表

海州历史沿革表①

时代	名称	归属	注释
旧石器时代晚期（1万—10万年前）		北亚—北美	桃花涧旧石器时代晚期遗址，其石器遗存，考古学称：属不规则小石片工业及小石叶工业两种，前者年代较早。
新石器时代（4万—7万年前，大汶口文化至龙山文化）	旸谷 嵎夷 赐羽 余		李洪甫《少昊之墟辨》（《徐州师院学报》1981年第1期） 李洪甫《少昊氏稽索》（《徐州师院学报》1983年第1期） 新石器时代遗址（《考古》1961年第6期：江苏省文物工作队《江苏省新海连市大村新石器时代遗址勘察记》）
			《尚书·尧典》："分命羲仲，宅嵎夷，曰旸谷，寅宾日出，平秩东作。"《孔安国尚书集解》："东表之地，称嵎夷，日出于旸谷。"
夏（公元前21—前16世纪）	嵎夷 羽山 句芒 赐羽 余	人方之徐州	《禹贡》"海岱及淮惟徐州"，又据《淮安府志·沿革表·淮北表》、《中国历史地图·夏》 ［清］胡渭《禹贡锥指》："今之海州、赣榆，古徐州域。"《尔雅·释地》："济东曰徐州"，郭璞注："自济东至海，李巡曰'淮、海间，其气宽舒，禀性安徐，故云。'"
商（公元前16—前11世纪）	郁夷 郁山 余	人方之徐州	《淮安府志·沿革表·淮北表》："徐州，《汉书·殷周》'徐州在下坯，潼县'。" 《史记·王帝本纪》："分命羲仲，居嵎夷，曰旸谷，敬道日出，便程东作。"

① 此表参引李洪甫、姚芝庆《连云港市经济史料》（凡历史上隶属本地而今不属连云港市的地区，均不载），连云港经济联合开发公司、连云港市经济学会编印，第163—173页。

续表

时代	名称	归属	注释
西周（公元前11世纪—公元前771年）	人方 郁夷 余	青州 兖州	《淮安府志·沿革表》："青州，鲁，'正东曰青州'。" 《周礼·职方》："正东曰青州"、"河东曰兖州。" 【案】周无徐州，分隶于青、兖。溯沭之源，发于今沂水县大牟山，为青州浸。而海州属鲁，仍当在兖州境。《诗经·鲁颂》郑玄笺"鲁封域，在《禹贡》徐州蒙羽之野"。《元和郡县志》云："羽山在朐山县西北一百里。" 朱熹《诗集传》："海州属鲁"，王伯厚《诗地理考》亦云。
春秋	纪鄣 南莒 祝其	鲁之郯、莒、郯，楚	李洪甫《少昊氏稽索》（《徐州师院学报》1984年第4期） （清）顾栋高《春秋大事表》："海州为莒、鲁二国地。"
战国	鲁之东境	鲁齐楚	（唐）杜佑《通典》："海州在春秋及战国为鲁之东境。"
秦	朐 赣榆	薛郡 郯 琅琊郡 东海郡	《通典》："海州，在秦为薛地。后分薛郡为郯郡，朐县属焉。" 《史记》："始皇三十五年，立石东海朐界中，以为秦东门。" 《水经注》："朐山西山侧，有朐县故城。" 《淮安府志·沿革表》："秦……东海郡，今海州……琅琊郡：邳、宿。"
西汉	朐县、赣榆县、祝其县、海西县（今灌云）、利成县、上县	徐州刺史 东海郡 琅琊郡	《隆庆州志》："汉改属东海郡，武帝置刺史时，隶徐州。" 《汉书·地理志》："属东海郡。"（清）官修《续通典》："宋白（南宋）曰，朐，故城在朐山县西九十里。" （清）顾祖禹《读史方舆纪要》：海西"在海州南一百二十里"。
东汉	朐县 祝其 利成 赣榆 曲阳	徐州刺史部 东海郡	《后汉书·郡国志》："朐县有伊卢乡"，注："《山海经》'都洲在海中，一曰郁洲。'郭璞曰：'在县界。'"同书又云"祝其有羽山"，则为今东海县部分。 《后汉书·郡国志》："曲阳，侯国，旧属东海。" 《后汉书·襄楷传》注："海州有曲阳，城北有羽潭水。"
三国	朐 祝其 利城 海西 曲阳	魏之徐州 东海国	《嘉庆海州直隶州志》："朐县属东海国，案：'东海，汉郡，魏黄初中作国，领县十一，治郯。'"

续表

时代	名称	归属	注释
西晋	朐 赣榆 祝其 利成	徐州 东海郡	《资治通鉴》"朐县"注："朐县，晋曰临朐，属东海郡。"《江南通志》："汉临朐有二：一属齐郡，一属东莱郡。后汉属齐国，晋属东莞郡，与朐县两地。晋仍有朐县，未尝改为临朐也。见《晋书·地理志》。" 《宋书·州郡志》："赣榆县，魏省，晋武帝太康元年复立。"又据《嘉庆志》："赣榆县属东海郡，《郡国县道记》：'太康中立，又移治艾不城。'"
东晋	朐 祝其 赣榆 利成	后赵 前燕 南燕 东晋之东海郡	东晋隆安五年（401），孙恩攻建康不克，浮海北上至此。 《晋书·地理志》："祝其县……羽山在县之西。" 《宋书》云："晋元帝初，割吴郡海虞北境为东海郡，立郯、朐、利成，而祝其、襄贲等县寄治曲阿。"
刘宋	侨立青州、冀州， 南青州 东海郡 赣榆县 北海郡 东海县 郁县	直属宋	《宋书·州郡志》：云："明帝侨立徐州，治钟离，泰豫元年，移治东海朐山。废帝元徽元年，还治钟离。" 南朝宋泰始中，失青、冀两州，以州在海中，形势险固，且有田畴鱼盐之利，逐侨置青、冀两州于此。 《齐书·州郡志》："泰始六年，失淮北，于郁州侨立青州，立齐、北海、西海三郡。" 《嘉庆志》："东海郡，《州郡志》：'隶侨青州，领襄贲、赣榆，……'""宋南青州治郁州上，郁州在海中。刘善明为刺史，以海中易固，不峻城雉，乃累石为之，高可八九丈，后为齐郡治。" 《资治通鉴》："宋明帝失淮北，侨立青冀二州，治郁州。"(为南北朝东北边防要地) 《嘉庆志》："宋北海郡，治都昌，即郁县也。" 《宋书·州郡志》："泰始七年立东海县，属东海郡。"（《云台新志》按："'东海郡'当作'北海郡'"，"又割赣榆置郁县""郁县，当以郁州得名"。）
南齐	青州 齐郡 北海郡 东莞琅琊二郡 东海郡 赣榆县 都昌县 广饶县	直属齐	《南齐书·州郡志》："青州，宋泰始六年，始治郁州上，郁州在海中。刘善明为刺史，以海中易固不峻城雉，乃累石为之，高八九尺，后为齐郡治。" 《齐书·州郡志》："青州，宋泰始初，淮北设虏。六年，始治郁州上。郁州在海中，周迴数百里，岛出白鹿，上有田畴鱼盐之利。" 《南齐书·州郡志》："建元（479—482）初，徙齐郡治瓜步，以北海治齐郡，故州治如旧。""东莞琅琊二郡"，据《嘉庆志》引《州郡志》所记："治朐山……永明元年以流户置。" 《嘉庆志》："东海郡……武定七年改海西。" 《南齐书·州郡志》："都昌县属北海郡。"（注：宋郁县，建元改用汉名也。） 《南齐书·州郡志》："广饶县属南海郡，即宋东海县。"

续表

时代	名称	归属	注释
梁	南北二 青州 北海郡 义塘郡 僮阳郡 招远县 龙苴县 赣榆县 都昌县 广饶县	直属梁	萧衍改置北海郡，东魏武定七年复。 《江南通志》：“……则义塘郡即赣榆县地。” 《魏书·地形志》：琅琊郡朐县注“二汉属东海，萧衍改为招远。”“海州东彭城郡龙苴，萧衍置，魏因之，有即丘城、房山。”
北朝魏	青州 海州 东海郡 东彭城郡 安流县 海西县 洛要县 广饶县 赣榆县 义塘县 归义县 怀仁县 下城县 怀文县 服武县	海西 琅琊郡 僮阳郡 武陵郡 义塘郡	《魏书·地州志》：“刘子业置青形，东魏武定七年改治龙苴城，领郡六、县十九。” 凌廷堪《朐乘》引《魏书·地形志》：“东海郡……即今云台山。” 《魏书·地形志》：“安流，萧衍置都昌县，武定七年改。” 《魏书·地形志》：“广饶县，萧赜置，魏因之。” 《北齐书》：“复分广饶县地置东海县。” 据《魏书·地形志》及《江南通志》，义塘郡武定七年置属南青州，在赣榆东北，一说在赣榆西北。
北齐	海州 琅琊郡 朐山郡 东海县 广饶县	北齐	《元和郡县图志》：“高齐文宣帝移海州理琅琊郡，以琅琊为朐山郡。” 《隋书·地理志》：“后齐分广饶治东海县。”
北周	朐山郡 朐山县 东海县 沭阳县	北周	《隋书·地理志》：“海州朐山县，旧曰朐。后周改县曰朐山，郡曰朐山。” 《元和郡县图志》：“魏改青州为海州，又于郁洲置临海镇。高齐废之，周武帝复置东海县。” “沭阳县……本汉厚邱县，魏孝静帝改为沭阳郡，仍于郡东置怀文县，周武帝改为沭阳县。”
隋	东海郡 海州 朐山县 东海县 怀仁县	直属隋	《隋书·地理志》云：“东海郡，开皇初，废郡及东海，仁寿元年（601），改广饶曰东海。”《隋书·百官志》：“大业三年，罢郡为州。” 《隋书·地理志》云：“梁置南北二青州，东魏改为海州。”又云“东海旧置广饶置东海县。”

续表

时代	名称	归属	注释
唐	海州 东海郡 东海县 环州 朐山县 龙沮县 曲阳县 怀仁县 利成县 祝其县 赣榆县	属河南道	《百官志》："天宝元年，改州为郡。" 《旧唐书·地理志》："东海县治，郁州四面环海。" 《新唐书·地理志》："东海县，武德四年（621），以县置环州，八年，州废，以东海来属。"（《云台新志》：按"来属"，谓属东海郡。） 《嘉庆志》："武德八年祝其县入怀仁……赣榆等三县省入东海。"
五代	海州 朐山县 东海县 怀仁县	吴 南唐 周	《嘉庆志》："朐山县为海州治所，辖东海、怀仁、沭阳三县。"
宋	海州 朐山县 东海县 怀仁县 西海州	北宋属淮南路后属淮南东路	《元丰·九域志》（北宋地理名著）："开宝三年（970），升朐山县，东海监为县。" 《宋史》："端平二年（1235），海州徙治东海县；淳祐十二年（1252），金子瓊（李全子李瓊）又据之，治朐山。景定二年（1261）瓊降，置西海州。"（时海州仍属东海县，寻服以西海州为海州） 《九域志》："怀仁县，州北八十里，一分临洪，一镇夹山，义水、光水。"
金	海州 朐山县 东海县 怀仁县 赣榆县 东海军	属山东路	海州治所设朐山县 《金史·地理志注》："赣榆县，本怀仁，大定七年更属海州。镇二：荻水、临洪。" 《续文献通考》："唐怀仁县，金复置赣榆县，后入宋，以县寓治东海军，李瓊并县入焉。"
元	海州路 总管府 海宁府 朐山县 赣榆县 东海县	属江北淮东路	《元史·地理志》："至元二十年（1283），省东海县入朐山。《云台山志》称至正二十年。" 《嘉庆志》："朐山县，至元二十年以东海县并入，属海宁州。"
明	海州 赣榆县	属南直隶省、淮安府	《续文献通考》："海州，元海宁州，明洪武初仍为海州，以州治朐山县省入属淮安府领赣榆一县。"
清	海州 赣榆县	江南、江宁布政使司，先属淮徐道，嘉庆八年改属淮扬道	《江南通志》："旧属淮安府，雍正二年升直隶州，又以沭阳县来属，辖县二。"
民国	东海县 灌云县 赣榆县	江苏省 徐海道	

参考文献

著作类

A

1. ［英］E. E. 埃文斯—普理查德：《原始宗教理论》，孙尚扬译，商务印书馆 2001 年版。
2. ［德］艾伯华：《中国民间故事类型》，王燕生、周祖生译，刘魁立审校，商务印书馆 1999 年版。
3. ［英］爱德华·B. 泰勒：《人类学：人及其文化研究》，连树声译，广西师范大学出版社 2004 年版。

B

1. 白寿彝：《中国交通史》，商务印书馆 1998 年版。
2. （明）白云霁：《道藏目录详注》，《四库全书》本 1061 册。
3. （汉）班固：《汉书》，（唐）颜师古注，中华书局 1962 年版。
4. 北京大学历史系《论衡》注释小组：《论衡注释》，中华书局 1979 年版。
5. ［法］布尔奴瓦：《丝绸之路》，耿昇译，山东画报出版社 2001 年版。

C

1. 蔡丰明主编：《吴越文化的越海东传与流布》，学林出版社 2006 年版。
2. 蔡葵主编：《楚汉文化概观》，南京师范大学出版社 1997 年第 2 版。
3. 蔡铁鹰：《〈西游记〉成书研究》，中国文联出版社 2001 年版。
4. （三国魏）曹丕等撰：《列异传五种》，郑学弢校注，文化艺术出版社 1988 年版。
5. （晋）常璩撰：《华阳国志校补图注》，任乃强校注，上海古籍出版社 1987 年版。
6. 常任侠：《海上丝路与文化交流》，海洋出版社 1985 年版。
7. 常任侠选注：《佛经文学故事选》，上海古籍出版社 1982 年版。
8. 陈高华、吴泰、郭松义：《海上丝绸之路》，海洋出版社 1991 年版。
9. 陈洪：《佛教与中古小说》，佛光山文教基金会 2001 年版。

10. 陈奇猷校释：《吕氏春秋》，学林出版社 1984 年版。

11. （晋）陈寿：《三国志》，（宋）裴松之注，中华书局 1959 年版。

12. 陈炎：《陈炎文集》（全三册），中华书局 2006 年版。

13. 陈炎：《海上丝绸之路与中外文化交流》，北京大学出版社 1996 年版。

14. 陈允吉、胡中行主编：《佛经文学粹编》，上海古籍出版社 1999 年版。

15. 陈允吉主编：《佛经文学研究论集》，复旦大学出版社 2004 年版。

16. 陈正祥：《中国文化地理》，三联书店 2001 年版。

17. 程蔷：《中国民间传说》，浙江教育出版社 1989 年版。

D

1. 邓绍基：《元代文学史》，人民文学出版社 1991 年版。

2. 丁乃通编著：《中国民间故事类型索引》，郑建威、李倞、商孟可、段宝林译，李广成校，华中师范大学出版社 2008 年版。

3. 丁山：《古代神话与民族》，商务印书馆 2005 年版。

4. （清）董含：《三冈识略》，致之校点，辽宁教育出版社 2000 年版。

5. （唐）杜牧：《樊川文集》，陈允吉校点，上海古籍出版社 2007 年版。

6. （唐）杜佑：《通典》，中华书局 1988 年版。

F

1. （东晋）法显：《法显传校注》，章巽校注，上海古籍出版社 1985 年版。

2. （南朝·宋）范晔：《后汉书》，（唐）李贤等注，中华书局 1965 年版。

3. 方广锠等编：《佛经中的民间故事》，中国社会科学出版社 1989 年版。

4. 方立天：《中国佛教与传统文化》，上海人民出版社 1988 年版。

5. （唐）房玄龄等：《晋书》，中华书局 1974 年版。

6. 费孝通：《江村经济：中国农民的生活》，江苏人民出版社 1986 年版。

7. （唐）封演：《封氏闻见记校注》，赵贞信校注，中华书局 2005 年版。

8. 冯承钧：《中国南洋交通史》，商务印书馆 1998 年版。

9. ［奥］弗洛伊德：《精神分析引论》，商务印书馆 1986 年版。

10. （南朝·宋）傅亮、张演，（南朝·齐）陆杲：《观世音应验记三种》，孙昌武校点，中华书局 1994 年版。

11. 傅起凤、傅腾龙：《中国杂技史》，上海人民出版社 2004 年版。

G

1. （晋）干宝：《搜神记》，汪绍楹校注，中华书局 1979 年版。

2. 高亨、董治安：《上古神话》，中华书局 1963 年版。

3. 高凯：《地理环境与中国古代社会变迁三论》，天津古籍出版社 2006 年版。

4. ［法］戈岱司：《希腊拉丁作家远东古文献辑录》，耿昇译，中华书局 1987 年版。

5. ［德］格罗塞：《艺术的起源》，蔡慕辉译，商务印书馆1984年第2版。
6. （晋）葛洪：《抱朴子内篇校释》，王明校释，中华书局1985年第2版。
7. （晋）葛洪等：《古今逸史精编·西京杂记等八种》，熊宪光选辑、点校，重庆出版社2000年版。
8. （春秋）管子：《管子》（据1937年宋哲元影明万历间凌汝亨刻本，朱黑两色套印本），浙江人民出版社1987年版。
9. 葛兆光：《道教与中国文化》，上海人民出版社1987年版。
10. 葛兆光：《中国思想史》，复旦大学出版社2001年版。
11. （清）顾蔼吉编撰：《隶辨》，中华书局1986年版。
12. 顾颉刚、吕思勉等编著：《古史辨》，上海古籍出版社1982年版。
13. 顾颉刚：《中国上古史研究讲义》，中华书局1988年版。
14. （清）顾祖禹：《读史方舆纪要》，贺次君、施和金点校，中华书局2005年版。
15. 郭沫若主编：《中国史稿》，人民出版社1976年版。
16. 郭墨兰、吕世忠：《齐文化研究》，齐鲁书社2006年版。
17. （清）郭庆藩集释：《庄子集释》，中华书局1961年版。
18. 过常宝：《楚辞与原始宗教》，东方出版社1997年版。

H

1. ［英］海伦·加德纳：《宗教与文学》，江先春、沈弘译，四川人民出版社1998年版。
2. ［苏］海通：《图腾崇拜》，何星亮译，广西师范大学出版社2004年版。
3. （汉）刘安：《淮南子》，高诱注，见国学整理社辑《诸子集成》第七册，中华书局1954年版。
4. 何绍忞：《新元史》，中国书店1988年影印版。
5. 何新：《诸神的起源：中国远古神话与历史》，三联书店1986年版。
6. （宋）洪迈：《夷坚志》，中华书局1981年版。
7. （宋）洪适：《隶释》，中华书局1986年版。
8. （宋）洪兴祖：《楚辞补注》，中华书局2000年版。
9. 胡适：《中国章回小说考证》，上海书店1980年据实业印书馆1942年版复印。
10. （汉）桓宽：《盐铁论》，上海人民出版社1974年版。
11. 黄怀信、张懋镕、田旭东撰，黄怀信修订，李学勤审定：《逸周书汇校集注》（修订本），上海古籍出版社2007年版。
12. 黄留珠主编：《周秦汉唐文明》，陕西人民出版社1999年版。
13. 黄永林：《民间文化与荆楚民间文学》，华中师范大学出版社2005年版。

14. 黄兆汉：《道教与文学》，台湾学生书局1994年版。
15. （唐）慧立、彦悰：《大慈恩寺三藏法师传》，孙毓堂、谢方点校，中华书局2000年版。

J

1. 季羡林：《中印文化关系史论文集》，三联书店1982年版。
2. ［日］加地哲定：《中国佛教文学》，刘卫星译，今日中国出版社1990年版。
3. 江苏人民出版社编：《连云港民间传说》，江苏人民出版社1981年版。
4. 江苏省：《云台新志》，中国方志丛书·华中地方第157号，据（清）许乔林纂辑，清道光十一年修·清光绪二十四年重刊本影印，成文出版社有限公司印行。
5. 江苏省社会科学院文学研究所编：《西游记研究》，江苏古籍出版社1984年版。
6. 江玉祥等：《古代西南丝绸之路研究》第2辑，四川大学出版社1995年版。
7. 姜威编：《〈西游记〉外传》，上海文艺出版社1986年版。
8. 姜威等编：《连云港民间文学集成》，江苏文艺出版社1992年版。
9. ［英］杰弗里·帕林德尔：《世界宗教中的神秘主义》，宋晓炜、徐钧尧译，今日中国出版社1992年版。
10. 金荣华：《六朝志怪小说情节单元分类索引》，中国文化大学中国文学研究所1984年版。
11. 金毓黻：《中国史学史》，河北教育出版社2000年版。

K

1. ［德］卡西尔：《神话思维》，黄龙保、周振选译，中国社会科学出版社1992年版。
2. ［法］克洛德·列维—斯特劳斯：《神话学：裸人》，周昌忠译，中国人民大学出版社2007年版。
3. （汉）孔安国注，（唐）孔颖达等正义，黄侃经文句读：《尚书·正义》，上海古籍出版社1990年版。

L

1. 赖永海：《中国佛教文化论》，中国青年版出版社1999年版。
2. （宋）乐史：《太平寰宇记》，王文楚等点校，中华书局2007年版。
3. （唐）李百药：《北齐书》，中华书局1972年版。
4. （宋）李昉等编：《太平广记》，中华书局1961年版。
5. （宋）李昉等编：《太平御览》，中华书局1960年版。
6. 李丰楙：《六朝隋唐仙道类小说研究》，台湾学生书局1986年版。
7. 李好古：《张生煮海》，载《元人杂剧选》，人民文学出版社1956年版。
8. 李洪甫、刘洪石：《连云港山海奇观》，地质出版社1986年版。

9. 李洪甫:《太平洋岩画——人类最古老的文化遗迹》,上海文化出版社 1997 年版。
10. 李洪甫:《西游索故》,中国文史出版社 2005 年版。
11. 李洪甫:《云台山、吴承恩与西游记》,江苏省旅游局编印 1983 年版。
12. (唐)李吉甫:《元和郡县图志》,贺次君点校,中华书局 1983 年版。
13. 李剑国:《唐前志怪小说集释》,上海古籍出版社 1986 年版。
14. 李剑国:《唐前志怪小说史》(修订本),天津教育出版社 2005 年版。
15. 李淼、郭俊峰主编:《佛经精华》,时代文艺出版社 1998 年版。
16. (清)李汝珍:《镜花缘》,人民文学出版社 1981 年版。
17. 李时人:《李汝珍及其〈镜花缘〉》,春风文艺出版社 1999 年版。
18. (明)李贤等撰:《明一统志》,《四库全书》本 472 册。
19. 李修松:《先秦史探研》,安徽大学出版社 2006 年版。
20. (唐)李延寿:《北史》,中华书局 1974 年版。
21. (唐)李延寿:《南史》,中华书局 1975 年版。
22. 李养正:《道教与中国社会》,中国华侨出版公司 1989 年版。
23. 李亦园:《人类的视野》,上海文艺出版社 1996 年版。
24. 李亦园:《宗教与神话》,广西师范大学出版社 2004 年版。
25. 李泽厚:《中国古代思想史论》,天津社会科学院出版社 2003 年版。
26. (北魏)郦道元:《水经注校》,王国维校,上海古籍出版社 1984 年版。
27. 连云港市博物馆编,李洪甫、武可荣著:《海州石刻——将军崖岩画与孔望山摩崖造像》,文物出版社 1990 年版。
28. 连云港市海州区地方志编纂委员会编:《海州区志》,方志出版社 1999 年版。
29. 联合国教科文组织编:《十世纪前的丝绸之路和东西文化交流》,新世界出版社 1996 年版。
30. 联合国教科文组织考察泉州三周年“海上丝绸之路与伊斯兰文化”国际研讨会论文集:《海上丝绸之路研究》第一册《海上丝绸之路与伊斯兰文化》,福建教育出版社 1997 年版。
31. 梁启超:《中国佛教研究史》,中国社会科学出版社 2008 年版。
32. [日] 镰田茂雄:《简明中国佛教史》,郑彭年译,力生校,上海译文出版社 1986 年版。
33. [日] 镰田茂雄:《中国佛教史》第 1—3 卷,关世谦译,佛光出版社 1985—1986 年版。
34. [日] 镰田茂雄:《中国佛教通史》第 4 卷,关世谦译,上海译文出版社 1990 年版。
35. 林惠祥:《文化人类学》,商务印书馆 1991 年第 2 版。

36. 林梅村：《古道西风——考古新发现所见的中西文化交流》，三联书店 2000 年版。
37. 林梅村：《汉唐西域与中国文明》，文物出版社 1998 年版。
38. 林梅村：《西域文明》，东方出版社 1995 年版。
39. 林耀华：《原始社会史》，中华书局 1984 年版。
40. 凌纯声：《中国远古太平印度两洋的帆筏戈船方舟和楼船的研究》，“中研院”民族学研究所 1970 年版。
41. 刘大杰：《魏晋思想论》，上海古籍出版社 2000 年版。
42. 刘戈：《〈西游记〉新论》，学苑出版社 2004 年版。
43. （清）刘建封：《长白山江岗志略》，孙文采注，见李澍田主编《长白汇征录·长白山江岗志略》合编本，吉林文史出版社 1987 年版。
44. （南朝·宋）刘敬叔：《异苑》，范宁校点，中华书局 1996 年版。
45. 刘敏杰、般若：《佛经故事精选》，大众文艺出版社 1998 年版。
46. 刘师培：《中国中古文学史讲义》，中国人民大学出版社 2004 年版。
47. 刘守华：《民间故事的比较研究》，中国民间文艺出版社 1984 年版。
48. （唐）刘肃：《大唐新语》，中华书局 1984 年版。
49. 刘纬毅：《汉唐方志辑佚》，北京图书馆出版社 1997 年版。
50. （汉）刘向：《说苑校证》，向宗鲁校证，中华书局 1987 年版。
51. （后晋）刘昫：《旧唐书》，中华书局 1975 年版。
52. 刘叶秋：《魏晋南北朝小说》，上海古籍出版社 1978 年版。
53. （南朝·宋）刘义庆：《幽明录》，郑晚晴辑注，文化艺术出版社 1988 年版。
54. 刘荫伯编：《〈西游记〉研究资料》，上海古籍出版社 1990 年版。
55. 刘迎胜：《丝路文化·海上卷》，浙江人民出版社 1995 年版。
56. 刘兆元：《海州民俗志》，江苏文艺出版社 1991 年版。
57. 刘宗迪：《失落的天书——〈山海经〉与古代华夏世界观》，商务印书馆 2006 年版。
58. 刘宗贤主编：《鲁文化研究》，齐鲁书社 2007 年版。
59. ［美］露丝·本尼迪克特：《文化模式》，王炜译，三联书店 1988 年版。
60. 鲁迅：《中国小说史略》，上海古籍出版社 2000 年版。
61. 鲁迅校录：《古小说钩沉》，齐鲁书社 1997 年版。
62. 吕澂：《中国佛学源流略讲》，上海人民出版社 1979 年版。
63. 吕振羽：《史前中国社会研究》，河北教育出版社 2000 年版。
64. 罗秉芬等译：《佛经故事选》，江西人民出版社 1981 年版。
65. 罗运环主编：《中国地域文化大系·荆楚文化》，山西教育出版社 2006 年版。

M

1. 麻国钧、祝海威选编：《祝肇年戏曲论文选》，文化艺术出版社 1998 年版。
2. 马昌仪：《中国灵魂信仰》，上海文艺出版社 2000 年版。
3. ［英］马林诺夫斯基：《巫术、科学、宗教与神话》，李安宅编译，上海文艺出版社 1987 年影印本。
4. ［美］摩尔根：《古代社会》，商务印书馆 1971 年版。

N

1. 宁稼雨、冯雅静：《西游趣谈》，中国人民大学出版社 2007 年版。
2. 南京师范大学古文献整理研究所编著：《江苏艺文志》（徐州·连云港卷），江苏人民出版社 1995 年版。

O

1. 欧阳健：《中国神怪小说通史》，江苏教育出版社 1997 年版。
2. （宋）欧阳修、宋祁：《新唐书》，中华书局 1975 年版。
3. （宋）欧阳修等：《新五代史》，中华书局 1974 年版。
4. （唐）欧阳询撰：《艺文类聚》，汪绍楹校，上海古籍出版社 1982 年版。

P

1. 彭云：《海州乡谭》，江苏人民出版社 1988 年版。
2. 普慧：《南朝佛教与文学》，中华书局 2002 年版。
3. 潘雨廷：《道藏书目提要》，上海古籍出版社 2003 年版。
4. ［俄］普列汉诺夫：《论艺术：没有地址的信》，三联书店 1973 年版。

Q

1. 祁连休：《中国古代民间故事类型研究》，河北教育出版社 2007 年版。
2. （清）钱泳：《履园从话》，中华书局 1979 年版。
3. 钱锺书：《管锥编》，中华书局 1979 年版。
4. ［美］乔治·桑塔耶纳：《美感》，缪灵珠译，中国社会科学出版社 1982 年版。
5. 卿希泰：《道教文化新探》，四川人民出版社 1988 年版。
6. 卿希泰主编：《道教与中国传统文化》，福建人民出版社 1990 年版。
7. 屈育德：《神话·传说·民俗》，中国文联出版公司 1988 年版。

R

1. （南朝·梁）任昉：《述异记》，见“丛书集成初编”钟辂纂《前定录续录》（及其他十一种）上册，中华书局 1991 年版。
2. 任继愈：《中国佛教史》第 1—3 卷，社会科学出版社 1981—1988 年版。
3. 荣新江：《中古中国与外来文明》，三联书店 2001 年版。

S

1. （南朝·梁）僧佑：《弘明集》，见《弘明集·广弘明集》合卷本，上海古籍出版社 1991 年版。
2. 沈福伟：《中西文化交流史》，上海人民出版社 1985 年版。
3. （南朝·梁）沈约：《宋书》，中华书局 1974 年版。
4. ［美］施坚雅主编：《中华帝国晚期的城市》，叶光庭等译，中华书局 2000 年版。
5. ［法］施博尔编：《正统道藏：目录索隐》，李殿魁改编，艺文印书馆 1977 年版。
6. ［美］史华兹：《古代中国的思想世界》，程钢译，江苏人民出版社 2004 年版。
7. （唐）释道世：《法苑珠林》，《四库全书》本 1049 册。
8. （南朝·梁）释慧皎：《高僧传》，汤用彤校注、汤一玄整理，中华书局 1992 年版。
9. 释永祥：《佛教文学对中国小说的影响》，佛光出版社 1990 年版。
10. ［日］释圆仁：《入唐求法巡礼行记校注》，［日］小野胜年校注，［中国］白化文、李鼎霞、许德楠修订校注，周一良审阅，花山文艺出版社 1992 年版。
11. （汉）司马迁：《史记》，（宋）裴骃集解，（唐）司马贞索隐，（唐）张守节正义，中华书局 1959 年版。
12. ［美］斯蒂·汤普森：《世界民间故事分类学》，郑海等译，上海文艺出版社 1991 年版。
13. （明）宋濂：《元史》，中华书局 1976 年版。
14. （宋）苏轼：《苏轼诗集》，（清）王文浩辑注，孔凡礼校点，中华书局 1982 年版。
15. （宋）苏轼：《苏轼诗集合注》，（清）冯应榴辑注，黄任轲、朱怀春校点，上海古籍出版社 2001 年版。
16. 苏中保主编：《海州石刻》，新疆人民出版社 2004 年版。
17. 孙昌武：《佛教与中国文学》，上海人民出版社 1988 年版。
18. 孙昌武：《中国佛教文化序说》，南开大学出版社 1990 年版。
19. 孙佳讯：《〈镜花缘〉公案辨疑》，齐鲁书社 1984 年版。
20. 孙逊：《中国古代小说与宗教》，复旦大学出版社 2001 年版。

T

1. 谭其骧：《中国历史地图集》（全八册），中国地图出版社 1983 年版。
2. 汤用彤：《汉魏两晋南北朝佛教史》，北京大学出版社 1997 年版。
3. 唐长孺：《魏晋南北朝史论丛》，三联书店 1955 年版。
4. 唐长孺：《魏晋南北朝史论丛续编》，三联书店 1959 年版。
5. 唐长孺：《魏晋南北朝史论拾遗》，中华书局 1983 年版。
6. 唐长孺：《山居存稿》，中华书局 1989 年版。

7. （唐）唐临、戴孚：《冥报记·广异记》，方诗铭辑校，中华书局1992年版。
8. （晋）陶潜：《搜神后记》，汪绍楹校注，中华书局1981年版。
9. 陶阳、牟中秀：《中国创世神话》，上海人民出版社2006年版。
10. 田兆元：《神话与中国社会》，上海人民出版社1998年版。
11. （元）脱脱等：《宋史》，中华书局1977年版。

W

1. ［日］窪德忠：《道教史》，萧坤华译，上海译文出版社1987年版。
2. 万晴川：《巫文化视野中的中国古代小说》，中国社会科学出版社2003年版。
3. 万晴川：《中国古代小说与方术文化》，中国社会科学出版社2005年版。
4. 汪玢玲：《中国虎文化》，中华书局2007年版。
5. 汪涌豪、俞灏敏：《中国游仙文化》，复旦大学出版社2005年版。
6. 王邦维选译：《佛经故事》，中华书局2007年版。
7. 王东明主编：《搜神记四种》，陕西旅游出版社1993年版。
8. 王鸿生：《无神的庙宇》，上海人民出版社2001年版。
9. 王辑五：《中国日本交通史》，商务印书馆1998年版。
10. （姚秦）王嘉：《拾遗记》，齐治平校注，中华书局1981年版。
11. 王明：《太平经合校》，中华书局1960年版。
12. 王铭铭：《社会人类学与中国研究》，广西师范大学出版社2005年版。
13. 王青：《汉朝的本土宗教与神话》，洪业文化事业有限公司1998年版。
14. 王青：《魏晋南北朝时期的佛教信仰与神话》，中国社会科学出版社2001年版。
15. 王青：《西域文化影响下的中古小说》，中国社会科学出版社2006年版。
16. 王青：《先唐神话、宗教与文学论考》，中华书局2007年版。
17. 王晓平：《佛典·志怪·物语》，江西人民出版社1990年版。
18. 王永平：《中古士人迁移与文化交流》，社会科学文献出版社2005年版。
19. 王育民：《中国历史地理概论》，人民教育出版社1985年版。
20. （清）王豫熙等修，张謇等纂：《赣榆县志》，中国地方志丛书华中地方第36号，据（清）光绪十四年刊本（影印）。
21. 王钟陵：《二十世纪中国文学史论文精粹》，河北教育出版社2000年版。
22. 王子今：《秦汉区域文化研究》，四川人民出版社1998年版。
23. 魏承恩：《中国佛教文化论稿》，上海人民出版社1991年版。
24. 魏琪主编：《连云港特色文化》，苏州大学出版社2006年版。
25. （北齐）魏收：《魏书》，中华书局1974年版。
26. （唐）魏征等：《隋书》，中华书局1973年版。
27. 闻一多：《神话研究》，巴蜀书社2002年版。

28. 乌丙安:《中国民间信仰》,上海人民出版 1996 年版。
29. 吴焯:《佛教东传与中国佛教艺术》,浙江人民出版社 1991 年版。
30. (明)吴承恩:《西游记》,人民文学出版社 1990 年版。
31. 吴传均主编:《海上丝绸之路研究:中国·北海合浦海上丝绸之路始发港理论研讨会论文集》,科学出版社 2006 年版。
32. 吴加庆主编:《东渡徐福》,中国文史出版社 2005 年版。
33. 吴加庆主编:《古朐风流》,中国文史出版社 2005 年版。

X

1. (宋)夏竦撰:《文庄集》,《四库全书》本 1087 册。
2. 夏应元:《海上丝绸之路的友好使者·东洋篇》,海洋出版社 1991 年版。
3. 萧登福:《汉魏六朝佛道两教之天堂地狱说》,学生书局 1989 年版。
4. 萧登福:《先秦两汉冥界及神仙思想探源》,台湾文津出版社 1990 年版。
5. (南朝·梁)萧统编:《文选》,(唐)李善注,中华书局 1977 年版。
6. (南朝·梁)萧子显:《南齐书》,中华书局 1972 年版。
7. [日] 小南一郎:《中国的神话传说与古小说》,孙昌武译,中华书局 2006 年第 2 版。
8. 徐德济主编:《连云港港史》(古、近代部分),人民交通出版社 1987 年版。
9. (唐)徐坚:《初学记》,何卓点校,中华书局 1962 年版。
10. (明)徐元太:《喻林》,《四库全书》本 959 册。
11. 许地山:《道教史》,华东师范大学出版社 1996 年版。
12. [荷] 许理和:《佛教征服中国》,李四龙、裴勇等译,江苏人民出版社 1998 年版。
13. 许乔林编辑:《海州文献录》,彭云主编:《海州文献丛书》第一辑第七种,连云港市银联电脑印刷厂 1990 年版。
14. 薛鸿迎、刘洪石:《连云港风物志》,江苏人民出版社 1983 年版。
15. (宋)薛居正等:《旧五代史》,中华书局 1976 年版。

Y

1. 严耕望:《魏晋南北朝佛教地理史稿》,上海古籍出版社 2007 年版。
2. 严耕望:《严耕望史学论文选集》,中华书局 2006 年版。
3. 杨伯峻编注:《春秋左传注》,中华书局 2000 年版。
4. 杨伯峻集释:《列子集释》,中华书局 1985 年版。
5. 杨伯峻译注:《孟子译注》,中华书局 1960 年版。
6. 杨和森:《图腾层次论》,云南人民出版社 1987 年版。
7. (元)杨景贤:《西游记杂剧》,见隋树森编《元曲选外编》第二册,中华书局

1959 年版。

8. （北魏）杨衒之：《洛阳伽蓝记校注》，范祥雍校注，上海古籍出版社 1978 年版。
9. 杨义：《中国古典小说史论》，中国社会科学出版社 1997 年版。
10. （唐）姚思廉：《梁书》，中华书局 1973 年版。
11. （汉）议郎卫宏撰：《汉旧仪补遗》，见四部备要“史部”《汉官六种》，（清）孙星衍校集（线装本），上海书局据平津馆本校刊（桐乡陆费逵总勘，杭县高时显辑校。
12. 阴法鲁、许树安主编：《中国古代文化史》，北京大学出版社 1991 年版。
13. （南朝·梁）殷芸编纂：《殷芸小说》，周楞伽辑注，上海古籍出版社 1984 年版。
14. 余太山：《两汉魏晋南北朝与西域关系史研究》，中国社会科学出版社 1995 年版。
15. 余英时：《士与中国文化》，上海人民出版社 1987 年版。
16. 俞素娥、张良群主编：《古今连云港》，中国文史出版社 1998 年版。
17. （东汉）袁康、吴平辑录：《越绝书》，乐祖谋点校，上海古籍出版社 1985 年版。
18. 袁珂：《古神话选释》，人民文学出版社 1982 年版。
19. 袁珂：《山海经校注》，巴蜀书社 1996 年版。
20. 袁了凡、王凤洲：《纲鉴合编》，北京市中国书店 1985 年版。
21. 苑利主编：《二十世纪中国民俗学经典》（全八册），社会科学文献出版社 2002 年版。

Z

1. 张纯一：《晏子春秋校注》，上海书店 1986 年版。
2. 张道一：《张道一文集·中国民间文化论》，安徽教育出版社 1999 年版。
3. 张殿臣、张传藻：《连云港市地理》，江苏省连云港市社会科学联合会。
4. （明）张峰纂修：《隆庆海州志》，光禄寺卿赣榆裴天佑校正，载《天一阁明代方志选刊》第 14 册，1962 年 12 月上海古籍书店据宁波天一阁藏（明）隆庆刻本影印。
5. （晋）张华：《博物志》，范宁校正，中华书局 1980 年版。
6. 张锦高、袁朝主编：《荆楚文化的现代价值》，崇文书局 2005 年版。
7. （宋）张君房：《云笈七签》，书目文献出版社 1992 年版。
8. （宋）张耒：《张耒集》，李逸安、孙通海、傅信点校，中华书局 1999 年版。
9. 张良群：《徐福故里揭秘》（汉日文对照），新世界出版社 1990 年版。
10. 张亮采：《中国风俗史》，东方出版社 1996 年版。

11. 张曼涛主编:《佛教与中国文化》, 大乘文化出版社 1978 年版。

12. 张荣明主编:《道佛儒思想与中国传统文化》, 上海人民出版社 1994 年版。

13. 张舜徽:《郑学丛著》, 齐鲁书社 1984 年版。

14. 张星烺编注、朱杰勤校订:《中西交通史料汇编》, 中华书局 2003 年版。

15. 张正民:《楚文化史》, 上海人民出版社 1987 年版。

16. (汉) 张仲景述:《金匮要略》, 见《四部备要》"子部", 上海中华书局据医统本校刊, 线装本。

17. 赵沛霖:《先秦神话思想史论》, 学苑出版社 2006 年第 2 版。

18. (清) 赵学敏:《本草纲目拾遗》, 闫冰、靳丽霞、陈小红、赵静校注, 中国中医药出版社 1998 年版。

19. 赵益:《六朝南方神仙道教与文学》, 上海古籍出版社 2006 年版。

20. 中国道教协会:《道教神话》, 新华出版社 1990 年版。

21. 中国人民政治协商会议江苏省连云港市委员会文史资料研究委员会编:《连云港市文史资料》, 1983—1984。

22. 中华书局编辑部点校本:《全唐诗》, 中华书局 1999 年版。

23. 钟敬文:《谣俗蠡测》, 巴莫曲布嫫、康丽编, 上海文艺出版社 2001 年版。

24. 钟敬文:《钟敬文民间文学论集》, 上海文艺出版社 1985 年版。

25. 仲其臻等整理:《嘉庆海州直隶州志》, 南京大学出版社 1993 年版。

26. 周菁葆、邱陵:《丝绸之路宗教文化》, 新疆人民出版社 1998 年版。

27. 周文军:《云台山资源经济》, 海洋出版社 2001 年版。

28. 周一良:《魏晋南北朝史论集》, 北京大学出版社 1997 年版。

29. 周一良:《魏晋南北朝史论集续编》, 北京大学出版社 1991 年版。

30. 周一良:《魏晋南北朝史札记》, 中华书局 1985 年版。

31. 周一良:《周一良学术论著自选集》, 首都师范大学出版社 1995 年版。

32. 周振鹤:《中国历史文化区域研究》, 复旦大学出版社 1997 年版。

33. 朱炳旭:《明海州史小录》, 新疆青少年出版社 2003 年版。

34. (明) 朱鼎臣:《唐三藏西游释厄传》, 人民文学出版社 1984 年版。

35. (明) 朱国桢:《涌幢小品》, 缪宏点校, 文化艺术出版社 1998 年版。

36. 朱天顺:《中国古代宗教初探》, 上海人民出版社 1982 年版。

37. (南朝・梁) 宗懔:《荆楚岁时记》, 宋金龙校注, 山西人民出版社 1987 年版。

38. 邹逸麟:《黄淮海平原历史地理》, 安徽教育出版社 1996 年版。

39. 《古今图书集成・方舆丛编・职方典・襄阳府部》, 中华书局影印线装本, 151 册。

40. 《三官宝经・太上三元赐福赦罪解厄消灾延生保命妙经》(网络版), http: //

www. taoist. org. cn/jingdian/zhuyaojd/sanguanj. htm。

41.《文史知识》编辑部编:《道教与传统文化》,中华书局 1992 年版。

论文类

1. 蔡全法:《孔望山佛教造像的时代及其相关问题》,《华夏考古》1995 年第 2 期。

2. 陈寒:《略论六世纪前佛教入华的源头、路线和语言》,《唐都学刊》2002 年第 2 期。

3. 陈槃:《谶纬溯源》,载《历史语言研究所辑刊》11 本,1947 年版。

4. 陈炎:《海上丝绸之路(初探)》,《外国史知识》1982 年第 8 期。

5. 陈炎:《海上丝绸之路(再探)》,《中国东南亚研究会通讯》1982 年第 4 期。

6. 陈寅恪:《天师道与滨海地域之关系》,载《金明馆从稿初编》,三联书店 2001 年版。

7. 丁义珍:《东海〈虎皮井〉传说探源》,《民间文学论坛》1985 年第 5 期。

8. 丁义珍:《江苏沿海原始墓地红陶钵盖头葬俗初探——兼谈头向东的仰身直肢葬的含义》,《东南文化》1988 年第 2 期。

9. 房迎三:《江苏连云港将军崖旧石器晚期遗址的考古发掘与收获》,《东南文化》2008 年第 1 期。

10. 盖山林:《连云港将军崖岩画题材刍议》,《徐州师范大学学报》1983 年第 4 期。

11. 勾韵娴、唐领余等:《江苏北部全新世海侵事件和气候变化》,《江苏地质》1999 年第 4 期。

12. 顾颉刚:《〈六月雪〉故事的演变》,《民间文学论坛》1983 年第 1 期。

13. 郭小丽:《原生型文化与边际文化——从发生学视角对比中俄文化的发展特性》,《俄罗斯中亚东欧研究》2007 年第 2 期。

14. 纪达凯:《江苏灌云大伊山新石器时代遗址第一次发掘报告》,《东南文化》1988 年第 2 期。

15. 季羡林:《再谈浮屠与佛》,《历史研究》1990 年第 2 期。

16. 李炳海:《以蓬莱之仙境化昆仑之神乡——中国古代两大神话系统的早期融合》,《东岳论丛》2004 年第 4 期。

17. 李伯重:《气候变化与中国历史上人口的几次大起大落》,《人口研究》1999 年第 1 期。

18. 李洪甫:《江苏连云港将军崖石刻与原始农业》,《农业考古》1983 年第 1 期。

19. 李洪甫:《连云港将军崖岩画遗迹调查》、《将军崖岩画遗迹的初步探索》,同载于《文物》1981 年第 7 期。

20. 李洪甫:《连云港将军崖岩画与女娲的古史传说》,《东南文化》1988 年第 2 期。

21. 李洪甫：《连云港市桃花涧旧石器时代晚期遗址试掘报告》，《东南文化》1989年第3期。
22. 李明友：《淮楚气息与齐莒风概》，《明清小说研究》1999年第4期。
23. 李正晓：《中国内地佛教造像研究》，博士论文，中国社会科学院研究生院，2002年。
24. 林树中：《早期佛像输入中国的路线与民族化民俗化》，《东南文化》1994年第1期。
25. 刘雪梅：《论道教思想对〈镜花缘〉的影响》，《明清小说研究》2003年第2期。
26. 刘静：《连云港地区佛教的建筑与装饰艺术》，硕士论文，福建师范大学，2006年。
27. 陆思贤：《将军崖岩画里的太阳神像和天文图》，《淮阴师范学院学报》（哲学社会科学版）1983年第3期。
28. 陆芸：《海上丝绸之路在宗教文化传播中的作用和影响》，《西北民族大学学报》（哲学社会科学版）2006年第5期。
29. 孟天运：《蓬莱仙话传统与历代帝王寻仙活动》，《东方论坛》2000年第2期。
30. 欧阳建德：《海州湾南岸全新世海面波动及其影响范围》，《江苏地质》1993年第2期。
31. 宋仁桃：《汉晋时期的道教传播》，博士论文，北京师范大学，2006年。
32. 苏兴：《追踪〈西游记〉作者吴承恩南行考察报告》，《东北师大学报》（社会科学版）1979年第1期。
33. 孙亮：《江苏连云港藤花落遗址考古发掘纪要》，《东南文化》2001年第1期。
34. 汪小洋：《汉画像石中西王母中心的形成与宗教意义》，《南方文物》2004年第3期。
35. 汪小洋：《江苏汉画像石动物图像的宗教意识思考》，《江苏大学学报》（社会科学版）2002年第4期。
36. 王馗：《〈窦娥冤〉的民间品格与祭祀功能》，《文化遗产》2008年第1期。
37. 王立：《宗教民俗与古代小说若干母题的文化省察》，博士论文，上海师范大学，2005年。
38. 王青：《论西域文化对魏晋南北朝道教的影响》，《世界宗教研究》1999年第3期。
39. 王青：《女儿国的史实、传说与文学虚构》，《南京师范大学学报》（社会科学版）2008年第3期。
40. 王青：《天鹅处女型故事渊源再探——兼谈〈召树屯〉的情节来源及其流播渠

道》,《民族文学研究》2004 年第 1 期。

41. 王晓丽:《试论边缘文化——现代文化的平面研究》,《世界民族》1997 年第 4 期。

42. 王元林:《浅议地理环境对北方、南方陆上丝路及海上丝路的影响》,《新疆大学学报》(哲学·人文社会科学版)2006 年第 6 期。

43. 王子今、周苏平:《汉代民间的西王母崇拜》,《世界宗教研究》1999 年第 2 期。

44. 温玉成:《孔望山摩崖造像研究总论》,《敦煌研究》2003 年第 5 期。

45. 吴国钦:《〈东海黄公〉与“粤祝”》,《中山大学学报》(社会科学版)2003 年第 6 期。

46. 吴廷璆、郑彭年:《佛教海上传入中国之研究》,《历史研究》1995 年第 2 期。

47. 萧兵:《将军崖岩画的民俗神话学研究》,《淮阴师范学院学报》1983 年第 3 期。

48. 信立祥:《孔望山摩崖造像中的道教人物考》,《中国历史博物馆馆刊》1997 年第 2 期。

49. 徐振杰:《中国早期佛教造像民族化与世俗化研究》,博士论文,山东大学,2006 年。

50. 阎文儒:《孔望山佛教造像的题材》,《文物》1981 年第 7 期。

51. 杨英:《神仙家渊源考》,《宗教学研究》2004 年第 2 期。

52. 姚圣良:《先秦两汉神仙思想与文学》,博士论文,山东大学,2006 年。

53. 俞伟超:《东汉佛教图像考》,《文物》1980 年第 5 期。

54. 翟学伟:《东方天书探析——将军崖岩画的文化人类学研究》,《东南文化》1993 年第 2 期。

55. 郑萍:《村落视野中的大传统与小传统》,《读书》2005 年第 7 期。

56. 张子中:《边缘文化三论》,《东方论坛》2007 年第 2 期。

57. 赵清林、仲秋:《江苏北部古代海堤与海陆变迁》,《徐州师范学院学报》(自然科学版)1995 年第 2 期。

58. 赵松龄、徐兴永:《江苏省连云港市东磊石海的成因》,《社会科学》2005 年第 4 期。

59. 周锦屏:《连云港境内吴文化遗存的初探》,《东南文化》2003 年第 3 期。

60. 朱恒夫:《东海虎皮井故事考源》,《民间文学论坛》1988 年第 1 期。

后　记

《边际文化影响下的海州叙事文学》是我在博士学位论文的基础上略事修改而成，其撰写与出版首先要感谢导师王青先生。七年前，忝列门墙，先生的谆谆教诲让我受益匪浅。

我是个愚笨的学生，只是对一些稀奇古怪的故事感兴趣。王老师愿意将我召入门下，那是我的荣幸。记得入学之初，王老师问我是否愿意沿硕士论文继续做下去的时候，我说想做一个将来或许对家乡能有贡献的课题，于是王老师建议我从海州地域的文学与文化入手。最初搜集海州地方文学资料，感觉颇难下手。因为海州地域的历史悠久，只是行政区划名称就已多次改动，更何况将这些短而杂的故事分类，于是想要退却。但是王老师不断地鼓励我，教育我要有恒心，要有毅力，要克服畏难心理。于是我边搜集资料，边向王老师请教，终于在开题之前决定将此课题进行下去。

真正行文的时候，王老师也经常鞭策我，让我将写好的草稿交给他看。每一次见到王老师，总感觉自己心虚。现在即将付梓出版，真的从心底里感谢王老师。如果不是他的鼓励指导，也许我的学术生涯还会走许多弯路。

感谢南京师范大学陈书录教授、陆林研究员、张采民教授、徐克谦教授、程杰教授以及邓红梅教授等老师，在开题时候他们给我提出了许多宝贵的意见；感谢原淮海工学院李洪甫教授借给我许多难以寻到的地方资料，他还将近年的书稿电子原件从邮箱发送给我，并鼓励我对海州地方文化作更进一步的深入研究。博士论文答辩时，南京大学莫砺锋教授担任答辩主席，南京师范大学陈书录教授、陆林研究员、徐克谦教授以及方晓红教授等担任答辩委员，感谢他们在百忙中给我的论文提出了许多建设性的修改意见。

感谢为我写作提供建议并帮忙查找资料的同学吕靖波、同事高伟和张基益，感谢为我校对全文并提供修改建议的师妹张瑞芳、师弟龚世学，感谢给我生活中增添乐趣的同人和朋友！

感谢父母的养育之恩，至爱无言；感谢岳父岳母，是他们一直以来帮忙照顾我的女儿；尤其要感谢我的妻子，结婚以来，我一直在南京、扬州和连云港之间奔波，是她主动承担起了烦琐的家务劳动，使我能够静下心来写作并修改书稿，甚感惭愧！

感谢中国社会科学出版社曲弘梅老师的热心帮助！感谢读研以来连云港师专为我提供的经费资助！要感谢的人其实还有很多，这里一并稽首！

本书部分章节于《古籍整理研究学刊》、《文艺评论》、《中国海洋大学学报》、《暨南史学》等刊物发表，诸位编辑同人的扶植之恩，不敢稍忘。

最后要说的是，由于我的知识浅薄，文中难免出现问题和错误，敬请各位读者不吝赐教。

李传江

2013 年 8 月于连云港新浦家中

2013 年 9 月于连云港师专修改